철학이 본 예술

철학이 본 예술

초판 1쇄 발행 2017년 8월 31일
초판 2쇄 발행 2020년 10월 27일

–

지은이 게오르크 W. 베르트람
옮긴이 박정훈
펴낸이 이방원
편　집 김명희 · 안효희 · 정우경 · 송원빈 · 최선희
디자인 손경화 · 박혜옥 · 양혜진
영　업 최성수 **기획 · 마케팅** 정조연

–

펴낸곳 세창출판사
신고번호 제300-1990-63호
주　소 03735 서울시 서대문구 경기대로 88 냉천빌딩 4층
전　화 02-723-8660 **팩　스** 02-720-4579
이메일 edit@sechangpub.co.kr **홈페이지** http://www.sechangpub.co.kr/
블로그 blog.naver.com/scpc1992 **페이스북** fb.me/Sechangofficial **인스타그램** @sechang_official

–

ISBN 978-89-8411-710-5 93160

이 도서의 국립중앙도서관 출판시도서목록(CIP)은 서지정보유통지원시스템 홈페이지(http://seoji.nl.go.kr)와 국가자료공동목록시스템(http://www.nl.go.kr/kolisnet)에서 이용하실 수 있습니다. CIP제어번호: CIPCIP2017021456

철학이 본 예술

Kunst:
Eine philosophische
Einführung

게오르크 W. 베르트람 지음
박정훈 옮김

세창출판사

일러두기

◇◇◇◇◇◇◇◇◇◇◇◇◇◇

◇ 저자의 주는 미주로, 역자의 주는 각주로 처리하였다.

◇ 저자가 인용한 문헌의 자세한 서지사항은 '참고문헌'을 통해 확인할 수 있다.

◇ 원문에 없는 목차 부호를 로마자 및 아라비아 숫자로 표기하였다. 필요한 경우 표제를 변경한 부분도 있다.

◇ 주요 개념들 가운데 필요할 경우 영어를 본문에 병기하였다.

◇ 본문의 삽화는 역자의 추가이다.

프롤로그

◦◦◦◦

“예술은 아름답지만 엄청난 수고를 요한다.” 칼 발렌틴Karl Valentin의 이 짤막한 문구가 표현하는 바는 자명하다. 한 편의 작품에 예술가의 노력이 엄청나게 투여된다는 점에는 이론의 여지가 없다. 몇 단어로 이루어진 시나 몇 줄로 그려진 소묘도 있지만, 제아무리 간단해 보이는 작품이라 해도 거기에는 예술가의 엄청난 노고가 깃들어 있다. 예술을 감상하는 자에게도 이에 못지않은 노고가 요구된다. 예술을 대면할 때 요구되는 이러한 노력은 ‘주목’, ‘이해[1]’, ‘열린 감각’, ‘충분한 시간을 갖고 바라봄’ 등으로 불리기도 한다. 예술을 경험하는 이에게 예술은 정신적 노동의 산물이다. 예술은 어떤 식으로든 이해되지 않으면 안 된다. 문학이라면 이러한 주장은 그리 놀라울 것도 없다. 반면 카시미르 말레비치Kasimir Malewitsch가 그린 검은 사각형과 같이 그저 짙은 색채 덩어리로 보이는 것을 이해한다고 말한다면 그

---

1 이 책에는 이해함, 이해된 것, 소통 등 이해와 관련된 다양한 파생어들이 등장한다. 이것들의 근간이 되는 독일어 ‘verstehen’은 영어의 ‘understand’에 해당하며, ‘이해하다’ 혹은 ‘소통하다’의 의미를 갖는다. 이것에서 파생된 명사들 가운데 ‘Verstehen’은 ‘이해’ 내지 ‘이해함’으로, ‘Verständnis’는 ‘이해’ 내지 ‘이해된 것’으로, ‘Verständlichkeit’는 ‘이해가능성’으로, ‘Verständigung’은 ‘소통’으로 각각 번역된다. 여기에 재귀대명사 ‘Selbst[Self]’가 결합되어 사용되는 합성어들이 등장하는데, ‘Selbstverständnis’는 ‘자기이해’로, ‘Selbstverständlichkeit’는 ‘자명성’으로, ‘Selbstverständigung’은 ‘자기소통’으로 각각 번역된다.

것은 다소 이상하게 여겨질 수도 있다. 하지만 이렇듯 감각적으로 강렬한 채색에 대한 경험조차 일종의 이해 과정이며 이 자체가 정신적 노동이다. '이해함'이란 '섬세한 차이를 분별함' 혹은 '구조를 포착함'이다. 무엇을 이해했는지 말로 표현하기 어려울 때에도, 무언가를 이해했는지조차 알 수 없을 때에도 그 자체가 이미 이해다. 이 그림에서 오직 검정의 짙음만을 바라보고 있을 때에도, 이것이 그 옆의 회색과 이루는 대비를 염두에 둘 수밖에 없다. 감각적 경험의 강도가 전적으로 검정색의 짙음에 달려 있다고까지 말할 수는 없을지 몰라도 이 색채의 강렬함이 경험의 내용에 속한다는 것은 분명하며 이러한 경험에는 이미 검정색과 회색의 대비가 전제되어 있다.

예술철학의 역사를 살펴보면 예술은 정신과 관련된 것으로 간주되어 왔다는 것을 알 수 있다. 특히 헤겔의 예술철학이 그러했다. 예술작품은 감각적 지각의 대상이자 또한 보다 근본적으로는 이해의 대상이다. 그렇기 때문에 철학이 태동한 이래 줄곧 예술을 숙고의 대상으로 삼았다는 점은 그다지 놀라운 일이 아니다. 다만 예술철학이 철학의 특수 분과로서 정초된 것은 18세기 중반에 이르러서이다.[1] 바로 이때부터 예술은 철학에서 중요한 논쟁거리가 되었다. 이런 논쟁의 대상에는 단지 '예술'이라는 개념뿐만 아니라 개별 '작품'도 포함되었다. 요컨대 철학은 예술에 대한 정신적 통찰에 필요한 방편들을 제공하였다.

이 책은 예술에 대한 통찰에 필요한 입문 지식을 제공하고 예술작품들을 접할 때 도움이 될 만한 방편들을 제공하기 위해 쓰였다. 예술 감상에는 '이해함'이라는 노고가 뒤따르는데, 이는 특정한 '작품'에 담긴 구체적 내용이나 형식에 대한 이해뿐만 아니라 '예술' 자체에 대한 이해이기도 하다. 이 말이 뜻하는 바가 자명하게 다가오지 않을 수 있겠지만, 일단은 예술에 관해 제기되는 사상적 요구라고 받아들이면 될 것이다. 이 입문서는 이러한 사상적 요구에 부응하여 예술작품들에 대해서는 물론 예술 자체에 대한 이해를 추구하는 여정의 동반자이자 길잡이가 되고자 한다. 이 책의 편제는 철저히 이러한 목적을 지향한다. 따라서 이 책에서 주요 예술철학적 입장들에 대한 자세한 설명은 다루어지지 않는다. 예술을 접할 때 제기될 수 있는 주요 현안에만 집중하여 이에 대한 맞춤식 서술을 제공하는 것이 이 책의 목표이다.

이 책은 예술에 대한 철학적 입문을 목표로 한다. 이를 위해 지난 250여 년의 철학 논쟁을 통해 나타났던 숙고와 통찰에 주목한다. 따라서 칸트, 헤겔, 하이데거, 아도르노 같은 주요 예술철학자들로 되돌아갈 것이다. 이들의 사상을 집대성하는 일이 이 책의 목표는 아니다. 다만 이들에 대한 설명을 통해 이들 사상의 요체가 간략히 소개될 수는 있을 것이다. 기존의 사상으로는 결론을 내리기 쉽지 않은 사안들을 다룰 경우 저자의 사상 체계를 우선적으로 고려하였다. 이런 까닭에 주요 예술철학 사상들 가운데 이 책에 누락된 것들도 없지 않다. 아무쪼록 이 책을 계기로 더 많은 서적을 읽고 더 많은 작품을 접하기 바란다.

이 책의 주제는 예술이다. 예술이라고 하면 우리는 바로 미학을 연상한다. 미학은 예술 문제들에 천착한 철학 분과이다. 미학이라는 말은 그리스어 표현인 '아이스테시스aisthesis', 그리고 이에 대한 라틴어 파생어인 '에스테티카aesthetica'[2]에 연원을 두고 있다. '아이스테시스'는 지각이라는 뜻을 갖

2 바움가르텐이 처음 명명한 '에스테티카Aesthetica'는 이후 '에스테틱Ästhetik'으로 독역되었고 우리가 '미학'이라고 부르는 학명의 기원이 된다.

는다. 그래서 미학은 줄곧 감각적 지각에 대한 혹은 이것에 속하는 형식인 미에 대한 이론이고자 했다. 감각적 지각이나 미(아름다움)의 문제에 대한 설명은 이 책에서 다루어지지 않는다. 미학이라는 개념 자체에 대한 논의 또한 제외된다. 다만 '미학Aesthetics' 혹은 '미적aesthetic'이라는 말을 할 때 이 개념은 예술에 대한 것으로 한정한다. 말하자면 이 책은 미학을 "아름다운 예술에 대한 철학"❷으로 이해한 헤겔의 입장을 따른다. 목수의 작업물은 이미 헤겔의 시대에 "아름다운" 예술과는 다른 것으로 여겨졌다. 오늘날 "아름다운"이라는 말은 흔히 생략되는데, 미적 경험이 이루어지는 사물 전체를 예술로 이해하기 때문이다. 수공업 산물은 공예품이지 예술이 아니다.

이 책은 총 일곱 개의 장(I-VII)으로 이루어져 있다. 각 장은 그 자체로 독립성을 띤다. 저서 전체를 통해 핵심 주제가 다루어졌지만, 각 장을 별도로 읽어도 무방하다. 특히 I-IV장이 그러하다. V-VII장에서는 앞서 언급된 내용이 심층적으로 다루어진다. 각 장의 주요 내용들은 다른 부분을 이해하는 데에 서로 도움을 줄 수 있도록 긴밀히 연결되어 있다. 책의 내용을 굳이 나눈다면 I-III장까지가 제1부에 해당한다. 여기까지는 예술 개념에 대한 일반적 논의가 이루어진다. IV장부터 시작되는 제2부에서는 개별 작품 및 미적 경험을 이해하기 위해 요구되는 예술 개념들이 다루어진다.

재판에 추가된 VII장에서는 작품에 대한 판정 문제가 예술비평의 맥락에서 다루어진다. 저자는 그간의 예술철학 관련 문헌들❸에서 예술비평의 문제를 본격적으로 다룬 적은 없었다. 그래서 예술에 대한 적절한 철학적 해명에 필요한 예술비평의 문제를 이번에 추가하게 되었다. 그 외의 경우 초판의 내용을 일부 수정한 곳도 있지만 원래의 논지가 달라진 정도는 아니다.

이 책은 기센Gießen과 힐데스하임Hildesheim에서의 강의를 바탕으로 작성되었다. 기센대학에서 진행된 세미나는 물론 특히 힐데스하임대학의 예술철학분과 세미나에 힘입은 바 크다. 저자와 함께 지적 탐구를 했던, 엄청난 열의를 갖고 텍스트에 대해 토론했던 2004년 여름학기 힐데스하임대학 세미나 강좌의 수강생 모두에게 감사의 뜻을 표한다. 또한 예술철학의 문제에 대해 다양한 종류와 방식의 접근법을 저자에게 소개해 주신 오도 마르콰르트Odo Marquard 교수와 마틴 젤Martin Seel 교수에게 감사의 뜻을 전하고 싶다. 아울러 이 책에는 안나 크레바니Anna Krewani, 크리스티안 슈트룹Christian Strub, 마티아스 포겔Matthias Vogel 등 많은 이들과의 교류를 통해 다듬어진 생각이 반영되어 있다. 율리아네 바루크Juliane Baruck, 이니고 보켄Inigo Bocken, 틸만 보르셰Tilman Borsche, 슈테판 다이네스Stefan Deines, 슈테파니 혼차Stefanie Hontscha, 크리스토프 칼프Christof Kalb, 야스퍼 리프토우Jasper Liptow, 카트린 마이어Kathrin Meyer, 마누엘 샤이데거Manuel Scheidegger의 논평도 큰 도움이 되었다. 출간 기획과 관련하여 여러 가지 중요한 조언을 아끼지 않으신 레클람Reclam 출판사의 디트리히 클로제Dietrich Klose 박사님께 특별한 감사의 뜻을 표한다.

이 책의 집필 의도는 예술에 관한 대화를 이끌 만한 글을 독자에게 제공하는 것이었다. 이 책은 그러한 대화를 글로 기록한 것으로 보면 좋을 것이다. 이 책에 개진된 관점 및 논증은 문제 제기, 그리고 이에 대한 찬반의 논의로 이루어져 있다. 논지의 일관성을 견지하되 이를 상세히 설명하고자 노력했다. 예술에 대한 토론에서 작품들에 대한 논의는 큰 도움이 된다. 이 책에도 많은 작품 사례가 등장한다. 저자가 생각하기에 관심을 끄는 최근의 사례들보다는 의미 있는, 고전적이면서 잘 알려진 것들을 우선적으로 고려하였다. 이해가능성을 최우선의 덕목으로 삼다 보니 사례로 든 작품의 출처나 연원이 분명치 않은 것들을 언급하는 경우도 있고 정통 예술의 영역에 속하지 않는 사례들을 소개하는 경우도 있다. 예술에 대한 담론과 관련하여 우리 시대의 예술이 매우 큰 관심을 불러일으키기도 하며 이것들 자체가 예술 담론으로 우리를 이끌기도 한다. 따라서 근래의 예술들 가운데 특별히 선택된 사례들도 있다. 다만 지나치게 상궤를 일탈한 작품들은 선택되지 않았다. 이런 작품들을 다룰 때에 되도록 선입견에 사로잡히지 않고 오직 개별 작품에만 천착하여 그때그때 이것을 통해 생기는 이해들을 기술하고자 했다.

이 책을 통해 독자들이 예술과 대화하는 길에 동참하길 바란다. 반대하든 수긍하든 어떤 식으로든 이 책에 응답하기를 바라마지 않는다. 우리의 대화가 계속되기를.

미주

❶ 예술철학을 정초한 저작으로서 바움가르텐Alexander Gottlieb Baumgarten의 『에스테티카[미학] *Aesthetica*』가 널리 인정받는다.

❷ Hegel, *Vorlesungen über die Ästhetik I*, 13쪽.

❸ 이 가운데 특히 다음의 책 참조. Bertram, *Kunst als menschliche Praxis*.

차례

IV. 기호와 경험

V. 예술을 이해하기

I

예술작품은 정말로 있는가

1913년, 당시 유럽 음악의 중심지였던 오스트리아의 빈과 프랑스 파리에서는 유사한 일이 벌어졌다. 빈에서는 아르놀트 쇤베르크Arnold Schönberg 일파의 공연이 있었는데, 이때 그의 제자인 알반 베르크Alban Berg의 「알텐베르크 가곡집 제4번Altenberg-Lieder op.4」[1]이 처음 연주되었다.

파리의 '오페라 극장Thèâtre de l'opéra'에서는 젊은 러시아 작곡가 이고르 스트라빈스키Igor Stravinsky의 발레곡 「봄의 제전Le sacre du printemps」이 처음 연주되었다. 당시 청중들은 '저것도 예술인가?'라는 질문을 던질 수밖에 없었다. 내심 '아니다!'라는 대답과 함께 말이다. 빈에서는 공연이 중단되었고, 파리에서는 야유가 쏟아졌다. 오늘날 베르크와 스트라빈스키는 모두 20세기의 가장 중요한 작곡자로 꼽히며, 스트라빈스키의 발레곡은 '신음악Neue Musik'의 표준 레퍼토리에 속한다.

오늘날의 예술계는 진정되었다. 격분한 관객에 의해 공연이 중단되는 일까지 벌어지지는 않는다. 하지만 테러를 당한 조형물에 대한 기사는 종

---

1 이 작품은 페터 알텐베르크Peter Altenberg의 그림엽서 글에 베르크가 곡을 쓴 5편의 오케스트라 가곡집이다. 초연 당시 정신병원에 있던 베르크 대신 쇤베르크가 지휘를 맡았기 때문에 처음에는 이 곡이 쇤베르크의 곡으로 알려졌다. 이 작품과 더불어 무조음악atonal music이 시작되었다는 견해가 많다.

봄의 제전 https://en.wikipedia.org/wiki/The_Rite_of_Spring

종 접할 수 있다. 영국의 한 신진작가전 「센세이션Sensation」(Royal Academy of Arts, London, 1997)에 전시되었던 마커스 하비Marcus Harvey의 「아동연쇄살인마의 초상Myra」[2]은 물감 세례를 받기도 했다. 이 작품이 아동연쇄살인마를 그려냈다는 것이 그 이유였다. 이 경우에는 예술적 표현방식의 새로움이 아니라 이 작품을 통해 표현된 대상이 문제였다.

이런 사례들은 무수히 많다. 이것들은 한결같이 '예술은 논쟁적이다'라는 주장에 고개를 끄덕이게 한다. 단지 사람들의 보수적인 취향이나 완고한 도덕 감각 때문에 논쟁이 벌어지는 것은 아니다. 예술이 논쟁적인 까닭

2 이 작품은 연쇄살인범인 미라 힌들리Myra Hindly의 얼굴을 아이들의 손바닥 자국들로 묘사하였다.

은 '무엇이 예술이고 무엇이 예술이 아닌가?'라는 질문이 근본적으로 예술을 감싸고 있기 때문이다. 예술을 다루는 일은 탁자와 같은 일상 사물을 다루는 일과는 다르다. 탁자라는 존재는 우리의 일상에서 그 의미가 자명하게 다가온다. 탁자를 떠올리는 순간 우리는 이것의 기능을 지체 없이 떠올릴 수 있으며 이것의 실제 기능이 무엇인지에 대해 물어볼 필요조차 없다고 느낀다. 그렇다면 예술작품은 어떠한가? 아마도 그 의미가 탁자처럼 자명하게 다가오지는 않을 것이다.

'예술의 자명성self-evidence 결핍'이라는 말이 있다. 이는 예술의 결함을 지적하는 말이 아니다. '자명성 결핍'이야말로 예술을 일상 사물과 구분해 주는, 즉 예술을 예술이게 해 주는 제1 표징이다. 예술에 대해 숙고할 때 제일 먼저 맞닥뜨리는 문제인 '자명성 결핍'은 '무엇이 예술이고 무엇이 예술이 아닌가?'라는 질문이 언제나 예술을 감싸고 있다는 점을 잘 보여 준다. 말하자면 예술에 대한 숙고 자체가 예술의 일부이다. 예술에 대한 이론적 접근은 바로 이 점을 화두로 할 때 가능해진다. 20세기 예술에 정통했던, 앞서 언급한 베르크의 제자로서 그 자신 또한 작곡가였던, 예술철학에 관한 대작을 남긴 거장 철학자 테오도르 아도르노Theodor W. Adorno의 언급에 따르면 "예술 내적으로든, 아니면 예술과 전체의 관계에 있어서든 예술에 관한 그 어떤 것도, 예술이 존재할 권리조차도 더 이상 자명하지 않다는 점이 자명해졌다."[1]

예술에 대해 숙고할 수 있다는 것은 예술에 대한 숙고 자체가 근본적으로 예술의 필수 요소에 속한다는 점에 대해서는 물론이고 이러한 숙고 자체가 예술의 일부라는 점에 대해서까지 이해한다는 것을 뜻한다. 1장에서는 바로 예술에 대한 이러한 통찰을 다룬다. '무엇이 예술이고 무엇이 예술이 아닌가?'라는 질문이 예술을 감싸고 있는 이유를 밝히는 일이 I장의 과제이다.

1. 예술이란 무엇인가

눈앞의 어떤 사물을 바라보며 우리는 '이 사물은 무엇인가?'라는 질문을 던진다. 예술을 바라볼 때에도 '예술이란 무엇인가?'라는 질문을 던진다. 이 질문이 다소 추상적인가? 그렇다면 좀 더 구체화해 보자. '무엇이 예술작품을 예술작품으로 만드는가?' 이런 질문에서 작품은 특정한 속성들을 지닌 대상으로 간주된다. 하나의 작품이 지닌 이런 속성들 가운데 이 작품을 다루어야 할 이유가 되는 본질적 속성도 있다. 작품이 지닌 속성들 가운데 어떤 것이 그러한 속성인가? 바로 이것을 찾기 위해 우리는 '예술이란 무엇인가?'라는 질문을 던진다. 예술작품의 특징들을 규정하는 일은 바로 이 질문을 던지는 일에서 출발한다.

1.1 본질주의 예술 개념: 예술의 규준

'예술이란 무엇인가?'라는 질문을 던질 때, 우리는 암암리에 진정한 예술과 한낱 오락거리에 불과한 것의 구분을 전제한다. 가령 진지한 음악과 오락용 음악이 구분된다.[3] 후자에 다소 비하의 의미가 들어 있다고 느낀

---

3 독일에서 '진지한 음악ernste Musik'은 'E-Musik'으로, '오락용 음악Unterhaltungsmusik'은 'U-Musik'으로 불린다.

다면 이를 대중음악으로 순화할 수도 있다. 어쨌든 '엠티브이MTV'나 '무지칸텐슈타들Musikantenstadl'[4]에서 흘러나오는 음악을 '베를린 필하모닉Berliner Philharmoniker'의 연주와 전적으로 동일시하지는 않는다. '예술이란 무엇인가?'라는 질문을 던지는 이가 예술작품만의 속성을 찾는다면 저 이분법이 영향을 미치고 있는 것이다.

예술이 무엇으로 이루어져 있는지를 설명하기 위해 예술 본연의 성질에 주목하는 시도는 예술의 본질을 모색하는 시도라고 할 수 있다. 본질을 뜻하는 라틴어 '에센치아essentia'에 따라 이 시도가 '본질주의적essentialistisch 예술 개념'에 따르고 있다고 말할 수 있다. 예술 본연의 속성이 무엇인지에 대해 질문을 던질 때에는 바로 이러한 예술 개념을 염두에 두고 있는 것이다. 가령 게르하르트 리히터Gerhard Richter의 그림이 휴가철에 찍은 아주 평범한 사진과 어떤 점에서 다른지에 대해 질문을 던지는 자라면 분명 재즈, 상업영화 등이 과연 예술에 속하는지 곰곰이 생각해 본 적이 있을 것이다. 어디까지가 예술이고 어디부터 예술이 아닌지를 확정해야 한다는 생각에서 벗어나기는 쉽지 않다.

베르크의 음악이 연주된 '빈 음악협회 콘서트홀Konzertsaal des Wiener Musikvereins'의 청중들이 보인 격앙된 반응은 바로 본질주의 예술 개념에서 나온 것이라고 볼 수 있다. 세 번째 가곡을 통해 12음계를 듣게 된 그들에게 이 연주가 얼마나 도발적으로 다가왔을지 상상해 보라. 청중들은 예술의 속성이 훼손되었다고 여기지 않았을까? 그들이 격분했던 까닭은 아마

4 전통음악 및 대중음악을 중심으로 하는 대중 취향의 독일어권 음악방송으로서 최근 "Stadlshow"라는 이름으로 변경되었다. 물론 대중들에게 친숙한 클래식 넘버까지 선보이기도 하지만 프로그램의 중점은 오락용 음악이다.

도 감미롭고 조화로운 선율과 같은 속성들이 베르크의 음악에서는 발견되지 않았기 때문일 것이다. 이 순간 청중들은 '도대체 예술이란 무엇인가?'라는 질문을 던지지 않았을까?

'이것이 예술인가?'라는 질문은 우리를 불편하게 만드는 작품을 접할 때에만, 혹은 (보다 중립적으로 말해서) 예술작품인지 아닌지의 여부를 결정하기 어려운 현상을 접할 때에만 제기되는 것이 아니다. 그다지 특별하지 않은 예술 현상에 직면할 때에도 이러한 질문이 던져지곤 한다. 특히 예술작품들을 체계화하거나 예술들의 역사를 기술할 때에 이 질문이 중요하게 부각된다. 예술작품들의 생성 및 소멸의 역사, 그리고 이러한 역사로부터 귀결되는 다양한 예술 분류법들이 바로 저 질문과 연계되어 있다. 조형예술, 문학 및 음악의 역사, 그리고 이것들의 상호관계는 거듭 새롭게 조직화된다. 무엇보다도 예술에 관한 학문들(조형예술론, 문예학, 음악학)에서 이러한 재구성이 다각도로 이루어진다. 이러한 재구성을 통해 다종다양한 예술들의 역사적 전개에 대해 새로운 이해가 도출된다. 시대의 구분 같은 것들, 가령 '모던'의 시작이 언제인지, 언제 '포스트모던'으로 이행했는지, 혹은 '포스트모던'이 있기는 한 것인지 등의 문제는 항상 논쟁거리다.

예술작품들의 역사를 기술하면서 특정 시대 혹은 특정 사조에 집중하거나 예술작품들을 특정 방식에 따라 정돈하려면, 어떤 사물들이 예술작품이고 어떤 사물들은 그렇지 않은지에 대해 알아야만 한다. 말하자면 눈앞의 어떤 대상이 예술작품인지를 판별할 척도를 미리 갖추고 있어야 한다. 그런데 그런 기준은 대개 명확하지 않다. 다만 레오나르도 다 빈치Leonardo da Vinci의 「모나리자Mona Lisa」, 얀 반 에이크Jan van Eyck의 「아르놀피니 부부의 서약Portret van Giovanni Arnolfini en zijn vrouw」, 요한 제바스티안 바흐Johann Sebastian

Bach의 「크리스마스 오라토리오Weihnachtsoratorium」, 세르반테스Miguel de Cervantes의 『돈 키호테*Don Quijote*』와 같은 작품들이 예술의 기준으로 이해되어 왔다. 이런 작품들을 기준으로 하여 예술에 대한 지식이 쌓여 왔다. 무엇이 예술작품에 속하는지 고민하지 않아도 되도록 모종의 안정성을 입증하는 규준canon이 점차 생겨났다. 예술 혹은 예술작품들의 역사를 기술하거나 이것들을 하나의 질서 속에 체계화한다는 것은 바로 예술에 대한 특정 규준에 따른다는 것을 뜻한다.

자명성을 안겨 줄 어떤 규준이 예술작품들에 주어지며 모든 예술작품들이 특정한 속성을 공통적으로 지니고 있어야 한다는 입장이 있다면, 그럼으로써 예술작품이 자명한 것이라고 보는 입장이 있다면 이런 입장은 바로 본질주의 예술 개념을 전제하고 있다. 예술의 규준은 모든 예술작품들이 어떤 방식으로든 서로 유사성을 갖는다는 전제조건하에서만 성립되는 개념이다.

1.2 본질주의 예술 개념의 문제: 어떻게 예술이 되는가

그런데 본질주의적 예술개념을 변호하기 위해 예술의 규준을 전제할 경우 무엇보다도 다음과 같은 난제에 직면한다. '특정한 하나의 규준이 모든 예술작품에 적용되는 것일까? 그렇다면 기존의 규준에 맞지 않는 새로운 작품은 예술이 아니라고 해야 하는가?' 지금까지의 논의를 토대로 한다면 이 질문에 대해 다음과 같이 답변해야 할 것이다. 어떤 대상이 예술작품으로 이해되려면 여기에 예술 본연의 속성이 들어 있다는 점이 입증되어야 한다. 이 대상을 예술이게 해 주는 것이 이 대상에 들어 있어야 한다.

그런데 예술 본연의 속성이라는 것이 무엇인지 어떻게 알 수 있을까? 탁자가 상판과 다리의 조합으로 이루어진다는 점, 그리고 이것이 독서나 식사를 위해 필요하다는 점에 대해 우리는 대개 수긍한다. 가구점에 전시된 그런 모양의 물건들은 당연히 탁자로 여겨진다. 하지만 예술작품은 어떠한가? 어떤 작품에 예술의 특징을 이루는 속성이 담겨 있다 해도, 이 속성을 우리는 쉽사리 인지할 수 없다. 어떤 대상을 슬쩍 보거나 잠깐 듣는 것만으로 그것이 예술작품인 이유를 찾는 일은 수월치 않다. 어떤 대상이 예술인지 아닌지를 판별하는 것 자체가 그리 간단한 일이 아니다.

예술작품이라면 어쨌든 경험되어야 한다. 물론 예술작품을 경험하는 자에게 그 대상이 예술작품이 맞는지 확신이 들지 않을 경우도 많다. 예술이라는 것이 원래 그런 법이다. 예술작품 본연의 속성이 경험을 통해 포착되었겠지만 그렇다고 이러한 속성 모두가 쉽사리 단번에 포착되지는 않을 것이기 때문이다.

1.3 미적 경험

예술작품의 본질을 대상 속에서 찾지 않고 이에 대한 경험에서 찾으려는 시도도 있다. 말하자면 어떤 대상이 예술작품임을 입증하기 위해서는 대상이 아니라 이에 대한 경험에 주목해야 한다는 견해가 있다. 하나의 대상이 있다는 것과 이에 대해 경험한다는 것은 엄연히 다르며, 예술작품이라는 대상은 실제로 경험될 때만 비로소 그것 본연의 속성을 드러낸다. 이때의 경험은 언제나 특정 대상에 대한 특정 경험이다. 이러한 경험을 통해 드러나는 예술 본연의 속성에 따라 예술작품은 탁자와 차별화된다. 눈앞의 대상이 탁자임을 인식하기 위해 굳이 탁자에 앉아 책을 읽거나 무언가를 먹거나 혹은 와인을 마실 필요는 없다. 반면 예술작품은 이것이 예술작품이라는 점을 인식하기 위해서는 반드시 이 작품을 경험해야 한다.

경험이라는 측면에 주목하여 1913년 빈에서 벌어진 일을 다시 생각해 보자. 당시의 청중들이 중요하게 생각했던 것은 베르크의 오케스트라 가곡이라는 대상이 갖는 속성이 아니라, 그 가곡을 청취하는 경험이 갖는 속성이었을 것이다. 이러한 속성은 미적 경험aesthetic experience을 통해 얻을 수 있다. 이 책에서 미적 경험은 감상자가 예술작품을 접함으로써 이루어지는 경험으로 한정된다. '예술이란 무엇인가?', '무엇이 예술이고 무엇이 예술이 아닌가?'와 같은 질문에 답하기 위해 이러한 미적 경험이 지닌 속성에 주목하는 입장이 있다. 이 입장에 따르면 예술의 본질은 미적 경험의 속성에 대한 해명을 통해 드러난다.

'예술이란 무엇인가?'라는 문제에 대한 접근은 이른바 작품미학과 수용미학의 입장에 따라 각각 다르다. 전자에 따르면 예술의 본질을 규정하려는 자는 예술의 속성을 '대상'에서 찾는다. 반면 후자에 입각한 자는 예술작품에 대한 (혹은 자연현상에 대한) '경험'이 지닌 속성을 중시한다. 예술작품을 인식할 때 전자가 갖는 난점을 지적하고 후자를 준수하면, 그러니까 미적 경험을 논의의 근간으로 삼으면 저 문제에 대한 해답이 찾아지는가?

그러나 수용미학만으로 문제가 해결되는 것 같지는 않다. 경험에만 매몰된다면 오히려 대상이 되는 예술 자체에 대한 조망을 상실하게 될 수도 있기 때문이다. '무엇이 예술이고 무엇이 예술이 아닌가?'의 여부가 그저 경험의 심급에서 확인되는 것이라면, 자연이나 공예품은 물론 세상에 존재하는 온갖 사물들과 예술이 구분되기 어렵다. 경험자에 의해 예술로 경험되는 모든 것을 예술로 간주할 여지가 생기기 때문이다. 즉 수용미학만으로는 예술의 고유성이 엄밀하게 확보되기 어렵고 결국 예술 경험과 경험 대상의 연관 또한 제대로 파악될 수 없다. 경험되는 대상을 고려하지 않고 오직 경험 자체에만 주목하는 경향은 이른바 '미적인 것'이라는 말에 대한 오해를 낳는다. 말하자면 대상이 무엇이든 상관없이 미적 경험이 가능하다는 생각이 문제이다. 이 경우 자연에 대한 경험, 식사 행위는 물론 광장에 운집한 사람들의 모습 또한 미적일 수 있기 때문에, 이것들과 예술이 구분되기 어렵다. 따라서 예술철학에서는 미적 경험의 속성만이 아니라 미적으로 경험되는 바로 그 대상에도 주목해야 한다. 대상과 경험을 모두 고려하는 예술철학이 필요하다.

2. 첫 번째 궤도수정: 언제 예술이 되는가
— 반본질주의 예술 개념으로

'예술이란 무엇인가?'라는 질문에 답하려면 예술작품, 그리고 이에 대한 경험, 이 양자를 함께 고려하면서 이것들 사이의 긴밀한 연관에 대해 설명해야만 한다. 즉 예술작품을 바라볼 때에는 미적 경험을, 미적 경험을 생각할 때에는 예술작품을 동시에 고려해야 한다. 이러한 궤도수정을 통해 예술에 대한 숙고에서 중요한 전환점을 얻게 된다. 이제 대상과 경험의 '합주'[5]라는 관점을 설명할 것이다. 대상과 경험 가운데 하나를 선택하는 방식

5 이 말에 해당하는 독일어 "Zusammenspiel"은 '함께zusammen 유희함Spielen', 즉 '공동[합동] 유희[연주]', '공동[교호] 작업' 혹은 '협업' 등의 뜻을 갖는다. 이 말은 이질적인 요소들이 하나의 "장력장"(58쪽 각주 3번, 93쪽 각주 20번 참조)에서 상대방과 장력 관계를 유지하면서도 자신을 견지함으로써 이것들 전체가 공동으로 하나의 연관을 이루는 작용을 나타내기 위해 저자가 빈번히 사용하는 핵심 개념이다. 저자는 같은 맥락에서 "상호작용Interaktion"이라는 말도 사용한다.

에서 벗어남으로써 '예술이란 무엇인가?'라는 질문에 적절히 대답할 수 있을 것이다. 이로써 본질주의 예술 개념을 상쇄하는 새로운 예술 개념이 대두된다. 양자의 구체적 합주에 주목할 때에만 예술에 대해 제대로 숙고할 수 있다. 원래부터 예술이었던 것은 없다. 예술 경험의 대상이 되었을 때, 그때 비로소 그것은 예술이 된다.

이제 더 이상 '예술이란 무엇인가?'라는 질문에 머물 수 없다. 이 질문은 본질주의적이다. 본질주의 예술 개념에 따르면 예술작품이 지닌 많은 속성들 가운데 그것을 예술작품으로 만드는 속성이, 그리고 미적 경험이 지닌 많은 속성들 가운데 그것을 미적 경험으로 만드는 속성이 중요하다. 하지만 대상과 경험이 특정한 하나의 구체적 합주를 통해 긴밀히 연관될 때 비로소 예술에 대한 논의가 가능해진다. 그렇다면 질문의 방향은 다음과 같이 수정될 필요가 있다. 예술과 관련해서 중요한 것은 오히려 '실천praxis'이 아닐까? 작품과 경험의 합주가 실제로 이루어졌는지의 여부는 바로 이 특정한 실천에서 판가름되는 것이 아닐까?

넬슨 굿맨Nelson Goodman에 따라 '언제 예술이 되는가?'❷라는 질문으로 방향을 수정해 보자. 굿맨에 따르면 '예술이란 무엇인가?'라는 질문에서는 예술작품과 예술경험의 연관이 제대로 파악되지 않는다. 그에 따르면 예술작품이 미적인 실행practice의 대상이 되어야 이것은 비로소 예술이 된다. 볼프강 아마데우스 모차르트Wolfgang Amadeus Mozart의 「소야곡Eine kleine Nachtmusik」은 물론 예술이지만 이 작품이 쇼핑몰의 배경음악으로 이용되는 경우까지 미적인 방식으로 실행되었다고 볼 필요는 없다. 외국인에게 독일어의 접속법 2식을 가르치기 위해 라이너 마리아 릴케Rainer Maria Rilke의 「두이노의 비가Duineser Elegie」 가운데 '제1비가'의 첫 행("그 누가, 내 소리친들, 여러 서열의 천사들 중 내게 귀 기울일까?")[6]을 사용할 수도 있지만 이 경우 또한 미적인 방식으로 실행된 것은 아니다.

굿맨의 생각으로는 예술을 접하는 바로 그 국면을 통해서만 예술에 대한 설명이 가능하다. 이런 측면에서 대상과 경험은 서로 긴밀히 연관된다. 그러니까 어떤 예술작품이 그저 존재한다고 해서 그 자체로 예술작품이 되는 것은 아니다. 특정한 하나의 실천을 통해 비로소 그것은 예술작품이 된다. 허나 단지 경험이 있다고 해서 그 대상이나 사건이 예술작품이 되는 것은 아니다. 그것이 미적 경험의 대상이 될 수 있었다는 것은 그것이 예술로 경험될 만한 속성을 지니고 있기 때문이다. 대상과 경험의 연관을 통해서만 예술에 대한 숙고가 가능하다는 것이 굿맨의 생각이다. 굿맨의 논의는 미적 실천 개념에 주목할 동기를 제공한다. 요컨대 예술작품을 미적으로 경험하는 그 순간 미적 실천이 이루어진다.

이러한 관점에 따른다면 1913년 빈의 그 공연이 청중들을 격앙케 했던 이유에 대한 분석도 달라진다. 그 이유는 예술작품, 그리고 예술경험에 본질주의적인 규정이 결여되었기 때문이 아니라 작품을 통해 미적 실천이 수행되지 않았기 때문이다.

이런 식으로 궤도를 수정함으로써 이제 예술의 본질이 아니라 예술과 더불어 실행되는 양상에 주목한다. 예술에 대한 이러한 이론을 반anti-본질주의적이라 부를 수 있겠다. '예술이란 무엇인가?'라는 질문에 따를 때에는 예술작품과 미적 경험, 이 양자 가운데 하나를 선택해서 이것의 본질을 파헤

---

6 「두이노의 비가」는 "Wer, wenn ich schriee, hörte mich denn aus der Engel Ordnungen?"이라는 시구로 시작하는데, 이는 문법적으로 비현실적인 상황에 대한 가정을 함축하는 접속법 2식으로 이루어진 문장이다.

쳐야 한다는 전제에서 출발했다면, 이제는 더 이상 대상과 경험 가운데 하나를 택하지 않으며 이것의 본질에 주목하지도 않는다. 이제 '예술에 대해 논하려면 특정 형식을 띤 실천이 전개되어야 한다'라는 전제에서 출발한다.

'특정 형식을 띤 실천'이라는 말을 듣고는 도리어 미적 실천을 본질로 삼고 있는 것은 아닌가 하고 생각할지 모르겠다. 본질주의 예술 개념에 매몰된 자라면 충분히 그럴 만하다. 우리는 이제 미적 실천을 다루되 미적 실천의 본질을 파헤치는 일에 매몰되지 않는다. 그 이유는 다음과 같다. 첫째, 실천은 언제나 변경될 수 있다. 즉 실천은 언제나 새로운 형식을 받아들이며 이렇게 생겨난 형식 또한 이내 사라진다. 둘째, 어떤 대상이 미적 실천의 대상이라고 말했다 해서 반드시 이 대상이 예술작품이어야 할 필연성은 없다.

반본질주의적 관점에 따라 '언제 예술이 되는가?'로 궤도를 수정한 까닭은 무엇보다도 미적 실천이 예술 본연의 속성에 따른 것인 양 생각할 수는 없기 때문이다. 미적 실천의 속성은 오히려 역사적으로 전개되는 것으로 보아야 한다. 말하자면 미적 실천의 속성은 언제나 변경 가능하며 예술을 접하면서 생겨나는 구체적·역사적인 실천과 밀접한 연관을 갖는다. 미적 실천을 이렇듯 반본질주의적으로 이해할 때 예술작품으로 만들어진 것이 아닌데도 이것이 미적 경험의 대상이 되기도 하는 까닭을 알 수 있다. 제의의 대상들, 가령 고대의 조각상들 가운데 다수가 오늘날에는 예술작품으로 여겨진다. 만들어질 당시에는 예술작품으로 여겨지지 않았던 것까지 예술에 포함된다는 점을 이해하기 위해서는 반본질주의 예술 개념이 필요하다.

2.1 예술제도론

이런 와중에 예술을 관장하는 제도에 의거해서 예술을 규정하려는 시도가 있었다. 조지 디키George Dickie에 의해 표명된 '예술제도론Institutional theory of art'❸이 대표적이다. 이에 따르면 어떤 대상이 박물관, 비평가, 그리고 문화 예술계의 스폰서와 같은 각종 예술제도에 의해 다루어질 때 그것은 예술 작품이다. 이 이론에 따른다면 '언제 예술이 되는가?'라는 물음에 대한 대답은 간단하다. 어떤 대상이나 사건이 예술제도에 의해 승인될 때 이것은 예술이 된다. 박물관이나 미술관의 전시물, 콘서트홀이라든가 음악전문 라디오방송에서 접하는 연주 등이 바로 그러한 예에 속한다. 그러니까 예술제도는 미적인 것이 실행되는 장이다.

하지만 이 입장은 '무엇이 예술이고 무엇이 예술이 아닌가?'라는 질문에 대한 대답으로는 충분치 않다. '예술제도란 무엇인가?', '재즈클럽은 예술제도인가?', '멀티플렉스 영화관, U2의 아레나 공연, 마이클 잭슨Michael Jackson 같은 뮤지션도 예술제도에 속하는가?' 이런 질문들에는 알게 모르게 예술제도의 속성이 무엇인지 말해 보라는 요구가 들어 있다. 즉 이런 질문을 던지는 자는 본질주의 예술 개념에 따르고 있는 것이다. 예술작품이나 미적 경험의 속성 대신 예술제도의 속성에 대해 묻는다는 차이만 있을 뿐이다. 예술제도의 속성에 대한 질문을 던지지는 않지만 예술제도론에 입각한 예술비평을 신뢰하는 것이 현명한 처사라고 여길 수 있다. 가령 주요 일간지의 문예란에서 다루어진 것이라면 그것은 예술이라는 식으로 말이다. 하지만 문예란의 비평이 '무엇이 예술이고 무엇이 예술이 아닌가?'에 대해 제대로 답해 주는가? 지역신문을 통해서도, '스타매거진' 같은 연예 프로그램을 통해서도 이 정도의 예술비평은 이루어지는 것 아닌가?

'무엇이 예술이고 무엇이 예술이 아닌가?'라는 질문에 대한 해답을 예술제도론에서 찾을 수는 없다. 예술제도론은 여전히 본질주의적이기 때문에 첫 번째 궤도수정의 올바른 귀결이 아니다. 예술제도론은 본질이 깃든 준거점을 대상(작품)이나 경험에서 제도로 옮겨 놓았을 뿐이며 여전히 예술제도의 속성을 묻는 일에 매달려 있는 이론이다. 이렇게 되면 예술작품과 미적 경험의 구체적 합주는 시야에서 멀어진다.

2.2 반본질주의 예술 개념의 문제: 어떻게 미적 실천에 참여하는가

예술제도론의 사례에서 알 수 있듯이 '언제 예술이 되는가?'라는 질문만으로는 예술에 대한 숙고가 제대로 이루어질 수 없다. 물론 예술제도론의 견지에서 저 질문에 대해 '박물관에 전시될 때!'라고 대답하려는 이도 있을 것이다. 그러나 이 대답으로는 불충분하다는 것을 인지하는 순간 '언제 예술이 되는가?'라는 질문으로는 예술이 제대로 해명되지 않는다는 점을 깨닫게 된다. 이 지평에서는 미적 대상과 미적 경험 사이의 연관에 대해 피상적으로 접근할 수밖에 없으며 실제로 미적 실천이 이루어진 것이 맞는지 정확히 알 수가 없다.

예술작품을 일상 사물과 확실하게 구분해 줄 외적 징표는 없다. 예술작품과 탁자의 구분 근거는 다음과 같은 정도이다. 탁자는 자명하게 탁자로 인식되는 반면, 예술작품이 예술로 인식되려면 이것이 미적 경험의 대상이 되어야만 한다. 그런데 예술 경험이 제대로 이루어진 것이 맞는지의 여부는 경험 외부에서 확정될 수 없다. 예술을 숙고할 때 '언제 예술이 되는가?'와 같은 질문으로는 불충분한 이유가 바로 그것이다. 미적 실천은 자신의 실천이 미적 실천임을 아는 바로 그 당사자에게 의미가 있는 것이지, 해당 실천의 외부에서 이를 미적이라고 규정하는 것만으로는 그 실천이 진정 미적인지 알기 어렵다.

3. 두 번째 궤도수정: 예술은 우리에게 어떤 가치를 지니는가

'언제 예술이 되는가?'라는 반본질주의적 질문만으로 예술에 대한 숙고가 제대로 이루어질 수 없기는 마찬가지이다. 모차르트의 「소야곡」을 들을 때 관건은 단순히 '내가 어떤 경험을 했는가?'가 아니라 '이 음악이 나에게 무엇을 말하는가?'이다. 쇼핑을 할 때 이 음악이 시나브로 나에게 말을 건넬 때가 있다. 물론 '언제 예술이 되는가?'라는 질문의 차원에서 그러한 현상을 설명할 수도 있다. 백화점을 거니는 중에도 나의 실행이 미적으로 변경되는 순간이 있다고 말할 수 있으며, 부지불식간에 미적 실천의 차원에서 그 음악을 접할 수도 있기 때문이다. 수용자의 태도 변경만으로도 이런 일이 가능할 때도 있다. 이른바 미적 태도aesthetic attitude(IV.3.1)로 인해 미적 실행이 이루어지기도 하며 소비자의 태도가 포기되기도 한다.

그렇지만 미적 태도를 통해 예술을 설명하는 수준에 머문다면 예술작품의 요체는 시야에서 멀어진다. 미적 대상이 눈앞에 있다 해서 무조건 미적 태도가 생겨나는 것은 아니다. 모든 음악이 미적 청취에 적합한 것도 아니다. 게다가 음악이 나에게 말을 거는 순간이 나의 태도 변경에 의해 도래했다고 장담할 수 있는가? 이때 분명히 말할 수 있는 것은 이 순간 하나의 경험을 했다는 사실뿐이다. 나를 하나의 미적 사건[7]으로 끌어들인 것은 바로

---

7 이 책에서 "사건"으로 번역되는 독일어 "Geschehen"은 어떤 일이 '발생함'이라는 뜻을 갖고 있으며. 보통 '생기生起'나 '일어남'이라고 번역된다. 이와 유사한 어휘인 "Geschehnis" 역시 이 책에서 "사건"으로, "Ereignis"도 '일어남'으로 번역된다. 이 말은 '이해사건 Verständnisgeschehen', '자기소통사건Selbstverständigungsgeschehen', '진리사건Wahrheitsgeschehen', '기호사건Zeichengeschehen', '경험사건Erfahrungsgeschehen', '판단사건Urteilsgeschehen', '인식사건Erkenntnisgeschehen' 등 다양한 파생어들과 더불어 빈번히 등장할 것이다. "사건"은 일어난 일이 갖는 유일무이함 혹은 질

예술작품이다. 미적 사건은 예술 경험이 감상자의 태도에 따른 결과라고 보는 입장의 반례가 된다. 미적으로 경험하는 자, 경험되는 대상, 경험함, 이것들 간의 연관은 단지 미적 태도에 의해 해명되지 않는다.

이러한 연관을 살피기 위해 우선 '미적 경험의 순간에 작품 자체가 말을 건넨다'라는 전제에서 출발해 보자. 예술작품은 누군가에게 무언가를 말한다. 무언가가 누군가에게 건네질 때 어떤 내용이 전달된다고 여긴다. 우리에게 무언가 건네진 말을 통해 메시지가 전달된다. 그런데 예술작품의 내용을 정확하게 알아낼 길이 없다. '말을 건넨다'라는 것의 의미 자체도 매우 막연하다. 이 문제를 해결하기 위해 이제 작품이 아니라 경험을 준거점으로 삼아 보자. 예술작품은 말을 건넨다. 그런데 이 말은 바로 경험을 수행하는 수용자에게 건네진다. 이로써 눈앞의 작품은 그 자체로 경험될 만한 가치가 있는 대상이 된다. 미적 실천의 의의는 수용자의 특정한 태도 때문이 아니라 예술작품이 수용자에게 일으킨 반향 때문에 생겨난다.

예술작품, 그리고 이것이 미적으로 경험될 때 일으키는 반향, 이 둘 사이의 연관을 고려할 때, 예술론과 관련한 질문으로서 가장 적절한 것은 '예술은 나에게 혹은 우리에게 어떤 가치를 지니는가?'이다. 이런 질문을 통해 다음과 같은 점이 확인된다. 첫째, 미적 실천은 이 실천에 참여한 자의 관점에서 제대로 파악될 수 있다. 둘째, 그러나 수용자의 이러한 관점이 바로 미적 태도로 인해 생겨난 것이라고 말할 근거는 불충분하며, 이 관점은 오히려 작품이 일으킨 반향에 따라 생겨난 것으로 보아야 한다. 수용자가 미적으로 어떤 대상이나 사건을 경험했다면, 그것은 수용자가 경험할 만한

적 고유성을 강조하기 위한 맥락에서 사용된다.

가치가 충분했기 때문이다. 예술이 갖는 가치에 대한 물음을 통해 예술에 대한 적절한 규정이 가능해진다.

3.1 미적 실천에 참여해 있음

'예술이란 무엇인가?', '언제 예술이 되는가?'와 같은 질문을 '예술은 어떤 가치를 지니는가?'라는 질문으로 변경함으로써 다음과 같은 점이 분명해진다. 기존의 질문에서는 대답의 기준이 외부에서 주어질 수밖에 없었지만, 예술은 그것이 우리에게 말을 건넨 바와 무관하게 생각될 수 없다. 말하자면 예술은 '참여해 있음'이라는 내재적 관점에 따라 이해되어야 한다. 작품이 수용자에게 말을 건네는 그 순간, 이 작품은 예술이 된다. 말이 건네진다는 것, 이는 결코 외부의 척도를 통해서는 이해될 수 없다. 저 질문에 대한 답변은 '참여해 있음'이라는 관점으로부터만 가능하다. 그렇다고 해서 특정 작품을 접하는 바로 그 당사자만의 사적인 경험이 모든 면에서 최종 심급이라는 것은 아니다. 수용자에게 가치가 있는 저런 사적 경험을 배제한 채 예술에 대해 논할 수 없다는 것이다. 따라서 '예술이란 무엇인가?'에 대해 이론적 고찰을 수행할 때에는 수용자의 내재적 관점에서 출발해야 한다. 이제 관건이 되는 것은 미적 실천에 '참여해 있음'이 당사자에게 갖는 의미이다.

지금까지 논의된 내용을 중간 결산해 보자. 예술은 인식cognition의 대상이 아니다. 보통 인식은 당사자의 관점과는 무관하게 이루어진다고들 여긴다. 인식에서 내재적 관점의 역할이 전혀 없다고까지 할 수는 없겠지만, 인식을 통해 우리가 알고 싶은 바는 인식되어야 할 바로 그것이지 인식하는 자의 생각이 아니다. 인식하는 당사자의 생각이 아니라 인식된 것의 내용과 의미를 알고 싶은 것이다. 인식과 달리 예술은 철저히 내재적 관점에 따른다.

예술의 숙고와 관련된 두 번째 궤도수정으로 인해 첫 번째 궤도수정(I.2)의 의의가 아예 사라지는 것은 아니다. 다만 '언제 예술이 되는가?'라는 질문을 곧이곧대로 수용할 수는 없게 되었다. 이 질문은 예술에 대한 본질주의적 접근의 문제점을 지적하고 있다는 점에서 매우 중요한 의의를 지닌다. 다만 이 질문이 빛을 발하기 위해서는 한 가지 중요한 요건을 갖추어야 한다. 이 질문은 오직 '미적 경험에 참여해 있음'이라는 관점에 따라야만 한다. 이러한 요건하에서만 예술과 예술실천의 연관에 대한 설명이 제대로 이루어질 수 있다. 예술의 가치에 대해 물을 때에는 바로 이 관점을 전제해야 한다. 그럴 때에만 예술은 특정한 방식의 실행이자 언젠가 시작되어서 언젠가 종료될 실행으로 파악될 수 있다.

그 어떤 사상이든 문제점이 없을 리 없겠지만, 어쨌든 각각의 사상은 제 나름대로 의의가 있다. 예술에 대한 여러 규정들은 모두 제 나름대로 진리의 싹을 지니고 있다. 다만 그 어떤 규정이든 이를 지나치게 절대시해서는 안 되며 다른 규정들과 함께 종합적으로 살피면서 이를 적절히 보완해야 한다. 철학적 이해는 하나의 입장이 지닌 제 나름의 진리치를 제대로 파악하는 일이어야 한다. 예술과 같은 철학적 대상에 대해 제기되는 질문 자체를 비판적으로 고찰하는 것 또한 철학이 할 일이다. 즉 예술론에서 제기되는 질문에 대해서도 이것이 설득력을 지니고 있는지에 대해 따져 물어야 한다.

3.2 무관심성

예술론과 관련한 화두를 두 차례나 새롭게 던짐으로써 이제 우리는 예술철학 전체를 관통하는 동기를 만나게 되었다. 예술경험은 그 자체만으로도 가치가 있나. 달리 말하자면 미적 경험은 그 자체로 목적이 된다. 미적 경험을 하는 자는 이 경험만으로 족하기 때문에 다른 그 어떤 것도 필요하지 않다. 임마누엘 칸트Immanuel Kant는 미적 경험과 결부된 "무관심성Disinterestedness"❹을 말한 바 있다. '무엇이 실현되었는가(가령 어떤 과제가 해결되었는가, 혹은 어떤 사회적 지위에 도달했는가)'의 여부는 예술 외적인 문제다. 어떻게 감각적 쾌를 체험하는지, 어떻게 이런 체험이 잘 유지될지의 여부 또한 마찬가지다. "무관심성"은 미적 경험을 넘어서는 그 어떤 것도 미적 경험의 목표가 될 수 없다는 것을 뜻한다.

미적인 것의 "무관심성"은 지금 맞닥뜨린 질문, 즉 '우리에게 있어 예술이 어떤 가치를 갖는가'라는 질문을 화두로 했을 때 적절히 해명될 수 있다. 이 질문에서 예술은 그 자체가 목적이 되는 것으로 받아들여진다. 이렇게 하여 자명하지 않은 예술에 '자기목적성'이라는 규정이 부여된다. 시를 읽고 그림을 보고 음악을 듣는 일은 그 자체로 미적인 것을 접하는 일이며 그런 점에서 이 일은 자기목적성을 갖는다. 그렇지만 미적인 것이 이렇듯 자기목적성을 갖는다고 말하는 것만으로 예술에 대해 구체적으로 알게 된 것은 없다. 무언가가 그 자체로 목적을 갖는다고 말했다 해서 이것이 무엇인지를 알 수 있는 것은 아니며, 미적인 것의 무관심성을 말했다 해서 이것이 예술의 가치에 대한 질문에 분명한 해답이 된 것은 아니다. 무관심성이란 그저 이 질문을 이해하고자 하는 우리에게 무언가 건네진 말이 있다는 사실을 가리킬 뿐이다. '우리에게 있어 예술이 어떤 가치를 갖는가?'라는 질문에서 예술은 특유의 무관심성을 지닌 것으로 받아들여진다.

3.3 무엇이 예술의 가치인 것일까

그런데 무언가가 가치를 갖는다는 말은 도대체 무슨 뜻일까? 가치라는 것이 수용자의 내재적 관점과 연관되어 있다면, 이 가치가 대상에 실제로 들어 있는 것인지 여부를 어떻게 확인할 수 있을까? 미적 경험이 자기목적성을 지닌다고 말하는 것만으로는 별다른 정보가 제공되지는 않는다. 오직 미적 경험만을 위한 경험이라면 이것이 만족스러운 여가선용일 수는 있을지언정 이것이 얼마만큼이나 가치를 지녔는지에 대해서 이 경험 자체가 말해 주는 바는 없기 때문이다.

따라서 가치라는 개념에 대해 좀 더 구체적으로 살펴볼 필요가 있다. 나의 소유물은 무엇이든 나름대로 나에게 가치가 있다. 가치는 보통 정량화된 특정 값으로 표현 가능하다. 반면 미적 경험은 소유할 수 있는 가치, 개인적·사회적 관계에 따른 가치와 무관하다. 이렇게만 생각하면 "우리에게 있어 예술이 어떤 가치를 갖는가?"라는 물음에서 "가치"라는 개념은 통상적 의미와는 무관하다는 식의 '부정적'인 성격만을 갖는다. 하지만 미적 경험에서 논의되는 가치에 대한 좀 더 '긍정적'인 규정이 필요하다.

4. 미적 자기소통

마르틴 하이데거Martin Heidegger의 예술철학 논고 「예술작품의 근원Der Ursprung des Kunstwerkes」에는 빈센트 반 고흐Vincent van Gogh의 그림 한 점에 대한 유명하고 논쟁적인 분석이 담겨 있다.[5] 「끈이 있는 오래된 신발Vieux souliers aux lacets」이라는 이 그림에는 오랫동안 사용된 흔적이 역력한 신발이 놓여

끈이 있는 오래된 신발 https://www.vangoghmuseum.nl/en/collection/s0011V1962

있다. 이 신발은 그 어떤 맥락과도 무관해 보인다. 심하게 낡은 그것은 마치 아무도 살지 않는 아스라한 곳에 자리한 듯하다. 이 신발은 특별한 쓸모가 없다. 하이데거의 설명에 따르면 이것은 일상적 용도를 위한 기능을 상실했다. 이 그림이 단지 신발의 무용함만을 보여 주는 것은 아니겠지만, 무용함이 이 그림의 특징임은 분명하다. 이 그림이 현시[8]하고 있는 것, 그것은 사

8 독일어 'darstellen'은 '서술[기술/묘사]하다describe', '제시하다present', '재현하다represent', '표현하다express' 등의 의미를 지니고 있다. 물론 이 책에서 저자가 이 단어의 명사형 'Darstellung'을 '표현Ausdruck[expression]'과 대립되는 '재현Repräsentation'과 같은 맥락에 있는 것으로 보기 때문에 'darstellen'을 '재현하다'로 번역하는 것이 적절할 수도 있다. 그런데 재현은 '누군가가 무언가의 면모를 똑같이 드러내 보임'이라는 뜻을, 그리고 현시는 '(재현하는 누군가와 재현되는 무언가의 구분 없이 양자 가운데 그 어디에 해당하든) 어떤 것의 면모가 드러내 보여짐'이라는 뜻을 지닌다고 할 때, 재현과 현시의 공통 요소인 '드러내 보임/보여짐'에 주목한다면 결국 같은 맥락을 지닌 말이라고 할 수 있다. 따라서 이 책에서는 'darstellen'을 번역할 때 좀 더 넓은

용될 수 없다. 이를테면 그려진 이 신발을 신을 수는 없기 때문에 이것은 무용하다. 이 신발을 갖고 아무것도 할 수 없다는 점을 하이데거는 강조한다.

이것이 하이데거 예술론의 첫 단계이다. 두 번째 단계에서 완전히 다른 차원의 견해로 진입한다. 그는 '이 무용한 신발을 현시함으로써 매일 신발을 신고 사는 이들이 신발의 의미에 대해 많은 것을 이해하게 된다'라고 말한다. 이 그림에서 신발은 농부의 노동과, 길을 걸어가는 고단한 발과 결합된 것으로서, 세계의 일부로서 그려져 있다.

하이데거 예술론의 첫 번째 단계는 예술에 대해 지금까지 우리가 논의한 것에 부합하며 이미 친숙하다. 예술은 일상 사물처럼 사용되지는 않는다. 예술은 미적 경험 이상의 그 어떤 목적도 없다. 예술의 이러한 성격에 대해 칸트의 '무관심성' 개념으로 이미 설명한 바 있다. "그런데 그럼에도 불구하고"라는 말로 시작되는 하이데거 예술론의 두 번째 단계는 다음과 같다. 예술의 무용성은 우리에게 무언가 말해 주는 바가 있다. 예술을 통해 우리는 눈앞의 사물을 직면하고 대면할 수 있게 된다. 즉 예술은 우리에게 친숙한 사물을 새로운 관점에서 바라보게 해 주며 우리를 둘러싸고 있는 이런 사물을 어떻게 이해할 수 있는지에 대해 말해 준다. 회화는 물론 문학이나 음악도 그러한 방식의 이해를 열어 준다. 가령 요한 볼프강 폰 괴테Johann Wolfgang von Goethe의 『젊은 베르터의 고뇌*Die Leiden des jungen Werther*』는 독자를 새로운 이해로 이끈다. 출간 당시 이 책을 접했던 사람들은 삶에 대한 비전이 전혀 없다는 점을 깨닫게 되었고, 이 책의 출판 이후 자살률은 현저히 상승하였다.

맥락에서 '현시顯示하다'라는 말을 선택한다.

4.1 예술은 우리에게 말을 건넨다

이제 게오르크 빌헬름 프리드리히 헤겔Georg Wilhelm Friedirch Hegel의 예술철학을 살펴보자. 헤겔 예술철학의 대의를 유추해 본다면 예술은 일종의 자기소통[9]이다(III.2). 헤겔이 이 개념을 직접 사용하지는 않았지만, 이 개념은 그의 근본 생각을 잘 보여 준다. 자기소통 개념은 반 고흐의 그림에 대한 하이데거의 설명에도 적용된다. 반 고흐의 그림은 무용하다. 무용한 이 그림을 접함으로써 우리는 자기이해에 도달한다. 이 그림은 수용자에게 말을 건넴으로써 수용자 자신에 대해, 수용자가 살고 있는 세계에 대해 무언가를 말해 준다. 자기소통의 견지에서 볼 때 예술은 우리 자신에 대해, 우리가 살고 있는 세계에 대해 구체적인 이해에 도달하게 해 준다는 점에서 가치가 있다.

미적 경험을 통해 우리는 우리 자신을 직면하게 된다. 이것이 예술이 지닌 가치이다. 그렇게 본다면 미적 경험의 자기목적성이 무엇인지 분명해진다. 즉 미적으로 경험하는 자는 자기 자신과 소통한다. 미적으로 경험되는 것은 언뜻 보기에 무용하지만, 이러한 무용함으로 인해 오히려 인간은 자기경험을 한다. 이것이 예술이 지닌 긍정적 가치이다. 미적 경험을 통해 자기 자신과 대면한다. 이것이 바로 미적 경험이 갖는 구체적 가치이다.

세계에 대한 관점을, 그리고 우리 자신에 대한 관점을 예술이 구체적으

9 '자기소통'(5쪽 각주 1번 참조)이란 'A에게 B를 이해시키다 혹은 B에 대해 A와 소통하다A über B verständigen'에서 A의 자리에 자기 자신self이 들어간 형태를 갖는다. 따라서 '자기소통'이란 '자기자신에게 ~를 이해시킴' 혹은 '~에 대해 자기 자신과 소통함'을 뜻한다. 여기에서 '이해시키다' 혹은 '소통하다'는 '의사소통하다communicate'와 크게 구별되지 않는다. 인간은 예술이라는 형식을 통해 자기 자신과 소통하며 이로써 자기 자신에 대한, 그리고 세계에 대한 구체적 이해에 도달한다. 예술을 통해 인간은 '자기소통사건'(32쪽 각주 7번 참조)의 장에 놓인다.

로 현시할 때, 예술을 통해 우리는 자기이해로 나아가는 길을 찾게 된다. 그런데 모더니즘 내지 포스트모더니즘 예술이 종종 그러하듯이 완전히 추상적인, 언뜻 보아서는 전혀 이해할 수 없는 예술조차 무언가 이해를 제공한다. 바넷 뉴먼Barnett Newman의 「누가 빨강, 노랑 그리고 파랑을 두려워하는가 IIIWho is Afraid of Red, Yellow and Blue III」를 감상할 때 색채는 감상자에게 말을 건넨다. 이때 뉴먼 회화의 조망불가능성(V.3.1)이 전달되며, 이로 인해 감상자는 동요한다. 그림 전체를 온전히 조망하지 못한다는 경험은 감상자에게 섬뜩하고 마뜩잖은 일로 다가올 수 있다.

이러한 사례만으로는 추상미술조차 수용자에게 말을 건넨다는 주장에 선뜻 동의하지 않는 이도 있을 것이다. 뉴먼 작품의 색채성이 일상적 경험의 세계를 직접 현시한다고 볼 수는 없지만, 이 색채성은 분명 세계와 접촉한다. 뉴먼에 의해 사용된 색채는 적어도 이 세계에 속해 있다. 음악 밖의 세계 가운데 그 어떤 것도 현시하려 하지 않는 '절대음악'(IV.1.4)에서 세계와의 접촉이 아예 불가능한 것처럼 보이겠지만, 이러한 음악을 통해서도 자기소통은 가능하다. 로베르트 슈만Robert Schmann의 「피아노 5중주 제44번 Klavierquintett op.44」이라면 제아무리 문외한이라 해도 작품의 형식적 엄격함이 귀에 들릴 것이다. 형식적으로 엄격한 이 음악을 들을 때에도 온갖 이해들이 일깨워진다. 특히 2악장의 도입부라든가 흥겨운 마지막 론도는 갖가지 반향을 불러일으킨다. 이러한 반향을 통해 이 작품은 세계에 대한 구체적 상을 형성하지 않았음에도 무언가 말을 건네고 있다.

4.2 예술은 숙고되어야 한다

I장을 시작하면서 예술에 대한 고찰이 예술과 불가분의 관계에 있다는

주장을 한 바 있다. 이 주장을 입증해 줄 준거점이 이제 확보되었다. 예술은 자기소통이라는 가치를 지닌다. 이 섬반 받아들인다면 '예술이 논쟁적이다'라는 주장의 근거는 확보된 셈이다. 예술작품이나 예술경험이 자기소통을 수행한다면 이러한 소통의 의미를 말할 수 있어야 한다. 내가 찍힌 한 장의 사진을 보면서 내가 잘 찍혔다고 여긴다면, 나는 어떤 측면에서 내가 잘 찍혔다는 것인지 말할 수 있어야 한다. 내가 이상하게 찍혔다면 이에 대해 뭐라고 말할지, 가령 나를 이렇게 잘못 찍은 것을 양해해야 하는지, 아니면 내가 자세를 잘못 취해서 그렇게 찍힌 것이라고 인정해야 하는지 등에 대해 자문한다. 자기소통이 이루어졌을 때에는 양해를 하든 인정을 하든 이런 것들이 어떤 의미에서 그러한지에 대해 암시적이나마 설명할 수 있어야 한다. 자기소통이라는 보상에는 이에 대해 설명해야 한다는 대가가 따른다.

'어떻게 예술이 자기소통의 기능을 수행하는가?'라는 질문을 좀 더 구체적으로 파악해 보자. 자기소통에는 자기 자신과 소통할 주관이 필요하다. 뉴먼의 그림 앞에 선, 이 그림이 건넨 말을 듣는 구체적인 한 관찰자가 바로 그 주관이다. 이 그림이 자신에게 어떤 가치를 지니는지에 대해 명시적이지는 않더라도 무언가 대답할 수만 있다면 이 관찰자는 자신에 대한 이해에 도달할 수 있다. 어떤 면에서든 예술작품을 자기소통으로 경험하는 바로 그 순간, 관찰자에게는 이 작품의 가치에 대한 하나의 대답이 명시적이지는 않더라도 어쨌든 주어진다. 작품의 이러한 가치는 언제나 관찰자 자신이 이해한 것과 연관되어 있다. 자신이 이해한 만큼 작품은 무언가 말을 건넨다. 인간, 자연, 세계, 그리고 일상의 대소사들에 대한 자신의 생각을 바라보는 바로 그때 뉴먼의 이 그림은 관찰자에게 무언가를 말한다.

관찰자에게 말이 건네질 때, 관찰자는 작품의 가치에 대한 질문에 암시적이나마 답을 한다. 이 대답은 구체적 특성을 갖는다. 말로 하지 못한다 해도 작품을 접하는 관찰자는 그림의 주제가 조망불가능성과 같이 아주 특별한 것이든 아니면 통상적으로 지각되는 것이든 무언가를 알고 있다. 윌리엄 셰익스피어Wiliam Shakespear의 『햄릿*Hamlet*』에는 인간의 절망이 목격되며 요하네스 브람스Johannes Brahms의 「헝가리 무곡Ungarischer Tanz」에서는 흥겨운 정취가 느껴진다. 예술작품을 통해 일어나는 이러한 반향들이 일종의 자기소통이다. 어떤 예술작품에 가치가 있다면 이 작품은 어떤 식으로든 수용자가 사는 세계에 대해, 그리고 세계 속에 있는 주관의 상황에 대해 무언가를 진술하고 있다. 한 편의 예술작품이 지니는 가치는 이렇듯 미적 경험의 특정 상황 속에 있으며 그런 까닭에 '구체적'이다.

그런데 미적으로 경험되는 예술작품의 가치는 이렇듯 구체적일 뿐만이 아니라 동시에 '보편적'이다. 지금까지 논의된 내용에 따른다면 예술의 보편적 가치는 '예술은 논쟁적이다', 즉 '예술은 자명성 결핍이라는 특징을 갖는다'는 점과 연관되어 있다. 하나의 미적 경험이 지니는 가치는 이를 통해 가치가 문제시되었을 때 생긴다. 좀 더 분명하게 말하자면 모든 미적 경험은 경험되는 대상에 대해 근본적으로 문제를 제기한다. 다만 미적 경험을 통해 대상이 의문시된다는 이러한 주장이 다소 불합리하게 들릴 수 있으므로 이를 불식하기 위해서는 이 주장의 요점이 적절히 설명되어야 한다. 표면적으로만 보자면 미적 경험이 있을 때마다 경험되는 그 대상에 대해 근본적으로 문제를 제기하지는 않는다. 루브르 박물관Musée du Louvre으로 밀려들어와 그림 앞에 선 관람객들은 자신이 바라보는 그것이 정말로 예술인지 묻지는 않는다. 또한 이 그림을 통해 미적 경험의 순간이 찾아오는 경우도 있다. 그런데 이런 일이 가능하다는 것을 주장하기 전에 우리가 경험하는 예술이 논쟁적이라는 사실을 전제해야 한다. 루브르의 전시물처럼 예술작품인지 아닌지의 여부에 대해 명시적인 논쟁이 이루어지지 않는 대상도 분명 이러한 논쟁과 결부되어 있다. 미적 경험을 이해한다는 것은 곧 '예술작품은 정말로 있는가?'라는 쟁론에 명시적이지는 않더라도 '그렇다!'라고 대답했다는 것을 뜻한다. 그 어떤 미적 경험에서든 예술 자체가 문제시되며 이에 대한 논쟁이 결부되어 있다.

따라서 미적 자기소통은 '무엇이 예술작품이고 무엇이 그렇지 않은가?'라는 쟁론과의 연관 속에서 생각되어야만 한다. 예술이 자기소통이 되려면 그것이 가치 있는지에 대해 질문이 던져져야만 한다. 만일 예술이 자명한 것이었다면, 예술이 자기소통으로서 수용자에게 반향을 일으키는 일은 없었을 것이다. 예술은 우리에게 말을 건네지만, 무엇이 예술로서 타당하고 무엇이 그렇지 않은지의 여부는 언제나 분명치 않다. 예술작품이 반향을 일으킨다는 것은 예술이 침묵할 수도 있으며 우리에 대해 우리에게 어떤 말도 하지 않을 수 있다는 점을 전제하고 있다. 예술의 자명성 결핍, 그리고 자기소통이라는 가치, 이 양자는 서로 배치되지 않으며 긴밀히 결부되어 있다.

4.3 미적 경험의 역사성

앞서 예술과 역사의 연관성에 대해 설명할 때, 예술작품들을 역사적으로 배열하기 위해 무엇이 예술작품에 속하는지를 식별하는 일이 중요하다고 말한 바 있다. 이를 식별하는 일이 '미적 경험에 참여해 있음'이라는 관점과 무관할 수는 없다. 이 점은 바로 예술과 역사의 관계를 통해 도출된 결론이기도 하다. 이러한 결론은 다음과 같은 주장으로 집약된다. 미적 경험 자체가 예술사의 일부이다.

예술의 가치 여부가 문제시된다면 그 어떤 것도 곧바로 예술작품이라 말하기는 쉽지 않다. 어떤 대상이 바로 자기이해를 드러내 보여 주는 데에 특화된 것이라는 점이 경험될 때 비로소 예술로 입증되는 것이다. 그러나 ('예술'이라는 제도의 틀에서) 예술로서 만들어졌다고 하여 이런 것들만이 저런 자기이해에 특화된 것이라고 할 수 있을까? 예술로서 생산된 것이 아닌 대상이나 연출도 미적 자기소통일 수 있다. 가령 제의용품이나 상품의 전시회가 그러하다. 그런 까닭에 (인젤 홈브로이히 박물관Museum Insel Hombroich, Neuss[10]의 한 전시회가 그러했듯이) 민속품의 수집만으로도 예술전시가 되는 일은 흔히 볼 수 있다.

예술의 역사를 미적 경험에 근거하여 이해한다면, 예술과 비예술의 경계는 확정될 수 없다. 한때 미적으로 가치 있는 것으로 경험되었던 것이 다른 때에는 그저 일상용품이 될 수도 있다. 오랫동안 소수 전문가들의 전유물이었던 르네상스 음악을 오늘날에는 누구나 쉽게 접할 수 있다. 1829년 펠릭스 멘델스존Felix Mendelssohn Bartholdy이 바흐의 「마태수난곡Matthäus-Passion」을 연주하기 전까지 그의 엄청난 예술적 유산이 잊혔었다는 점은 매우 놀랍다. 이러한 사례들은 예술의 역사가 예술에 대한 경험과 더불어 구축된다는 주장을 뒷받침해 준다. 미적 경험이 예술제도에 속하는 예술의 역사에만 의거하는 것은 결코 아니다.

예술에 대한 숙고의 전통에서 미적 경험 특유의 역사성을 다룬 철학자

10 1987년 독일 북서부 도시 노이스에 건립된 박물관.

로서 헤겔과 하이데거가 있다. 하이데거의 말에 따르면 모든 예술은 일종의 "건립Stiftung"이다.[6] 모든 미적 경험에서는 하나의 이해가 "건립"된다. 각 이해마다 고유한 역사적 지평이 있다. 미적 자기소통은 최근 유행하는 트랜스trance 음악을 접할 때뿐만 아니라 고대의 제의용품을 접할 때에도 생길 수 있다. 예술이 지닌 역사성의 이면에 담긴 의미를 헤겔은 다음과 같이 설명했다. 예술이라는 제도가 존속할지라도 미적 경험의 종말이 도래할 수 있다. 헤겔의 이러한 주장을 다음과 같이 유추해 볼 수 있다. 미적 실행에 참여해 있는 자에게 이 실행은 자기 자신에게 유의미한 소통이어야 한다. 하지만 자신의 시대에 통용되던 예술에서는 이러한 자기소통이 발견되지 않는다. 그의 이러한 견해를 흔히 예술의 종말end of art론이라고 한다. 그에 따르면 예술작품은 앞서 언급했던 것과 같은 반향을 더 이상 불러일으키지 못한다. 그렇지만 예술작품은 계속해서 만들어지고, 전시되고, 연주되고, 수집된다. 이런 상황을 헤겔은 다음과 같이 설명한다. "우리가 보기에 예술은 그것이 지닌 최고 사명의 측면에서 볼 때 과거의 것이 되었다."[7] 그가 보기에 자신이 살던 1820년경에 벌써 이러한 상황에 이르렀다. 그의 이러한 진단 자체가 정확한 것이었는지의 여부는 차치하더라도, 예술이 종말을 고할 수 있으며 그러한 종말이 곧 예술작품들이나 예술제도의 종말과 동일시되어서는 안 된다는 그의 주장은 분명 의미심장하다. 그러니까 우리의 문화가 진보함에 따라 미적 경험이 이제 더 이상 담당할 역할이 없게 되는 경우 또한 언제라도 일어날 수 있다.

하이데거뿐만 아니라 헤겔의 사상에서도 미적 경험과 결부된 이 특수한 역사, 즉 자기소통이 발생하고 소멸하는 역사가 강조되어 있다. 예술작품이 미적으로 경험되는 순간 작품은 자기소통이 된다. 작품을 통해 자기소통이 이루어지지만, 그런 만큼 작품을 통한 자기소통의 의미에 대한 문제제기 또한 이루어진다.

4.4 예술과 예술철학

지금까지의 논의를 돌이켜 생각해 보면 분명 다음과 같은 의문이 생길 것이다. 예술 문제에 대해 철학이 훌륭한 자문 역할을 할 수 있는 것일까? 철학은 가히 추상적인 사안을 다룬다. 반면 예술작품은 강렬한 색채로 나타나거나 날카로운 소리를 들려주는 등 감각적이고 구체적이다. 이렇듯 감각적인 현상을 하나의 철학 이론을 통해 다룬다면 과연 이에 대한 정당한 평가가 이루어질 수 있을까? 철학자들의 예술론을 들춰 보면 이런 의혹이 더욱 강해진다. 이미 여러 차례 언급된 하이데거만 보아도 시를 일종의 철학적 글로 읽으려는 해석을 시도했다.

철학이 아닌 예술의 편에 선다면 철학의 접근은 마뜩잖은 일이다. 하지만 지금까지의 논의들을 통해 알 수 있듯이 예술은 이미 철학과 긴밀한 연관을 갖고 있다. 예술이 자기소통이라면 예술이 정말로 이러한 소통을 수행하는지, 수행한다면 어느 정도나 그런 것인지 등에 대한 숙고가 동반되어야만 한다. 예술이 어떤 점에서 예술인지를 묻고 예술을 문제시하는 일이 이미 예술과 긴밀하게 연관되어 있는 것이다. 예술비평, 그러니까 예술작품에 대해 말로 해석하고 평가하는 실천은 이런 식으로 이루어진다. 소소하든 거창하든 예술에 대해 이루어지는 담론들, 인터넷 포털에서 접하게 되는 예술경험에 대한 기록들, 신문의 문예란 등을 통해 해당 작품이 정말로 성공적인지, 이것이 성공했거나 실패했다면 어떤 점에서 그러한지, 그리고 그 작품이 우리에게 어떤 가치를 안겨 주는지에 대한 숙고가 이루어진다. 예술철학에 대한 철학적 숙고 또한 이러하다. 예술철학은 작품을 접하면서 생겨나는 문제, 예술에 대해 묻고자 할 때 반드시 결부되는 문제의 단서를 포착한다. 그리하여 자명성 결핍이야말로 예술이 지닌 보편적 면모라는 점을, 그리고 예술이 자기소통이라는 구체적 가치를 지닌다는 점을 예술철학은 해명해야 한다. 이로써 예술철학은 예술을 접하는 이에게 나름대로 도움을 제공하는 동반자 역할을 한다.

아서 단토Arthur Danto는 예술철학을 "예술의 권리를 박탈하는 철학"으로 이해해서는 안 된다고 주장한 바 있다.[8] 그의 주장에 따르면 예술은 스스로 자기 자신에 대해 숙고한다. 예술의 이러한 숙고는 오직 예술에서만 가능한 숙고이며 이런 점에서 예술은 독자적 권리를 갖는다. 이러한 숙고가 반드시 철학적이어야 하는 것은 아니지만 예술로 인해 촉발된 숙고에 대한 설명은 예술철학을 통해 이루어진다. 예술철학은 예술에 대한 숙고에서 기준점이 되는 것이 무엇인지에 대해 논의하고 그럼으로써 해당 예술론이 설정한 기준의 적정성 여부에 대해 설명하는 것을 목표로 한다. 이렇게 본다면 예술철학을 낳은 것은 철학이 아니라 예술이다. 예술이 사상적으로 다루어질 필요가 있기 때문에 예술철학이 생겨난 것이다.

그렇다고 해서 미적으로 경험하는 자가 무조건 철학자라거나 혹은 철학자가 되어야 한다는 것은 아니다. 미적으로 경험하는 자는 작품을 접하는 가운데 자기소통을 한다. 이러한 실행 자체가 내실 있는 이론적 탐구의 대상이 되지만, 그렇다고 해서 예술애호가가 반드시 그러한 이론가가 되어야 하는 것은 아니다. 예술애호가의 경험이 있기 때문에 이에 대한 이론적 탐구가 이루어질 수 있을 따름이다. 감상자의 예술 경험을 누군가가 다루고자 할 때 비로소 (철학적) 이론이 시작된다.

미적 경험 하나하나마다 각각 거기에 적용되는 이론이 무엇인지를 예술철학이 일일이 설명할 수는 없다. 예술철학의 과제는 이미 이루어진 미적 경험을 더욱 풍성하게 만드는 데에 있다. 예술철학을 통해 이루어지는 설명은 이미 언급한 바와 같이 미적 경험 자체가 야기하는 문제에 관한 것일 수밖에 없다. 미적 자기소통에 대해 설명함으로써 이러한 소통을 보다 다채롭게 하는 데에 기여한다는 점에서는 예술철학이 예술보다 진일보했다고 볼 수 있다. 예술의 역사를 살펴보면 언제나 철학적 숙고가 예술 제작의 중요한 동력을 제공해 왔다.

5. 예술에 대한 질문은 어떠해야 하는가

1장에서는 예술에 대해 무엇을 물어보아야 하는지, 그리고 예술철학이 할 수 있는 일과 할 수 없는 일이 무엇인지에 대해 다루었다. 예술작품은 근본적으로 문제적 대상이며 이런 점을 염두에 둘 때에만 예술에 대한 설명이 제대로 이루어질 수 있다. 예술에 대한 질문이 통상적으로 대상의 속성에 대해 던지는 질문과 같은 성격의 것일 수는 없다. 그런 까닭에 예술에 대한 질문이 '예술이란 무엇인가?'와 같은 식이 되어서는 안 된다. 내가 보기에 '예술은 우리에게 어떤 가치를 지니는가?'와 같은 질문으로 방향을 전환하는 것이 좋다.

이렇게 궤도를 수정함으로써 예술을 통해 자기소통이 이루어진다는 점이 설명되었다. 자기소통에는 이것이 어느 정도나 그러한 소통일 수 있는지에 대한 문제가 긴밀하게 결부되어 있으며 그런 까닭에 자기소통은 예술철학의 주제가 된다. 예술작품에 대한 논의에서도 자기소통이 관건이다. 예술작품의 가치가 문제시된 이유도 예술작품이 자기소통인지의 여부가 문제시되기 때문이다. 설사 예술이 이론의 대상이 되지 않는 경우라 해도 예술이라는 하나의 사건이 있다면 언제나 여기에는 하나의 성찰이, 예술을 둘러싼 논쟁이 동반된다. 예술철학은 이러한 성찰이나 논쟁을 해명한다.

이러한 고찰을 통해 예술에 대해 철학이 무엇을 할 수 있을지를 분명하게 확인할 수 있다. 예술이라는 사건이 어떻게 자기소통을 수행하는지, 그리고 예술이 아닌 여타 자기소통(일기, 심리치료)의 형식과 얼마나 다른지, 이런 것들에 대해 예술철학이 해명해 줄 수 있을 것이다. 예술철학은 미적 실천에서 작동되는 질문, 개념 및 구상들을 분명하게 해 준다. 예술철학의 해명을 통해 미적 실천은 더욱 풍성해질 것이다. 예술철학이 미적 실천의 필수 요소는 아니겠지만 말이다. 어디까지나 예술철학은 예술을 위해 유익하고 전향적인 성과를 내는 것이어야 한다.

지금까지 고찰된 문제들은 예술을 다루는 작업의 서곡, 그것도 서곡의 일부에 불과하다. 지금까지는 예술에 대한 철학적 고찰에서 도입부 역할을 하는 질문들만을 살펴보았으며, 내가 던진 질문들에 대해 기껏해야 하나의 대답만이 주어졌을 따름이다.

미주

1. Adorno, *Ästhetische Theorie*, 9쪽.
2. Goodman, *Weisen der Welterzeugung*, 제4장.
3. Dickie, *Art and Aesthetics*.
4. Kant, *Kritik der Urteilskraft*, B 5쪽 이하.
5. Heidegger, "Der Ursprung des Kunstwerkes", 17쪽 이하.
6. Heidegger, "Der Ursprung des Kunstwerkes", 61쪽.
7. Hegel, *Vorlesungen über die Ästhetik I*, 25쪽.
8. Danto, *Die Philosophische Entmündigung der Kunst*.

II

예술, 그리고 예술들

'예술이 우리에게 어떤 가치를 지니는가?'라는 문제에 좀 더 자세히 접근하기 전에 한 가지 언급할 것이 있다. '예술' 개념은 '개'라는 개념처럼 자명하지 않다. '개'란 네 발 달리고 멍멍거리는 동물이다. 송아지만큼 큰 개도 있고 다 자랐음에도 고양이만 한 개도 있지만, 그렇다고 해서 '개'의 규정에 별다른 문제가 생기지 않는다. 이 규정은 '모든' 개에게 적용되기 때문이다. 반면 '예술'은 사정이 다르다. 개 한 마리 한 마리가, 혹은 개의 품종 하나하나가 모두 '개'에 적용되는 것과는 달리 모든 개별 작품들이 쉽사리 '예술' 규정에 적용되지 않는다. 즉 예술이라는 하나의 범주 안에 모든 작품들을 포섭하는 일이 저 개의 경우만큼 수월하지는 않다. 우리에게 너무나도 익숙한 예술 규정은 그리스어 "테크네téchnē"와 라틴어 "아르스ars"에 기원을 두고 있다. 두 개념 모두 '제작술'이라는 뜻을 갖고 있는데, 마구馬具를 만드는 일이나 연극의 대본을 작성하는 일처럼 서로 동떨어진 것들이 제작술의 개념하에 포괄되었다.

그러나 개별 예술들을 상세히 살펴보면, 제작이라는 개념을 다각도로 설명할 수밖에 없는 까닭을 알게 된다. 예술이 제작될 때 갖가지 질료[1]들이

1 이 말은 독일어 '마테리알Material'의 번역어이다. 주지하듯이 이와 연관된 어휘들이 여럿 존재

갖가지 방식에 따라 다루어진다. 문학에서는 자연어라는 질료를 다룸으로써 특정한 분량과 양식의 줄글이 형성되는데, 이 글은 묵독되거나 낭독되거나 구연된다. 반면에 조각은 이런 식으로 다루어지지 않는다. 물론 조각이라고 해서 처음부터 이미 잘 가공된 질료를 사용하는 것은 아니다. 조각을 시작할 때 다루어지는 질료는 지극히 다양하다. 전혀 다듬어지지 않았거나 1차 가공이 된 석재와 목재, 거푸집에 부어진 금속재들, 그 외에도 흔히 볼 수 있는 것이든 아니든 이 세상에서 구할 수 있는 각종 사물들이 바로 그것이다. 조각에 쓰이는 이러한 사물들은 모두 문학의 질료인 자연어와 그 어떤 유사성도 없다.

예술에 쓰이는 다종다양한 질료들이 '미적 매체medium'라면 예술적 제작의 형식들은 '미적 절차procedure'[2]이다. 개별 예술들은 각각 제 나름의 매체와 절차를 갖는다.❶ 미적 매체란 각 작품마다 각기 특유의 방식으로 구조

한다. 우선 '감각적으로 볼 때 물체의 근본 바탕을 이루는 것'이라는 의미를 갖는 '물질物質'이 있다. 이는 '정신', '마음', '영혼' 등에 대립된다. 그리고 '어떤 사물 혹은 어떤 일을 위해 필요한 것'이라는 의미를 갖는 '재료材料'가 있다. 또 '어떤 특정한 것의 근본 바탕이 되는, 혹은 어떤 작품을 구현하기 위해 작가가 선택하는 재료'라는 의미를 갖는 소재素材'가 있다. 이는 '절차' 혹은 '방식'과 켤레 개념을 이룬다. 저자가 밝히고 있듯이 '마테리알'은 일종의 '매체'이며 이는 특정 '절차'에 따라 제작된다. 이렇게 본다면 '소재'라는 번역어가 가장 적당해 보인다. 그런데 문제는 '소재'라는 말이 단지 물질적 틀을 갖춘 것에만 적용되지 않는다는 데에 있다. 가령 '이 작품은 제2차 세계대전을 소재로 하고 있다'고 말할 때 이 '소재'는 단지 직접적으로 접촉 가능한 물질적 의미를 넘어서 있다. 또한 '마테리알'의 파생어인 'Materialität', 'Immaterialität' 등을 번역할 때 '소재'라는 말을 적용하기가 다소 부적합하다. 따라서 이 책에서는 'Material', 'Materialität', 'Immaterialität'을 각각 '질료質料', '질료성', '비질료성'이라고 번역한다. 이 말은 '형식과 만나 특정한 것이 되도록 하는 재료'를 뜻하며, 이것의 켤레 개념이 '형식'이라는 점을 고려한다면 '소재'의 의미를 포함하면서 '물질'적 측면만을 가리킬 수 있는 가장 적절한 번역어로 보인다.

2 절차Verfahrensweise란 기계의 작동 방식 혹은 인간의 작업 방식modus operandi을 뜻한다. 이를 통해 예술의 질료는 언제나 특정한 '형식, 형태 및 구조'(67쪽 각주 6번 참조)를 띤다.

화될 질료를 뜻한다. 문학은 자연어를 다루는 반면, 조각은 석재, 목재, 금속재 등을 가공해서 만든다. 미적 절차란 예술이 매체를 다루는 방식을 뜻한다. 문학은 절차를 기준으로 산문, 서정시 등으로 나뉜다. 산문 문학이 자연어 표현을 통해 긴 서사를 만들어 내는 반면, 운문 문학은 자연어를 바탕으로 특유의 짜임새constellation를 갖춘다는 차이가 있다. 조각의 미적 절차란 질료를 바닥에 두어 하나의 공간적 짜임새를 만드는 작업이다. 각종 예술들은 각각의 매체와 절차 면에서 이렇듯 근본적으로 다르거나 아니면 소소하나마 나름의 차별성을 갖는다.

예술이 없는 세계에 살고 있다면 과연 조각과 문학의 공통점을 인지할 수 있었을까? "네 발 달리고 멍멍거리는 동물"과 같은 정식화된 규정이 예술에는 없다. 예술적 노동은 작품마다 고유한 매체와 절차를 통해 이루어진다. 각각의 매체와 절차는 각각 서로 구별되고 차별화된다. 이런 특징들에 따라 어떤 예술은 전시되는 반면 어떤 예술은 상연된다.

예술론에서 제기되는 문제 가운데 하나가 바로 다수의 예술'들'이 있다는 점이다. 다종다양한 예술들이 있음에도 어떻게 이것들을 단일한 예술 개념 안에 포섭할 수 있는 것인지에 대해 적절히 대답할 수 있어야 한다. II장에서는 바로 이 대답을 찾고자 한다. '예술들은 그저 각양각색일 따름이다'라는 주장이 그 대답일 수는 없다. 우선 예술들의 다양성을 설명하면서 체류할 수밖에 없는 지점들, 즉 예술을 이원화하는 세 가지 입장들이 설명될 것이다. 그런 다음에 예술들 간의 차이를 보정하는 입장들로 나아갈 것이다. 이런 입장들 가운데 예술들을 하나의 체계로 아우르는 헤겔의 획기적인 구상을, 그리고 종합예술작품total work of art 및 이와 유사한 개념인 상호매체성intermediality을 다룬다. 하지만 예술들의 다양성을 변호하는 입장,

그리고 이를 하나의 이론적·실천적 체계 속에 아우르는 입장, 이러한 양극단 사이에 놓인 좀 더 타당한 길이 있다. 앞의 두 입장들을 시술한 후 이 길에 대해 설명할 것이다. 이에 따르면 단일한 예술 개념에 대한 논의는 예술들의 다양함에 입각해서 이루어져야 한다. 그러니까 예술과 예술들 사이에 일종의 '장력張力'[3]이 감돈다는 점을 납득할 필요가 있다. 이를 단지 이론적 난관으로 치부할 일이 아니다. 이는 오히려 예술 본연의 규정이다. 예술에 대한 질문은 바로 예술들의 다양함 속에 존립하는 예술에 대한 질문인 것이다. 예술은 각각의 작업이 이루어질 때 각각의 예술들이 지닌 매체와 절차의 고유성에 입각하여 자기소통을 이룬다.

1. 예술들을 이원화하는 분류법

다양한 예술들이 있기 때문에 시대, 작가, 그리고 이를 다루는 문헌들이 있는 것이다. 다양한 예술들을 바라보노라면 이 점은 더욱 분명해진다. 특히 18세기에 이러한 경향이 두드러졌지만, 그 이후에도 그런 경향은 여전하다. 이 가운데 눈길을 끄는 것은 예술들을 분류하는 시도가 이루어진 문헌에 나타난 입장들이다. 그런 입장들 가운데 가장 간명한 것으로서 일단 양극을 설정한 후 다종다양한 예술들을 그것 아래에 정렬하는 분류법이 있다. 예술 원리들이 워낙 다양해서 단일한 예술 개념으로는 포괄할 수 없

3 "장력"으로 번역된 독일어 "Spannung"은 보통 '긴장'으로 번역되는 "tension"에 해당한다. 저자는 이 말을 예술을 둘러싼 각종 요소들이 지니는 특성들이 각자 스스로를 견지하면서 서로에게 영향을 미치는 힘으로 이해한다. "장력장"에 대해서는 93쪽 각주 20번 참조.

다는 생각에 따라 이러한 이분법이 고안되었다.

예술을 이원화하는 입장으로서 여기에서는 세 가지를 소개한다. 먼저 공간예술과 시간예술로 구분한 고트홀트 에프라임 레싱Gotthold Ephraim Lessing의 유명한 분류법이 있다. 또한 디오니소스적 예술과 아폴론적 예술로 구분한 프리드리히 니체Friedrich Nietzsche의 분류법을 언급할 수 있다. 물론 니체가 예술들을 분류하려는 의도에서 이러한 구분법을 제안한 것은 아니지만, 그럼에도 우리의 고찰에 시사하는 바가 있다. 마지막으로 아우라적인 예술과 비아우라적인 예술로 구분한 발터 벤야민Walter Benjamin의 분류법을 들 수 있다. 이 또한 니체의 분류법과 마찬가지로 모든 예술들을 이것에 입각해 설명하기 위해 벤야민이 도입한 것은 아니었지만, 그럼에도 예술 분류법으로 생각할 만하다.

1.1 레싱: 공간예술과 시간예술

『라오콘 혹은 회화와 시의 경계에 대하여*Laokoon oder über die Grenzen der Malerei und Poesie*』라는 유명한 예술비평 논고에서 레싱은 그 이후로 예술철학 내지 예술비평에서 금과옥조로 여겨진 예술 분류를 시도하였는데, 공간예술과 시간예술의 구분이 바로 그것이다. 이러한 구분법은 삽시간에 정착되었다. 공간예술에는 건축, 조각 및 회화가 있고, 시간예술에는 문학 및 음악이 있다. 공간예술은 그것이 성립하기 위해서는 공간이 요구된다. 이 경우 작품의 개별 요소들이 공간상에 나란히 배치된다. 이러한 병치는 공간을 통해 우리의 시선에 들어온다. 건축, 조각 및 회화가 지닌 다양한 요소들은 하나의 공간에서 단번에 인식된다. 건축은 그 자체로 보면 하나의 형태를 띤 공간이다. 조각은 하나의 공간에 설치되어야 한다. 즉 조각이 지닌 요소들은 공간상에 병치된다. 회화, 그래픽, 사진 등의 이미지도 그것들이 지닌 요소들의 병치를 실현한다. 물론 이러한 병치는 그것이 넓게 펼쳐지든 그렇지 않든 하나의 평면에 놓인다.

문학은 사정이 전혀 다르다. 운문이든 산문이든 한 편의 글을 누군가가 읽어 준다고 할 때 나는 눈을 감아도 상관없다. 작은 공간에 있든, 야외에 있든, 혹은 차를 타고 있는 중이든 상관없다. 누군가 읽어 줄 때에 이루어지는 미적 경험에서 이러한 차이는 그다지 큰 문제가 되지 않는다. 반면 글을 미적으로 경험하기 위해 필요한 것은 시간일 것이다. 글이 전개될 때에는 일정 정도 시간이 지속된다. 글이 지닌 미적 요소들은 나란히 서 있는 것이 아니라 잇달아 발생한다. 레싱에 따르면 음악 역시 시간예술이다. 음악이 성립하기 위해서도 시간이 필요하다. 음악이 단 몇 초 만에 끝나 버린다면 여기에서 단순한 테마 하나조차 포착하기도 어려울 것이다. 문학보다 음악이 훨씬 더 시간의 지속성과 결부된다. 75분 정도의 시간이 확보되어야 안톤 브루크너Anton Bruckner의 「교향곡 제8번8. Symponie」을 온전히 들을 수 있다. 특히나 음악에 대한 미적 경험은 레싱의 생각 이상으로 공간과 무관하다. 베를린 필하모닉 콘서트홀이든, 자동차 안이든, 이어폰을 끼고 산책하는 중이든, 그 어떤 순간이든 음악은 미적으로 경험될 수 있다. 레싱이 내세운 차이점을 요약하면 다음과 같다. "결국 시인의 영역은 연속된 시간이며 화가의 영역은 공간이다."❷

이와 유사한 다른 구분법들과 연관 지어 보면 레싱의 분류법에 설득력이 있다는 것을 알 수 있다. 이런 맥락에서 우선 살펴볼 것은 상연되어야 하는 예술과 상연에 적합하지 않은 예술의 구분이다. 음악이나 문학은 공연예술performing arts이다. 공연예술에서는 원안과 이것의 실현이 구분된다. 이탈로 칼비노Italo Calvino의 『어느 겨울밤 한 여행자가*Se una notte d'inverno un viaggiatore*』라는 책이 한 권 있다고 할 때 출간된 이 책 자체를 놓고 이것이 예술인지 아닌지 질문을 던지는 것은 큰 의미가 없다. 이것을 읽었을 때, 즉 독서가 실현되었을 때 비로소 이것의 미적 가치가 드러난다. 이 점에서 보면 문학 또한 공연예술이다. 반대로 공간예술은 원안(설계)과 이것의 현실화가 구분되는 방식이 공연예술과 다르다. 물론 건축에도 원안은 있다. 그러나 출간된 칼비노의 책은 설사 공연되지 않았을 때에도, 즉 읽히지 않았을 때에도 독립적인 작품인 반면, 건축의 원안 자체를 작품이라고 할 수는 없다. 건축에서 작품이라 불리는 것은 오직 완공된 것에 국한된다. 조각이나 회화 역시 실제로 실현되었을 때 비로소 작품으로 간주된다. 이렇게 완성된 것이 전시되었을 때 비로소 감상자가 이 작품에 접근할 수 있다. 이런 맥락에서 보면 이것들은 전시예술exihibition arts로 불린다. 시간예술은 공연예술이며, 공간예술은 전시예술이다.

굿맨은 시간예술과 공간예술의 구분과 유사한 방식의 분류법을 제안한다. "타필적allographic" 예술과 "자필적autographic" 예술이 그것이다.❸ 이런 어법으로 인해 강조되는 지점이 다소 달라진다. 타필적他筆的인 예술에서는 원본과 위조의 차이가 전혀 의미가 없다. 괴테의 『파우스트*Faust*』는 수없이 출판되었지만 이 중 그 어느 것도 위조는 아니다. 반면 카스파르 다비드 프리드리히Caspar David Friedrich의 「바닷가의 수도사Mönch am Meer」[4]가 두 점이 있다면 그중 하나는 위조이거나 아니면 최소한 사본일 수밖에 없다. 기보notation에 의해 이루어진 예술들(문학, 음악, 무용 등)은 모두 타필적이다. 『파

4 이 작품은 「해안가의 방랑자Wanderer am Gestade des Meeres」라고도 불린다.

바닷가의 수도사 http://www.smb.museum/en/exhibitions/detail/der-moench-ist-zurueck.html

우스트』가 다른 출판사에서 다른 인쇄 서식으로 출간되었다고 해서 이 작품 자체가 다른 것은 아니며 여러 차례 인쇄되었다 해도 괴테가 쓴 그 작품 자체는 언제나 동일하다. 즉 『파우스트』는 '타필(그리스어: állē graphē)'이 가능하다. 반면 건축, 조각, 회화 등에서는 그것이 가능하지 않다. 이 작품들은 오직 '자필'을 통해서만 성립하기 때문이다. 만일 이런 예술들이 "기보에 의해" 만들어졌다면 그 작품은 사본, 아니면 심지어 위조일 수도 있다. 이 예술들의 실현은 원본, 즉 '자필'이다.

공간예술과 시간예술, 전시예술과 공연예술, 자필적 예술과 타필적 예술의 구분들은 각자의 방식에 따라 '각 예술마다 공간성과 시간성은 제각기 다른 기능을 수행한다'는 점을 표방하고 있다. 이러한 '다름'이 분류의 근거가 된다. 이제 다종다양한 예술들이 지닌 '작품 상태'에 초점을 맞춰보자.

장소 이동이 가능한 예술들(건축, 조각, 회화)이 있는 반면, 오직 기보의 이동만이 가능한 예술들(문학, 음악)이 있다. 후자는 읽히고 들릴 때 비로소 존재한다. 후자에 속하는 작품들은 본래 비질료적이다.

비질료성이라고 말했다 해서 이를 절대시해서는 안 된다. 가령 문학 작품에서도 색채나 음성의 질료성이 반드시 필요한 경우가 있다. 하지만 문학이 지닌 질료성은 어떤 식으로든 일정한 방향으로 전개되어야 한다. 대리석으로 이루어진 조각상에서는 이러한 전개가 불필요하다. 문학적 질료성이 전개된다 함은 단순히 장소 이동이 가능하다는 감각적 현존 그 이상의 성격을 갖는다. 문학이 지닌 비질료성으로 인해 문학의 질료성이라 생각될 만한 것들이 일정하게 전개되는 것이다. 레싱의 구분에 입각해 이 점을 다음과 같이 정식화할 수 있다. 한편에는 질료적인 예술이, 다른 한편에는 어떤 식으로든 비질료적인 예술이 있다.[4] 전자에 적용되는 규칙과 후자에 적용되는 규칙은 서로 다르다.

그러나 예술들을 이원화하는 이러한 분류법을 고수할 수 없게 만드는 문제점이 있다. 연극, 무용은 물론 영화나 해프닝 같은 새로운 예술 형식들은 어떠한가? 음악과의 연계 가능성을 통해 알 수 있듯이 무용은 시간상에서 전개되는 예술이지만, 무용에는 신체의 움직임 및 인물들 간에 어우러지는 짜임새를 위한 공간적 병치도 필요하다. 그렇다면 이 경우 공간성과 시간성, 신체의 질료성과 안무의 비질료성이 상호 매개되는 것은 아닐까? 음악은 어떠한가? 음악도 공간성의 형식과 결부되는 것은 아닐까? 선율과 화성이 이루는 비질료성도 질료적 실현을 필요로 하는 것은 아닐까?

레싱이 공간예술이라고 말한 것에도 사실은 시간성이 결부되어 있다.

조각 작품을 그저 잠시 바라보기만 해서는 이를 제대로 경험할 수 없다. 조형물의 공간성도 이것이 전개되기 위해서는 시간성이 요구된다. 그러나 그저 한순간만으로는 결코 단 하나의 이미지도 포착할 수 없다. 조각은 '읽히기'를 원한다. 읽힘으로써 그 이미지를 둘러싼 다양한 연관 및 구별들을 가늠해 볼 수 있다. 하나의 이미지는 바로 그런 식으로 예술작품이, 즉 자기소통의 대상이 되며 이럼으로써 시간이라는 차원에 놓인다. 건축에서의 시간성은 매우 독특하다. 건물은 주위를 둘러보거나 그 안으로 들어갈 시간이 필요하다. 또한 그 건물이 놓인 공간에 대한, 그리고 이와 관련한 다양한 시점들에 대한 해명 없이 이에 대한 미적 경험은 불가능하다. 요컨대 공간예술과 시간예술의 구획 설정이 의외로 녹록지 않다.

1.2 니체: 디오니소스적 예술과 아폴론적 예술

고대 문헌학자이자 철학자인 니체가 청년기에 출간한 격정적 문체의 논고 『음악의 정신에서 비극의 탄생*Die Geburt der Tragödie aud dem Geiste der Musik*』에서 또 다른 예술 분류법을 찾아볼 수 있다. 정작 니체는 예술들 간의 경계가 아니라 두 가지의 상이한 미학적 원리들을 언급했지만 말이다. 그는 고대 그리스의 두 신을 빌려와 이를 정식화했다. 한편에는 디오니소스, 즉 도취와 망아忘我의 신이 있고, 다른 한편에는 아폴론, 즉 꿈의 신이자 아름답고 조화로운 가상의 신이 있다. 두 신이 각각 대변하는 원리는 니체가 보기에 그 자체로 고대 문화의 정수에 해당한다. 여기에서 고대 문화에 대한 그의 분석을 다루지는 않는다. 우리가 살펴보고자 하는 것은 니체의 구분 원리들이 예술들을 분류하는 데에 어떻게 활용되는가이다. 이런 관점에서 니체의 텍스트에 얽매이지 않고 이를 자유로이 다루면서 디오니소스적Dionysian

예술과 아폴론적Apollonian 예술에 대해 논하고자 한다.

두 예술 형식에 속하는 전형적인 예술들이 있다. 디오니소스적 예술은 니체에게 가장 중요한 예술은 음악이다. 『비극의 탄생』을 작성할 즈음 니체는 리하르트 바그너Richard Wagner의 음악에 대한 열렬한 숭배자이기도 했다. 아폴론적 예술은 회화로 대변된다. 디오니소스적 예술은 도취와 망아의 상태를 통해 이루어진다. 디오니소스적 예술의 이러한 특징이 음악 모두에 적용된다고 할 수는 없다. 바흐의 푸가라든가 현대 대중음악에 이런 특징을 부여하기는 어렵다. 이런 특징에 해당되는 것으로서 프레데리크 쇼팽Frédéric Chopin의 피아노곡, 바그너 오페라의 무한선율, 오늘날의 재즈 즉흥 연주를 들 수 있다. 니체가 염두에 두고 있는 것은 ―니체가 살던 낭만주의 시대 사람들(모든 이는 아닐지라도)에 의해 선호되었던― 형식에 얽매이지 않은 음악들이다. 무용, 프리재즈의 즉흥 연주 형식, 해프닝, 그리고 잭슨 폴록Jackson Pollock의 액션 페인팅Action Painting에 이르기까지, 형식에 얽매이지 않는 예술들은 니체의 구분에 따르면 디오니소스적 예술로 볼 수 있다.

반면 명징한 형식 및 구조로 특징지어지는 모든 예술은 아폴론적이다. 무언가를 현시하는[5] 회화, 고전적인 조형물, 그리고 서사문학 및 극문학이 여기에 속한다. 건축 및 서사적 영화 또한 대체로 아폴론적이다. 이 예술들은 갖가지 매체를 통해 명료한 세계, 질서 및 연관을 수립한다. 분량이 많은 산문이나 거대 벽화(시스티나 예배당Cappella Sistina에 미켈란젤로 부오나로티

---

5 '무언가를 현시함'이란 '재현함' 혹은 '구상적임'으로 이해할 수 있다. '현시' 및 '재현'에 대해서는 38쪽 각주 8번 참조.

최후의 심판

http://www.museivaticani.va/content/museivaticani/en/collezioni/musei/cappella-sistina/giudizio-universale.html

Michelangelo Buonaroti가 그린 「최후의 심판 Il Giudizio universale」을 떠올릴 만하다)는 이러한 질서나 연관이 복잡할 수 있음은 물론이다. 아폴론적 예술은 이렇듯 복잡할지라도 잘 정돈된 세계를 창조한다.

아폴론적 예술과 디오니소스적 예술의 구분법은 무언가를 현시하는 예술과 그렇지 않은 예술의 구분법과 겹치는 측면이 있다.❺ 비현시적인 예술은 현대 예술사에서 자주 등장한다. 현대 예술은 점차 현시의 원리로부터 벗어나고 있다. 즉 현대예술에서는 현시적이지 않은 예술이 우위를 점하게 되었다는 것이다. 아폴론적인 것과 디오니소스적인 것의 구분이 현시와 비현시의 구분과 완벽하게 맞아떨어지지는 않지만, 앞의 구분법을 설명할 때 뒤의 구분법이 자연스레 연결된다. '아름다운 가상'으로서의 아폴론적 원리는 현시의 원리처럼 외부 현실과 연관을 맺는다. 반면 '망아'로서의 디오니소스적 원리는 언제나 외부 현실을 넘어서는데, 여기에서는 명료한 구조 같은 것이 전혀 생겨나지 않기 때문이다.

니체의 텍스트를 통해 획득한 구분은 어떤 식으로든 외적인 '형식, 형태 및 구조'[6]를 지향하는 예술과 그렇지 않은 예술의 구분이었다. 아폴론적 원리에 따라 산출된 형식, 형태 및 구조가 곧바로 무언가의 현시인 것은 아니다. 다만 아폴론적인 것이 형식, 형태 및 구조를 갖춘 하나의 명료한 세계를 제공한다는 점에서 그것은 현실 지향적이다. 이러한 이해는 '인간이란 현실 세계에서 살아가는 존재이다'라는 측면에서 인간을 바라보는 입장에 따른다. 누구나 이런 생각에 친숙한 것은 아니기 때문에 아폴론적 원리

---

6 이 말은 원래 "형식들, 형태들 및 구조들Formen, Gestalten und Strukturen"이다. 이 표현은 각 작품의 질료(매체)를 조직화하는 절차를 뜻한다. 모든 예술은 특유의 질료와 특유의 절차(56쪽 각주 2번 참조)에 따라 특정한 얼개 내지 짜임새를 갖춘다.

의 현실 지향성이 절대시될 수는 없다. 실제로 일상 현실의 형식, 형태 및 구조에 대한 지향은 가령 (일반적으로 무언가를 현시하는 예술로는 생각되지 않는) 건축에서 발견되며, 음악은 일상 현실의 형식, 형태 및 구조로부터 아예 벗어나 있다고 할 수 있다. 추상적 회화나 조각, 더 나아가 후고 발Hugo Ball, 에른스트 얀들Ernst Jandl 등이 시도한 음향시Lautgedichte[7]도 아폴론적 원리가 적용되지 않는 사례로 꼽을 수 있다.

니체의 구분법은 모던 예술과 그 이전 시기 예술을 구분하는 방식의 원형이 될 수도 있다. 니체 시대에 태동한 모던 예술은 이런 식으로 현실적인 형식, 형태 및 구조로부터 해방되어 자율성을 획득했다. 그 이전 시기의 예술들은 아폴론적인 것으로 파악될 수 있는데, 이는 이 예술들이 예술 밖 현실의 외적인 형식, 형태 및 구조에 얽매여 있었다는 의미에서 그러하다. 니체식의 구분법은 20세기 전반 아방가르드Avant-garde 신화를 통해 역사적으로 전승되었다. 하지만 20세기 후반의 조형예술 및 문학에서 무언가를 현시하는 서사적 형식으로 복귀하는 현상이 나타남으로써 니체식 구분법이 예술 시대를 구분하는 방식의 원형이 되기는 어려워졌다.

예술에서 디오니소스적인 것과 아폴론적인 것의 구분법은 시간예술과 공간예술의 구분법과 마찬가지로 잠정적인 체류지일 뿐이다. 니체의 구분법을 통해서도 예술적 실천의 윤곽은 선명하게 드러나지는 않는다. 그림과 조각들은 현실성 너머로, 질서지어진 형식 및 구조 너머로 나아간 지 이미 오래이다. 매너리즘이나 낭만주의를 떠올려 보라. 질서정연하게 구조

---

7 시어가 지닌 정신성에 주목하는 태도에서 벗어나 시의 매체 자체가 지닌 질적 특성을 환기하기 위한 예술적 실험의 일환으로 시도된 시. 모더니즘 예술 운동과 궤를 같이 하며 이른바 '구상시', '구체시' 등과 같은 맥락으로 이해할 수 있다.

화된 예술들 속에서 도취와 망아의 순간을 생생하게 그려 내지 않았는가. 로렌스 스턴Laurence Sterne의 유희적 문학이나 장 파울Jean Paul의 환상 문학에도 도취와 망아의 원리에 따른 구조 및 질서가 적용되어 있다. 음악과 같은 디오니소스적인 예술이라 해도 이것이 아폴론적인 예술의 시대, 그리고 그 시대의 예술가 및 작품과 완전히 무관하지는 않다. 이런 맥락에서 바그너의 음악 작품 전체가 구스타프 말러Gustav Mahler의 교향곡 대작들처럼 일종의 음악적 세계구상으로 간주될 수 있다. 다만 음악은 지극히 근본적인 방식으로 현실과 소통한다. 만약 우리가 사는 이 현실 세계에 소리, 음색, 음역, 소음의 질서가 없었다면 음악도 존재할 수 없었을 것이다. 그러니까 가령 '제2 빈 학파'(쇤베르크, 베르크, 안톤 베베른Anton Webern)의 악보에도 일상 현실의 음향적 질서가 잔존한다.

1.3 벤야민: 아우라적 예술과 비아우라적 예술

예술을 구분하는 세 번째 유형으로서 『기술적 복제 시대의 예술작품*Das Kunstwerk im Zeitalter seiner technischen Reproduzierbarkeit*』에서 벤야민이 시도한 구분법을 들 수 있다. 니체와 마찬가지로 벤야민도 예술 전체를 분류할 필요를 느끼지는 않았다. 벤야민의 구분법에 따르면 한편에는 회화가 있고, 다른 한편에는 사진이, 특히 영화가 있다. 벤야민의 목적은 기술적 복제 예술인 사진과 영화가 예술의 개념을 완전히 바꾸어 놓았다는 점을 (물론 벤야민이 보기에 이러한 변경은 사회 변혁이라는 정치적 의미를 암시하기도 한다) 보여 주는 데에 있었다. 이 점을 강조하기 위해 벤야민은 '아우라Aura' 개념을 도입한다. 이는 기술적 복제와 무관한 회화의 특징을 나타내는 개념이다. 벤야민이 본격적으로 개념화한 아우라는 예술철학적·예술비평적인 글에서 유령처럼 출몰하지만, 이 개념이 말하는 바가 무엇인지는 불명확하다.

벤야민은 아우라를 다음과 같이 정의한다. 아우라는 "아무리 가깝더라도 그만큼 더 먼 것의 일회적 나타남"❻이다. 다소 모호한 이 정의에서 '일회성'과 '멂'이라는 두 측면에 주목해 보자. 벤야민의 숙고를 곧이곧대로만 읽지 않는다면 이 두 측면은 니체의 분류법과는 다른 또 하나의 예술 분류법의 기준이 될 수 있다. 즉 벤야민의 글을 다소 자유롭게 읽는다면, 원본성을 나타내는 개념인 일회성이 오히려 작품의 역사성을 나타내는 개념으로 받아들여질 여지가 있다.[8] 원본과 사본의 구별이 그림과는 다른 문학조차 작품은 전승과 해석의 역사를 갖는다. 이러한 전승과 해석은 바로 하나의 작품을 둘러싸고 이루어진다. 이 작품은 전승과 해석을 위한 '일회적 초점'이다.

아우라의 규정에서 더 중요한 측면은 바로 '멂'이다. '멂'이라는 개념을 이해하기는 결코 쉽지 않다. 벤야민이 보기에 아우라적 예술작품은 '거리'를 야기한다. 즉 아우라적 예술작품은 수용자에게 거리를 둔 태도를 갖게 만든다. 이는 존경(경외)의 태도로 특징지어진다. 수용자에게 아우라적 예술작품은 남다른 위대함을 지닌 것으로 경험된다. 하지만 그러한 특징만으로 벤야민이 중시한 지점을 분명하게 이해하기는 어렵다. 아우라적 예술작품으로 인해 생겨난 '거리'는 무엇보다도 수용자의 내면에 어떤 태도

8 벤야민에 따르면 일종의 거리 두기를 통해 작품이 관조될 때 이런 작품에는 아우라가 감돈다. 저자는 전통적 예술 수용 태도에서 중시되는 '아우라'가 작품의 수용과 전승, 해석의 역사를 담보한다는 입장을 갖고 있다. 대상과 심리적 거리를 두고 대상을 관조하는 태도를 갖지 않으면 작품을 전승하고 해석할 수 없다. 반면에 비아우라적 예술을 대표하는 영화는 관객이 분산적이고 촉각적으로 작품을 수용하며 이를 통해 관객과 작품의 거리가 소멸된다. 이렇게 된다면 작품에 대한 전승과 해석의 국면은 존립할 수 없게 되며 역사성 또한 사라진다.

를 갖게 만듦으로써 생겨난 것이다. 존경(경외)심에 의해 바로 이런 내적 태도가 나타난다. 그런데 수용자의 내적 태도는 이해, 그리고 영감과 같은 계기들 또한 내보일 수 있다. 아우라는 수용자로 하여금 내면의 세계로 되돌아가도록, 이로써 자신에게 누군가가 말을 건네는 경험을 하도록 만든다. 예술작품의 아우라는 감상자의 내면 세계와 외면 세계의 구조적 차이[9]만큼 생겨난다. 바로 그런 이유로 벤야민은 "아무리 가깝더라도 그만큼 더 먼 것"에 대해 말한다.

아우라적 예술은 비아우라적 예술과의 대비를 통해 더욱 분명해진다. 비아우라적 예술로서 벤야민은 우선 영화를 든다. 영화는 관객에게 거리를 취하게 만든다기보다는 오히려 모든 거리를 없애 관객에게 다가간다. 영화의 관객은 "운동의 이미지들"❼의 공간 속에서 완전히 자신을 상실한다. 비아우라적 형식을 띤 미적 수용을 통해 발생한 '거리의 소멸'을 벤야민은 '분산'이나 '스며듦'과 같은 개념으로 바꿔 부른다. 영화를 통해 보고 듣는 공간과 관객이 지각하는 공간은 혼연일체가 된다. 관객은 마치 버라이어티 쇼나 서커스를 볼 때처럼 '거리가 소멸된 채 휩쓸려 들어감'의 상태에 빠져든다. 이때 관객은 더 이상 대상의 아우라에 주목하기 위해 정신을 집중하는 태도를 갖지 않는다. 그런데 이러한 미적 분산의 형식에서 사라지는 것은 거리만이 아니다. 일회성 또한 사라진다. 이런 상태에서 관객은

9 보통 인간의 내면 세계는 비감각적인 지성(예지)의 세계며 인간의 외면 세계는 감각(감성)의 세계이다. 대상 세계에도 외면(현상)과 내면(본질)의 구분이 가능하다. 저자가 이해하는 벤야민의 예술론은 저 구분 기준에 따라 다음과 같이 설명될 수 있다. 인간의 내면과 대상의 내면이 만나는 영역에서 아우라적인, 즉 내적인 예술이 존립하며, 반면에 인간의 외면과 대상의 외면이 만나는 영역에서 비아우라적인, 즉 외적인 예술이 존립한다.

전승하고 이해하는 입장을 취하지 않는다. 그렇기 때문에 하나의 작품이 일회적인 것이 되게 해 주는 역사가 사라진다.

벤야민의 설명을 이렇듯 자유로이 재구성한다면 구분점은 내적 예술과 외적 예술 사이에 놓인다. 통상적인 예술론에서는 진정한 예술과 한낱 오락에 불과한 것을 구분한다. 통상적 구분에 따르면 진정한 예술은 정신적인 내용을 갖는 반면, 한낱 오락에 불과한 것은 예술 형식을 갖추고 있되 정신성이 결여된 유희에 불과한 것일 따름이다. 이러한 구분법은 이른바 '진지한' 클래식 음악(고급음악)과 '오락용' 음악(대중음악)의 분류(I.1.1)에도 적용된다. 물론 벤야민이라면 이러한 구분에 의문을 제기했을 것이다. 그가 보기에 '내적'과 '외적'의 구분이 예술과 비예술을 가르는 기준이 될 수는 없다. 벤야민은 내적 예술과 외적 예술의 구분을 중시했지만, 그에 따르면 내적 예술이든 외적 예술이든 모두 예술이다. 즉 이 구분은 예술 안에서의 구분인 것이다. 이런 전제하에서 영화와 같은 기술적 복제 시대의 예술에 주목했던 것이다.

예술을 이렇듯 다소 느슨하게 규정함으로써 아우라적 예술과 비아우라적 예술의 구분이 가능해진다. 문학은 아우라적 예술에 속한다. 문학 작품의 공개 낭독회에 모여든 청중이라 해도 그들은 각각 글의 미적 차원이 펼쳐지도록 정신을 집중할 준비가 된 독립적 개인이다. 적어도 오늘날 우리가 그것들을 접하는 방식에 따른다면 조각과 회화 또한 아우라적 예술로 이해되어야 한다. 반면 음악이나 건축에 대해서는 달리 말할 수 있다. 이것들은 영화와 마찬가지로 수용자에게 '거리 소멸'을 야기하는 경향이 있다. 슈만의 「피아노 5중주 제44번」과 같이 잘 짜인 형식의 음악을 듣는다 할 때 설사 이 음악의 구조를 따라가지 못하는 이가 있더라도 그의 마음을 사로잡을 수 있다. 연주를 듣는 것만으로도 충분하다. 이런 의미에서 보면 음악에도 외적 예술의 면모가 있다. 건축도 이런 면모가 있다. 건물은 자신 속을 거니는 자를 완전히 빨아들인다.

하지만 건축과 음악은 아우라적 예술로도 파악될 수 있다. 더 나아가 어떤 작품을 아우라적 예술로 분류하더라도 여기에 비아우라적인 경향이 전혀 없다고 할 수는 없다. 그러니까 '실내악의 밤'[10]을 아우라적 예술로, '우드스탁 페스티벌Woodstock-Festival'을 비아우라적 예술로 분류했다 해도 이런 분류는 언제든 바뀔 수 있다. 즉 벤야민의 텍스트에 따른 구분법이 확고부동한 것은 아니다. 영화와 같은 분산적 예술도 미적 거리의 형성을 허용할 수 있다. 문학이나 회화 같은 내적 예술도 많은 경우 분산과 거리 소멸의 상태를 동반한다. 그러므로 가령 릴케의 작품처럼 의도적으로 고안된 시를 읽는 일도 오락이 될 수 있다. 릴케의 시를 읽을 때에는 아우라적 거리두기 상태에 있게 되는 일이 빈번한 반면, 스턴의 『신사 트리스트럼 섄디의 인생과 생각*The Life and Opinions of Tristram Shandy. Gentleman*』에 대해 분산적 태도를 취하지 않기는 어렵다. 내적인 (즉 거리를 두고 수용하는) 예술과 외적인 (즉 분산적인) 예술에 대한 이런 구분법도 하나의 유형일 뿐 이것이 예술의 분류를 결정하는 도식이 될 수는 없다.

---

10 '실내악의 밤Kammermusikabend'이란 콘서트홀에서 저녁에 연주되는 음악 공연을 뜻한다.

2. 예술들의 통일성

예술들은 매우 다종다양하다. 이런 예술들에 통일성을 부여하는 일은 간단치 않다. 예술들을 단수로서의 '예술' 개념으로 묶어 내는 일이 아예 불가능해 보이기까지 한다.[8] (질료적인) 공간예술과 (비질료적인) 시간예술이 어떻게 하나의 예술로 통합될 수 있을까? (현실 지향적인) 아폴론적 예술과 (현실 초월적인) 디오니소스적 예술 사이의 차이가 어떻게 극복될 수 있을까? (내적인) 아우라적 예술과 (외적인) 비아우라적 예술이 도대체 어떻게 하나의 공통분모 아래에 모일 것이라 기대할 수 있을까? 하지만 예술들 간의 상이성에 휘둘려 단일한 예술 개념을 확립하는 일이 전혀 불가능하다고 생각할 필요는 없다. 예술을 아우르는 통일성에 대한 이론을 세우는 일이 지닌 의미에 대해, 다시 말해 예술들을 아우르는 미학적 원리에 대한 숙고의 필요성에 대해 생각해 볼 여지가 있다. 예술들 간의 차이를 극복하려는 시도들이 분명히 존재했다는 점은 그런 맥락에서 볼 때 그리 놀라운 일이 아니다.

이러한 시도 가운데 두 가지를 언급할 것이다. 우선 예술들을 하나의 체계에 편입하려는 헤겔의 시도가 있었다. 이에 따르면 예술들은 각각 차별성을 갖되 이것들을 포괄하는 하나의 연관 속에 놓인다. 헤겔에 따르면 예술들이 각각 상이한 원리에 입각해 있다 해도 체계적 연관을 갖는다. 즉 이러한 체계적 연관 덕택에 예술들 간의 차별성에도 불구하고 이것들을 하나로 통일시킬 개념이 있다는 것이다. 이를 예술들 간의 이론적 합주라고 말할 수 있겠다. 이러한 표현법은 다종다양한 예술들을 아우르는 단일한 예술 개념을 구현하려는 또 다른 시도를 떠올리게 한다. 예술들 간의 실천적 합주가 그것이다.

모든 예술들이 벌이는 실천적 합주는 종합예술작품이라는 개념을 통해 기획되었다. 이 개념은 특히 바그너의 작품에 그 뿌리를 두고 있다. 이 개념이 본격적인 예술철학의 맥락에서 나온 것은 아니지만, 여기에는 예술철학적 함의가 매우 뚜렷이 나타난다. 즉 이 개념은 '예술들 간의 이질성에도 불구하고 어떻게 하나의 예술 개념이 확립될 수 있는가?'의 문제와 관련되어 있다. 20세기 후반에 이르러 종합예술작품의 파급력은 무엇보다도 정치적 지배력을 과시하는 수단으로 변질될 가능성 때문에 잦아들었다. 그러나 이 개념의 근본적 지향은 예술들을 하나의 실천으로 통일시키는 일이었으며 이러한 지향은 오늘날에도 여전히 의미가 있다. 이 개념이 특히 상호매체성이라는 개념과 함께 다루어지고 있다는 점을 간략히 언급할 것이다. 예술들 간의 차이를 극복하기 위한 이론적 구상과 실천적 구상을 각각 소개하겠다. 우선 헤겔의 예술 체계를 살펴보자.

2.1 헤겔: 예술들의 체계

단일한 예술 체계에 대한 구상에 담긴 헤겔의 근본 생각을 이해하려면 그의 예술 개념을 간략하게 설명할 필요가 있겠다. 그의 예술 개념은 예술 체계의 전개를 뒷받침하는 기능을 할 뿐만 아니라 동시에 우리에게 예술이 지닌 가치에 대해 구체적으로 답하는 III장의 논의에 중요한 단서를 제공한다.

헤겔의 예술 개념: '예술작품에는 내용과 형식이 불가분적으로 연관되어 있다'라는 말은 예술철학에서는 이미 상투어가 되었다. 불가분적 연관

은 실제로 중요한 함의를 갖는다. 가령 신문 기사는 단어 하나를 바꾼다 해서 내용이 바뀌지는 않지만, 문학 작품의 단어를 마음대로 바꿀 수는 없다. 일점일획만 바꾸어도 내용에 변화가 생기기 때문이다. 몽타주 그림과 일반 그림의 차이도 이와 유사하다. 몽타주를 그릴 때 유화물감으로 그릴지 수채물감으로 그릴지는 그다지 중요한 문제가 아니다. 유화물감으로 그린 후에 수채물감으로 윤곽에 덧칠을 할 수도 있는데, 그렇다고 이로 인해 그림의 성질이 바뀐다고 생각하지는 않는다. 반면 일반 그림에서 어떤 질료가 사용되는가의 여부는 매우 중요한 문제이다. 수채물감, 백묵, 목탄 등으로 유화 작품에 손을 댄다면 작품은 전혀 다른 것이 된다.

이 사례들은 형식과 내용의 긴밀한 결합이 실제로 어떤 의미를 지니는지 잘 보여 준다. 예술작품을 통해 현시되는 특정 내용은 오직 이 작품 특유의 형식에 입각해 있다. 그림은 색채들이 구체적으로 만들어 낸 짜임새를 통해 그것이 가리키는 바가 드러나며 문학 작품은 구체적인 말을 통해 그것이 말하는 바가 드러난다. 하나의 예술작품이 지닌 구체적 형태는 세부요소들로 이루어져 있다. 반대로 생각하면 작품의 내용을 소환하지 않은 채 이 작품의 형식이 고찰될 수는 없다. 예술작품의 질료는 우리의 이해에 따라 조직화된다. 질료가 어떤 것도 가리키거나 말해 주지 않는다면 작품에서 질료는 아무런 역할도 담당하지 못하는 것이 될 터, 그렇다면 질료는 미적 경험에서 부차적인 요소가 되고 말 것이다. (예술의 질료에 대한 이해라는 것이 간단한 일이 아니라는 점에 대해서는 V장과 VI장에서 논의될 것이다.)

헤겔의 예술 개념은 형식과 내용의 결합을 통해 설명된다. 여기에서 강조되는 두 가지 계기가 있다. 한편으로 예술에서 감각적·질료적 측면은 분명 나름의 중요성을 가진다. 헤겔에 따르면 예술작품이라는 형식은 '구체적인 감각적·질료적 형태'를 갖는다. 석상의 매끈함이나 유화의 채색이 바로 그런 것들이다. 그러나 다른 한편으로 보면 예술작품에서 감각적·질료적 형태는 이에 상응하는 특유의 내용과 결부되었을 때에만 의미를 갖는다. 실제로 형식과 내용이 긴밀하게 연관되었을 때 비로소 감각적·질료적 형태의 모든 세부요소마다 나름의 내용을 갖는다. 하나의 예술작품이 지닌 감각적 외면(조각에서의 돌, 그림에서의 색채, 음악에서의 소리)에 내용이 깃든다. 내용이 감각적 질료를 능가한다는 점을 강조하려 했던 헤겔은 정신적 내용, 말하자면 예술의 정신성에 대해 말한다. 정신성이란 예술가에게 떠오른 환영 같은 것이 아니다. 구체적인 감각적 형식을 통해, 즉 작품을 통해 실현된 내용을 말한다. 이때 정신성이 현실화된다는 점을 헤겔은 말하고 있다. 그러한 현실적인 정신성을 헤겔은 "이념Idee"이라 일컫는다.

'이념'을 바탕으로 하여 헤겔이 정의하는 예술을 다음과 같이 이해해 볼 수 있다. 『미학 강의*Vorlesungen über die Ästhetik*』 서론의 한 구절을 빌리자면 예술은 "이념의 감각적 현현Scheinen"❾이다.[11] 예술은 정신적 내용의 감각적 현현이며, 이 내용은 바로 작품의 감각적·질료적 형태를 통해 실현된다. 감각적 현현이란 정신적 내용이 구체적인 감각적·질료적 형태를 통해 직관된다는 것을 뜻하는 말이다. 그림에서 색채들 간의 배치를 통해 하나의 이

11 헤겔의 원문에는 "아름다움이란 … 이념의 감각적 현현이라 규정된다Das Schöne bestimmt sich … als das sinnliche Scheinen der Idee"라고 되어 있다. 여기에서 '현현'으로 번역된 'Scheinen'은 '빛이 비추어짐shine'이라는 뜻을 갖는다. '현현顯現'이란 적어도 플라톤 이래 서구의 주지주의적 경향의 철학에서 말하는 현상과 본질의 관계를 설명하기 위해 동원되어 온 개념이다. 현상을 통해 인간은 본질을 접한다. 현상을 통해 진리는 드러나지만 현상이 지닌 제약만큼 이 진리는 왜곡될 가능성이 있다. 독일어 'scheinen'이 '현상Erscheinung' 내지 '가상Schein'이라는 파생 어휘를 갖는 까닭이 바로 여기에 있다.

념이 불러일으켜진다. 예술작품에서 "이념의 감각적 현현"이 이루어진다는 것은 바로 이런 의미이다. 예술에서 감각적 형태와 정신적 내용은 불가분적 연관을 갖는다. 하나의 예술작품이 무엇을 현시하고, 가리키고, 상기하고, 말해 주든 (즉 하나의 작품을 통해 정신적 내용이 어떻게 기술되든) 하나의 예술작품이 되기 위해서는 특수한 감각적 실현이 이루어져야만 한다.

예술들의 체계: 물론 예술의 이러한 규정이 모든 예술에서 똑같은 방식으로 나타나는 것은 아니라는 점을 헤겔은 잘 알고 있었다. 헤겔에 의해 예술로 인정된 것들(건축, 문학, 회화, 음악, 조각)이 사용하는 질료들은 각각 감각적으로 매우 다르다. 건축은 목재, 석재, 금속재, 유리 및 기타 자재들로 작업이 이루어진다. 건축의 매체는 문학의 그것과는 확연히 다르다. 종이 위의 잉크자국이나 공기의 진동으로 이루어진 언어는 나타났다가 이내 사라지는 질료이다. 말은 가령 돌처럼 만질 수 없지만 정신적 내용의 전달에 특화되어 있다. 말은 근본적으로 정신성을 띤다.[12] 반면 건축의 질료는 정신성을 나타내기에 부적합하다. 돌 하나가 무엇을 말해 주겠는가? 이것의 표면이 거칠든 매끄럽든, 이를 만지는 것이 흥미로운 일이든 아니든, 그러한 체험의 순간이 지닌 의미가 뭐 그리 크겠는가?

예술에서 감각적 질료들만 서로 차별성을 갖는 것은 아니다. 각 예술마다 지닌 특유의 내용적·정신적 측면들 사이에도 서로 공통점이 거의 없다. 폴 세잔Paul Cézanne의 「생 빅투아르 산La Montagne Sainte-Victoire」 연작에서는

12 헤겔은 언어를 "정신의 현존"이라고 규정한다. 이에 대해서는 다음 참조. Hegel, *Phänomenologie des Geistes*『정신 현상학』, in: Hegel, *Werke in 20 Bänden*. Bd. 3, Frankfurt a. M. 1970.

산의 능선이, 암석, 나무, 건물 및 들판이, 그 밖에 프로방스 풍경의 매혹적인 색채 유희가, 짙은 색조의 하늘이 보인다. 화가가 자신의 시각을 우리에게 드러내 보여 주었다는 것은 우리가 이 그림에서 무엇을 경험했는가에 따라 달라질 것이다. 이 그림을 통해 우리가 경험하게 되는 것은 어쩌면 우리를 둘러싼 이 세계의 색채성이 무진장하게 풍성하다는 사실이다. 반면 동시대의 음악인 말러의 「교향곡 제1번(거인)1. Symphonie(Titan)」은 세잔의 그림에 비견할 만한 이해의 경험을 선사한다. 기껏해야 풍경 하나가 눈앞에 그려지는 정도의 경험이 있을지는 모르겠다. 특히 도입부의 바이올린 선율은 우리에게 어느 무더운 여름 한낮의 고요함을 떠올리는 듯한데, 이 고요함은 이내 새소리를 떠올리는 목관 선율에 의해 중단된다. 두 번째 악장에서는 어느 저녁의 목가적 무도회가 떠오른다. 하지만 아무리 이런 식으로 말러의 음악을 이해한다 해도 이것이 세잔의 그림에서와 같이 우리에게 친숙한 세계의 한 장면을 현시하지는 못한다. 회화는 우리에게 직접 하나의 광경을 제공하는 반면, 음악은 우리에게 기껏해야 무언가를 암시적으로 가리킨다. 회화를 통해서는 하나의 시각과 조우하는 반면, 음악을 통해서는 소리의 세계로 진입한다. 회화의 내용적·정신적 차원은 음악보다 훨씬 직접적이다. 요컨대 회화와 음악은 하나의 공통된 도식으로 해명될 수 없다.

예술을 감각적인 질료와 정신적인 내용이 결합된 것으로 이해한다 해서 예술들을 양분하려는 시도들이 지닌 문제가 헤겔에 의해 모두 해결되었다고 볼 수는 없다. 그러나 헤겔의 입장에서 보면 이러한 문제는 중요하지 않다. 단일한 예술 개념으로 예술들 간의 차이를 아우르기 위해 고안한 헤겔의 묘안은 아주 특별했다. 이 묘안의 특별함은 하나의 길 위에 각 예술들을 늘어놓았다는 데에 있다. 헤겔에 따르면 예술은 일종의 '이상理想'[13]으로 이해되어야 하는데, 이것이 모든 예술을 통해 똑같이 실현되지는 않는다. 이러한 이상으로 진입하기 직전의 예술들도 있으며, 이상을 이미 떠나 버린 예술들도 있다. 모든 예술들이 일렬로 정렬되는데, 그 가운데에 놓인 것이 바로 예술의 이상이다. 가운데에 놓이지 않은 예술들은 제 나름의 특성과 체계를 지닌 채 이상에서 조금씩 벗어나 있다.

이상이라는 관점에 따라 예술들을 배열하면서 헤겔은 다음과 같은 장치를 설정한다. 그러니까 감각적 질료와 정신적인 내용이 각각 우위에 있음으로 해서 이상적인 관계가 와해되는 양극단을 설정한 것이다. 감각적 질료가 우세한 예술들, 그리고 정신적 내용이 우세한 예술들은 그만큼 예술의 이상으로부터 멀어져 있다. 일단 이러한 원리가 확립되면 각 예술들이 이 원리에 얼마만큼이나 들어맞을 것인지를 살펴보는 것은 그리 어려운 일이 아니다. 헤겔이 언급한 다섯 예술들(건축, 문학, 회화, 음악, 조각) 가운데 양 극단에는 건축과 문학이 놓인다. 건축에서는 감각적 질료가 정신적 내용을 압도한다. 반면 문학에서는 내용이 감각적 직관을 통해 충분히 실현되지 못한다. 문학은 질료 자체가 이미 정신적이며 그만큼 예술의 이상에 들어맞지 않는다. 음악에 대한 판단 또한 문학과 비슷하다. 음악에서도 감

13 헤겔이 말하는 '이상Ideal'은 이른바 '예술미의 이념'을 뜻한다. Hegel, *Vorlesungen über die Ästhetik I*『미학 강의 I』, in: Hegel, *Werke in 20 Bänden*, Bd. 13, 145쪽 이하 참조. '이념Idee'은 현실에 대한 사유를 통해 그 현실 속에서 포착한 진리 혹은 이성을, 그리고 '이상'은 이러한 이념이 감각적 · 질료적 매체에 구현된 상태를 뜻한다. 특정한 매체에 깃든 특정한 내용의 이념을 '미 이념'이라고 부른다. 헤겔이 보기에 '미 이념'은 예술을 통해 감각적으로 현현하는 이념이다. 따라서 '이념'과 비교할 때 '이상'은 언제나 이념의 구체적인, 즉 감각적 · 질료적인 현시를 뜻한다.

각적 질료는 정신성을 띤다. 음악을 듣는다 함은 단순히 음파를 접한다는 말이 아니라 음을, 선율의 높낮이에 따른 음의 변화를, 즉 화성적 음정이나 선율적 음정[14]과 같은 것을 듣는다는 말이다. 음악은 이미 이러한 틀을 갖춘 질료로 이루어져 있다. 즉 (특정 주파수로 진동하는 음파처럼) 형식을 갖추지 못한 질료로는 음악이 될 수 없다.

헤겔이 보기에 문학과 음악에서는 정신적 형식성이 감각적 구현을 압도한다. 회화는 이것들보다 예술의 이상에 좀 더 가깝다. 즉 문학이나 음악보다는 좀 더 감각성에 접근해 있다. 회화에서는 선과 면에 채색이 됨으로써 내용이 확보된다. 하지만 색채 또한 철두철미 감각적인 질료는 아니다. 특정 색채들 간에는 서로 특정한 관계를 갖는다. 파란 색면을 인지하기 위해서는 파랑이 빨강, 노랑 혹은 그 밖의 다른 색으로 칠해진 면과 구분된다는 전제가 성립되어야 한다. 색채라는 감각적 질료는 오직 이러한 구분을 통해서만 존재할 수 있다. 이런 근거에 따라 헤겔은 색채라는 질료가 이미 정신성을 지니고 있다고 본다. 이런 질료가 정신적 내용을 갖추게 되었을 때 정신성이 우세해진다.

예술의 이상에 특별히 적합한 것으로서 헤겔은 여러 예술들 가운데 조각을 든다. 그가 보기에 대리석, 청동 등 조형물에 사용되는 감각적 질료는 그 자체로 정신성을 갖추고 있지는 않으며 그 자체로는 그 어떤 형식도 지니고 있지 않다. 조각가가 형식을 부여함으로써 비로소 질료에 내용이 깃든다. 즉 사람의 얼굴표정이나 팔다리는 물론 동물의 몸통이나 기타 생명

14 원문에는 '음정과 화성'이라고 되어 있다. 음정이란 두 음의 차이를 나타내는 용어인데, 단번에 연주되는 두 음의 차이를 화성적 음정, 잇달아 연주되는 두 음의 차이를 선율적 음정이라고 부른다.

체(의 일부) 및 여타 대상들까지 가리킨다. 조각에서는 그런 식으로 감각적 질료와 정신적 내용이 이상적으로 일체화된다. 헤겔은 이러한 일체화가 인간 신체를 통해 특히 잘 표현된다고 보았다. 이런 점에서 그는 요한 요아힘 빙켈만Johann Joachim Winckelmann이나 레싱의 고전주의를 따르고 있다. 고전적 예술을 대변하는 조각으로서 미론Myron의 「원반 던지는 사람Diskobolos」은 몸의 작은 힘줄 하나하나가 터져 나올 듯하고 원반을 던지려고 치켜든 팔의 움직임에서 던지는 이의 정신적 역동성이 드러난다. 던지는 이의 정신이 신체 자세의 모든 세부요소들을 통해 적절히 시각화되었다. 헤겔은 이런 작품에서 감각적 질료가 정신이 부여하는 형식과 결합됨으로써 이상이 온전하게 실현되었다고 보았다. 바로 이러한 방식의 결합이 예술의 목표이다.

이러한 헤겔의 설명을 따라가다 보면 건축은 이러한 이상에 걸맞지 않다는 점이 쉽사리 간파된다. 물론 이미 설명한 바와 같이 건축에서도 감각적 질료들이 이용된다. 석재, 목재, 유리 등이 건축물의 질료로 이용되며 통상적으로 이것들 자체에 그다지 큰 의미가 들어 있지는 않다. 그러나 하나의 건축물 전체는 하나의 고유한 의미를 창출하는데 이것이 이 건물을 이루는 개별 요소들로부터 나오는 것은 아니다. 쾰른 성당Kölner Dom을 떠올려 보자. 건축물 자체가 종교적 근본태도를 현시한다. 신도들에게 하늘을 가리키면서 세속의 짐을 모두 벗어던질 것을 촉구한다. 이런 까닭에 고딕 성당의 버팀벽은 높이 치솟아 있으며 꼭대기로 갈수록 점차 뾰족해진다. 그렇지만 성당 주변을 맴돌 때 우리가 조우하는 것은 외부와 내부를 가르는, 다종다양하게 치장된 두꺼운 돌담이다. 즉 눈앞의 성당은 육중한 석재로 이루어진 외벽으로 다가올 뿐이다. 헤겔에 따른다면 이러한 석재들은 그 어떤 것도 현시하지 않는다. 이것들은 감각적 질료일 뿐 여기에 무엇이 현시되어 있는지를 포착할 수 없다.

예술들을 체계화하기 위해 요구되는 헤겔의 논증이 어떠한지에 대해 대략 살펴보았다. 헤겔은 감각적·질료적 측면에 대한 논의에서 출발하여 정신적·내용적 측면에 대한 논의로 나아간다. 그런 까닭에 제일 먼저 등장하는 예술은 바로 건축이다. 건축 다음으로는 모든 예술의 이상이 실현된 것으로서 조각이 뒤따른다. 조각의 뒤를 잇는 회화에는 사용되는 감각적 질료에 정신적 특징이 깃들기 시작한다. 이러한 특징은 음악에서 더욱 강력해지고 문학에서 완전히 대세를 이룬다. 헤겔은 건축, 조각, 회화, 음악, 문학으로 이루어진 예술 체계를 통해 예술의 통일성이 실현된다고 보았다. 각기 다른 예술들이 서로 연관을 갖는 것은 어쨌든 각 예술들이 각기 다른 방식으로나마 감각성과 정신성을 결합하여 이를 현시하기 때문이다. 헤겔이 이해한 바에 따르면 예술들을 아우르는 하나의 체계를 통해 예술이 실현된다. 예술들이 이렇게 체계화됨으로써 오히려 각 예술들이 지닌 고유성이 확보된다.

헤겔에 대한 비판: 헤겔의 이러한 사유 방식은 아마도 체계철학의 전형으로 여겨질 법하다. 각양각색의 현상들을 하나의 체계로 묶는 철학을 보통 체계철학이라 일컫는다. 자신의 사상에 따라 예술들을 정렬한 헤겔의 전개 방식이 그의 체계철학적인 지향으로 인해 다소 과장된 것은 아닌가 하는 비판을 받을 만한 소지가 없지 않다.

하지만 헤겔의 이러한 사유 방식에 대해 너무 성급히 결론을 내려서는 안 된다. 헤겔에게 가해지는 비판은 두 갈래로 나뉜다. 헤겔이 개별 예술들을 제대로 평가하지 않았다는 것이 하나요, 감각성과 정신성 간의 합주를 실현하는 방식을 견지하는 그가 각 예술들을 너무 무리하게 하나의 구조 속에 놓으려 했다는 것이 다른 하나이다. 첫 번째 것은 어느 정도 설득력이 있지만, 두 번째 것은 재고의 여지가 있다. 예술들을 하나의 구조로 연관 짓는 헤겔의 시도로 인해 오히려 예술 개념을 이루는 근본적 계기에 대한 생각이 본격화되었기 때문이다.

물론 헤겔이 개별 예술들의 위상을 축소했다는 질책이 나올 법하다. 그의 예술 체계에 대한 비판을 통해 각 예술들이 나름의 다채로운 권역을 지니고 있다는 점이 주장된다. 가령 헤겔이 회화, 음악, 문학의 질료가 지닌 질료적 감각성을 정신성만큼 고려하지 않는 점은 문제가 있다. 20세기 이전의 회화, 가령 장-오노레 프라고나르Jean-Honoré Fragonard나 프란시스코 고야Francisco de Goya의 작품에서도 적나라한 붓터치나 음울한 색조가 두드러진다. 이런 작품들은 예외로 생각한다 해도 예술가가 택한 질료의 감각성을 헤겔이 충분히 고려하지 않은 점은 문제라고 할 수 있다. 오늘날 대중음악 공연장에서 들리는 음악의 질감이 우리에게 미치는 영향에 대해 굳이 언급하지 않아도 다들 공감할 수 있을 것이다. 브루크너의 교향곡에서 금관악기의 역할을 떠올려 보라. 헤겔의 입장에 대한 반론은 얼마든지 찾을 수 있다.

감각적 질료와 정신적 내용의 합주는 각 예술별로 너무나 다채롭게 이루어지기 때문에 헤겔이 그어 놓은 선상에 그 예술들을 모두 배열하기는 불가능해 보인다. 이로 인해 헤겔의 예술 체계가 설득력을 얻지 못하곤 한다. 그렇지만 이에 대해 비판적 견해를 지닌 이조차 이 견해를 설파하는 중에 알게 모르게 헤겔 체계의 영향을 드러낸다. 그러니까 헤겔은 사실 '예술들이 하나로 통합될 수 없다'는 점을 입증한다. 헤겔에 따른다 해도 감각적 질료와 정신적 내용의 합주는 각 예술별로 상이하다. 바로 이런 이유로 인해 역설적으로 적절한 예술 개념이 확보될 여지가 생긴다. 헤겔의 글에서 강조점을 옮겨 읽게 된다면, 개별 예술들에 대한 헤겔의 숙고가 단지 예술들을 하나의 체계로 압축했다는 것 이상의 성과를 우리에게 제공한다. 헤겔의 예술 개념은 오히려 예술들이 하나의 규정으로 통합되지 않는다는 점을 깨닫게 해 준다.

2.2 바그너: 종합예술작품

예술들을 아우르는 하나의 체계를 구축하려한 헤겔의 시도는 다양한 예술들을 '예술'이라는 하나의 범주로 아우르고자 했다는 점에서 철학적으로 가장 의미심장한 것이었다. 이에 못지않게 중요한 또 하나의 시도가 있었는데, 이것은 그 자체로 철학적이지는 않지만 예술철학에 적지 않은 반향을 일으켰다. 바그너가 구상한 종합예술작품이 바로 그것이다. 낭만주의자들(노발리스Novalis 및 프리드리히 슐레겔Friedrich Schlegel), 프리드리히 횔덜린Friedrich Hölderlin 및 프리드리히 빌헬름 요제프 셸링Friedrich Wilhelm Joseph Schelling의 예술철학의 영향으로 인해 (특히 필립 오토 룽게Philipp Otto Runge의 작품에서 시도되었듯이[15]) 예술들 간의 이질성을 예술적 실천으로 극복하려는 경향이

---

15 룽게는 프리드리히와 더불어 북독일 낭만주의를 대표하는 화가이다. 룽게는 회화, 문학, 건축 등을 아우르는 예술을 구상하였고 인간을 둘러싼 환경 전체를 우주론적으로 해석하여 우주 전체를 형상화하는 풍경화를 구상하기도 했다. 그의 생각은 미완에 그쳤지만 이후 종합예술작품 구상에 영향을 주었다. 이 구상과 관련한 작품으로 「아침Der Morgen」 연작, 「시간Die Zeiten」 연작, 「아리온의 항해Arions Meerfahrt」 등이 있다.

낭만주의를 통해 이미 나타난 바 있다.

이러한 움직임은 바그너에게 이어진다. 특히 취리히 망명기의 글에는 예술의 이질성을 예술적 실천으로 극복하기 위한 개념이 등장한다. 무엇보다도 「미래의 예술작품Das Kunstwerk der Zukunft」, 그리고 「오페라와 드라마Oper und Drama」와 같은 강령적 논고가 주목할 만하다. 여기에서 바그너는 예술의 다양성을 일종의 제약으로 받아들였다. 이러한 제약을 극복하기 위해서는 예술들 간의 합주를 추구해야 한다. "무용, 음악, 시문학 등을 각각 별도로 본다면 그것들은 모두 유한하다. 각각의 예술들이 자신의 한계에 봉착했을 때, 다른 예술과 연대하여 무한히 서로를 인정하고 사랑하지 않는 한 개별 예술들은 모두 자신의 자유가 제약되어 있음을 느낄 것이다."[10] 그렇기 때문에 종합예술작품을 통해 각 예술들의 연대가 이루어진다. 바그너가 보기에 종합예술작품이라는 기획은 이론적으로도 실천적으로도 매우 중요한 의미가 있다. 이른바 '신음악극Neues Musiktheater'이 이러한 기획에 의해 구상된 종합예술작품이다. 음악극[16]을 통해 모든 미적 표현형식들이 서로 조율된다.

바그너의 음악으로 출발한 종합예술작품 구상은 점차 미적 실천의 통일성을 도모하는 개념으로 이해되었다. 종합예술작품은 다음과 같은 점에서 특기할 만하다. 종합예술작품은 감각들 간의 차이를 극복하고, 예술들의 이질성을 극복하는 예술 (혹은 예술작품) 개념을 표방하며, 미적 의사소통

---

16 'Theater'는 '연극'이자 동시에 연극이 상연되는 '극장'을 뜻하기 때문에 'Musiktheater' 또한 음악극장이자 음악극을 뜻한다. 여기에서 중요한 것은 바그너가 생각한 종합예술이 문학(드라마), 음악, 미술, 건축 및 조각의 요소가 하나의 '무대'에서 하나의 '작품'으로 단일화되어야 한다는 예술 실천 강령에 따라 기획된 것이라는 점이다.

communication을 가능하게 한다.

공감각: 예술들 간의 차이는 무엇보다 수용되는 감각의 차이에 기인한다. 특히 질료적인 작품과 비질료적인 작품들 간의 차이는 시각적, 청각적, 촉각적 예술 간의 차이로 볼 수 있다. 회화는 전적으로 시각적인 반면, 조각과 건축은 시각적이면서 또한 촉각적이다. 음악과 문학은 (외면적이든 내면적이든) 청각적이다. 종합예술작품에서는 모든 감각이 서로 유희하는 까닭에 이러한 이질성이 극복된다. 이런 측면을 공감각 개념으로 설명할 수 있다. 즉 종합예술작품을 통해 다종다양한 감각들의 합주가 이루어진다. 그리하여 철저히 질료적인 건축에서부터 영혼의 교감이 이루어지는 서정시에 이르기까지 각각의 예술이 지닌 특유의 계기들이 종합예술작품에서 서로 합주한다. 따라서 예술은 인간의 감성을 모두 아우르면서 인간에게 말을 건네는 총체적 사건이다.

예술이 건네는 감성은 곧 우리가 사는 일상 세계의 감성이다. 일상 세계에서 우리는 보고 듣고 만지는 일을 동시에 한다. 우리가 사는 세계에서 시각, 청각, 촉각, 후각 및 미각은 합주한다. 종합예술작품의 공감각적 성향은 바로 이런 합주를 지향한다. 눈앞에 펼쳐진 것들을 모든 감각을 통해 경험할 수 있도록 하는 미적 표현형식은 종합예술작품에 의해 형성된다. 말하자면 종합예술작품을 통해 현실지향과 현실초월의 경계가 극복된다. 종합예술작품은 자신이 구축한 하나의 우주인 자신만의 감각계를 기획한다. 하지만 바로 이런 기획을 통해 종합예술작품은 우리가 사는 세계의 규칙을 따르게 된다. 종합예술작품은 모든 감각을 통해 경험될 하나의 세계를 구현한다. 이 세계에서는 청각적, 시각적, 촉각적 요소들이 합주한다. 종합예술작품은 현실을 지향하면서도 동시에 현실을 초월한다.

예술들보다 더 높은 예술: 종합예술작품을 별도의 장르로 보아서는 안 된다. 종합예술작품이란 각 예술마다 상이한 원리들이 하나의 유기체로 통합되도록 합주하게 만들 것을 목표로 한다. 이 목표를 달성하기 위해서는 기존의 예술장르들을 아우르는 더 높은 층위에서 논의가 이루어져야 한다. 종합예술작품에서는 각 예술들이 지니고 있던 개별 형태가 더 이상 견지되지 않지만, 각 예술들이 지닌 상이한 원리들이 종합예술작품을 통해 합주함으로써 오히려 각 예술들의 입지가 확장된다. 이러한 확장은 각 예술들이 톱니바퀴처럼 맞물렸다는 것을 뜻한다. 가령 문학은 비질료성을 견지하는 대신 연극, 무용 및 건축의 질료성을 얻는다. 종합예술작품이 각 예술들의 단순한 종합 그 이상인 까닭은 다음과 같다. 종합예술작품은 질료적 혹은 비질료적인 측면의 작품들, 현실 지향적이거나 현실 초월적인 경향들, 그리고 내면적이거나 외면적인 절차들, 이 모든 것들이 한데 모여 서로 맞물리도록 하는 광범위한 미적 공간이다.

종합예술작품은 모든 예술들의 이상으로 여겨질 만한 미적 실천을 수행한다. 헤겔이 구상했던 예술들에 대한 이론적 체계화의 경우 이상은 상이한 예술들에 내재한 공통분모 역할을 하였다. 반면 종합예술작품은 모든 예술들의 이상이다. 예술들 간의 상이함은 이제 모든 예술들을 아우르는 종합예술작품에 의해 극복된다. 예술들 위에 있는 더 높은 예술을 통해 예술들의 근본적인 차이들이 사라지게 된 것이다.

미적 소통의 통일성을 통해 하나가 됨: 종합예술작품은 미적 이해를 위한 이상적인 하나의 형식을 창출한다. 이미 설명했듯이 종합예술작품은 자신이 구축한 세계에서 현실 세계와 접촉하는데, 이 점이야말로 종합예술작품이 이상적 형식이라는 저 주장의 근거가 된다. 종합예술작품도 일종의 세계 이해이다. 종합예술작품은 조화로운 하나의 우주를 구축하려는 기획을 현실세계에 투사한다. 이 기획이 현실을 가늠하는 잣대가 되는 것이다. 어떤 작품 하나가 그러한 잣대 역할을 한다면, 이 작품이 이상적인 방식으로 실현된 것이라 생각할 수 있다. 이 경우 예술작품은 세계 전체에 대한 이해에 이바지한다.

종합예술작품에서 이상적 이해가 실현될 때 공동체 전체를 포괄하는 하나의 공공적 소통이 생긴다는 점을 바그너는 다음과 같이 설명한다. "모든 예술이 하나의 공공적 소통에 대한 공통적인 충동을 지니고 있기 때문에 참된 드라마에 대한 생각이 가능해진다. 즉 각 예술장르들은 모두 다른 장르들과의 소통을 통해서만 완전한 이해에 도달할 수 있으며 이를 위해서 모든 장르들은 드라마를 통해 공통성을 지녀야 한다. 말하자면 모든 예술장르들은 무언가를 이해하면서 무언가를 이해시키는 상호 작용을 통해서만 비로소 완성될 수 있다."⓫ 바그너에 따르면 미적 이해의 형식은 궁극적으로 하나이다. 이 형식은 개별 예술들마다 지니고 있는 한계가 사라지는 순간 비로소 생겨난다. 종합예술작품은 하나의 공동체적 소통과 통합을 이루어 낸다. "아름다운 전달을 통해서만 공동체가 통합된다. 왜냐하면 모든 이들이 지닌 공통점과 연계될 때 이러한 전달이 이루어지기 때문이다"⓬라는 프리드리히 실러Friedrich Schiller의 주장은 바로 저 미적 의사소통을 잘 말해 준다.[17] 종합

17 저자는 실러가 말한 "아름다운 전달schöne Mitteilung"을 "미적 의사소통ästhetische Kommunikaion"

예술작품의 구상에 따라 해석하면 "모든 이들이 지닌 공통점"은 세계 내의 모든 감각적 공간 속에서 살아 숨쉰다. 말하자면 종합예술작품만이 진정한 예술이다.

2.3 예술의 상호매체성

종합예술작품의 구상에 담긴 다소 과도한 요구들, 그리고 이러한 요구로 인해 생기는 통합 강박증은 언제나 비판의 대상이 되어 왔다. 특히 이상적 예술이라든가 소통의 이상과 같은 측면들은 전체주의적이라는 의혹을 샀다.[13] 그렇지만 적지 않은 예술가와 예술이론가들이 이 구상이 지닌 매력을 옹호하였다. 이런 맥락에서 20세기 전반에 걸쳐 종합예술작품의 이념을 이상적 차원에 머물게 하지 않고 이를 세속화하는 시도가 이루어졌다. 이러한 세속화는 최근의 예술론에서 대세를 이루는 상호매체성 개념으로 집약된다. 상호매체성은 우선 미적 매체들의 합주라는 특징을 갖는다.

상호매체성을 강령으로 삼는 예술 사조는 다양하다. 이 가운데 바실리 칸딘스키Wassily Kandinsky의 작품과 관련된 색채음악 개념이 특기할 만하다. 칸딘스키가 구상한 '무대배치' 작품인 「노란 소리Der gelbe Klang」는 기존의 무대예술stage arts(연극, 오페라, 무용)을 넘어서서 이것들의 통합을 목표로 했다. 다양한 미적 매체들(음악, 색채, 춤)이 그저 추가되는 수준이 아니라 이것들이 하나의 실천을 통해 종합되어야 한다.[14] 예술 매체들의 단순한 종합을 넘어서서 혼연일체가 되어야 한다는 강령은 초현실주의에서, 그리고 해

으로 이해하고 있다. '전달', '의사소통' 등은 '소통Verständigung'과 더불어 'communication'으로 번역될 수도 있다. 이 단어들의 연관을 지적함으로써 저자는 예술을 통해 이루어지는 상호주관적 통합의 국면을 설명하고 있다.

프닝이나 플럭서스 예술운동에서 다양하게 등장한 바 있다. 존 케이지John Cage, 머스 커닝엄Merce Cunningham, 로버트 라우센버그Robert Rauschenberg 등의 해프닝 예술은 예술 매체들을 아우르는 전체라는 이념을 동원하지 않아도 매체들 스스로 상호 개방적으로 작용함으로써 하나로 융합한다는 것을 보여 주고자 하였다.

이러한 사례들만으로 그 전모가 온전히 밝혀진 것은 아니지만, 어쨌든 상호매체성 개념은 종합예술작품 기획의 공감각적 계기를 포괄한다. 미적 사건이 일종의 상호매체[18] 사건이라면 여기에는 갖가지 다양한 감각들이 공동으로 유희한다. 이런 맥락에서 볼 때 상호매체성은 인간의 지평에서 미적 의사소통을 보증해야 한다는 종합예술작품의 요구에 부응한다. 개별 감각의 원리들은 결코 고립되어 있지 않으며 오히려 상호 촉진한다. 감각들의 이러한 결합은 이미 설명한 바와 같이 감각적 존재인 인간의 특징을 나타낸다. 물론 이 결합은 단순한 이합집산이 아닌, 진정한 합주를 산출한다. 상호매체, 즉 인터미디어는 멀티미디어와 다르다. 상호매체 예술에서는 다수 매체의 단순한 합산이 아니라 매체들 간의 상호작용이 이루어진다. 이로써 상호매체 예술은 인간이 지닌 감관의 얼개에 부합해야 한다는 강령에 따른다.

다양한 예술들의 공감각적 합주는 종합예술작품과 상호매체 예술이 공유하는 목표이다. 반면 종합예술작품의 목표 가운데 상호매체 예술이 계

18 상호매체는 '인터미디어Intermedia'를 뜻한다. '인터미디어'와 '멀티미디어Multimedia'는 구분되는 개념이다. 후자는 단지 복수 이상의 매체가 있다(가령 시각 매체와 청각 매체가 함께 있다)는 뜻을 갖는 반면, 전자는 어떤 매체가 지닌 특정 속성이 다른 속성으로 전이된다(가령 어떤 매체의 시각성이 청각성으로 전이된다)는 뜻을 갖는다.

승하지 않는 (오히려 비판하는) 것들도 있다. 이는 크게 두 가지로 요약된다. (1) 상호매체성 개념은 이상적 화해를 이루는 이상적 예술 이념과 무관하다. 상호매체성하에서도 다양한 형식들은 견지되기 때문에, 음악이 주도하지 않고도 언어와 이미지가 한데 어우러지는 상호매체 공연이 있을 수 있다. 다양한 소리에 맞추어 신체를 표현하는 공연도 있다. 그렇게 본다면 상호매체성은 예술의 형식 가운데 어느 하나를 최고로 꼽지도 않으며 모든 매체를 남김없이 포괄하지도 않는다. 상호매체 예술들의 미적 상호유희에는 상하관계도 우열관계도 없는, 지극히 다양한 형식들이 존재한다. 상호매체를 통해 예술들 간의 이질성이 극복되는 바로 그 순간, 공통분모가 없는 예술 형식들이 각자 온전하게 존립한다.

(2) 상호매체 예술을 통해 이러한 예술 형식의 복수성이 견지됨으로써 미적 의사소통이 특정한 하나의 이상을 통해 달성되어야 한다는 이념은 더 이상 나타나지 않게 된다. 상호매체 예술을 감상하는 자의 감각들은 다양한 방식으로 합주한다. 상호매체 예술을 통해 총괄적인 이해를 도모할 수는 없다. 상호매체 예술은 모든 미적 표현형식들을 포괄하지도 않으며 모든 세계를 미적 전달의 대상으로 삼지도 않는다. 상호매체 형식을 띤 다종다양한 미적 표현들은 각각 제 나름의 목표를 지향한다. 즉 이러한 표현형식들이 연출하는 합주는 예술적 이해가 결코 확고부동하지 않다는 점, 즉 예술적 이해의 가변성[19]을 잘 보여 준다.

19 '가변성'의 원어 'Brüchigkeit'는 '잘 부서짐' 정도의 의미를 갖는다. 예술의 계기로서 저자가 '확증', '문제제기'와 함께 언급하는 '변경Veränderung'과의 연속성을 고려하여 이 책에서는 '가변성'이라는 번역어를 채택한다.

3. 예술들의 장력장과 예술 개념

예술들을 두 부류로 나누는 시도이든, 아니면 이것들을 아우르는 하나의 통일성을 부여하는 시도이든 그다지 성공적이지는 않은 것 같다. 이 시도들에 대해 살펴본 지금, 오히려 이 두 시도들은 잘못된 방향을 절대시한 극단일 뿐임이 드러났다. 한쪽에서는 지나친 분리가, 다른 한쪽에서는 지나친 통합이 강요되었다. 전자이든 후자이든 이것들을 살펴보노라면 은연중에 예술들이 일종의 장력장張力場[20]에 놓여 있는 것이라는 인식에 도달한다.

여기에서 말하는 '예술들의 장력장'이란 다음과 같은 의미를 갖는다. 예술을 이루는 다양한 매체와 절차는 서로 상호작용한다. 가령 감각적·외적 매체 및 절차는 정신적·내적 매체 및 절차와 불가분적으로 결합된다. 따라서 이 장을 시작할 때 설명되었던 예술 분류법들은 각각 예술들의 장력장에 놓인 하나의 극단일 뿐이다. 말하자면 이러한 분류법은 확고부동한 것이 아니며 어떤 방식으로 분류되든 각 작품의 매체 및 절차는 저마다 고유하다. 가령 질료적인 조각이라 해도 이에 대한 미적 경험에서 해당 작품 특유의 시간성을 갖게 되며 따라서 비질료성 또한 조각의 척도가 된다. 장력장의 틀 안에서 예술적 매체와 절차가 전개된다면, 예술들을 하나로 통합하는 일은 언제나 때늦은 것이 되고 만다. 장력장의 틀 안에서 본 예술들

20 "장력장Spannungsfeld"이란 여러 상이한 요소들이 서로 "장력"(58쪽 각주 3번 참조) 관계를 유지하면서 공존하는 영역을 뜻한다. '만유인력장', '자기장', '중력장' 등을 떠올린다면 이 말이 뜻하는 바가 이해될 것이다. "장력장"은 저자가 빈번히 사용하는 "합주"(26쪽 각주 5번 참조) 혹은 "상호작용" 개념과 연계된다. 각 요소들은 자신의 독자성을 견지하면서 교호적으로 작용함으로써 하나의 연관을 이룬다. 다만 이 연관은 확고부동하지 않으며 매 순간 거듭 새로이 변모한다.

은 하나의 이상을 지향함 없이, 하나의 실체 속에 함몰됨 없이 각자 독립성을 지닌 채 어우러진다. 결국 예술 개념이라고 해서 모든 예술들을 하나의 공통분모 안에 포섭하지는 않는다는 결론이 도출된다. 예술 개념은 장력장의 다른 이름이다. 이 안에서 각 예술들은 각기 스스로를 발현하며 서로가 합주한다.

3.1 소리의 조형성, 색채의 음악성

예술 분류법들을 비판적으로 다루면서 다종다양한 예술들을 아우르기 위한 준거점들을 살펴본 바 있다. 이미 언급했듯이 이미지는 읽혀야 한다. 반면 문학은 낭독되기 위한 소리를, 즉 특유의 리듬과 선율을 갖는다. 분산적 표현형식을 대변하는 영화에서도 회화적 거리감과 내면성이 나타난다. 예술들은 상호작용한다. '예술'이라는 용어를 사용함으로써 각기 다양한 장르들을 하나의 연관 속에 논의할 가능성이 확보된다.

오케스트라 음악을 예로 들어 보자. 우리가 음색이라고 말하는 것은 이미지가 형성되는 과정과 유사한 절차를 따른다. 오케스트라 연주가 일종의 소리물체로, 즉 공간성을 띤 조각으로 여겨지는 일은 허다하다. 소리를 듣고 움찔한 경험이 있다면 이는 일종의 소리 조형물에 반응한 것이라 볼 수 있다. 말러의 「교향곡 제10번10. Symphonie」 1악장 "아다지오" 부분에는 현악기 소리가 점차 잦아들면서 육중한 포르티시모가 단번에 터져 나오는 순간이 있다. 이 순간만큼은 말러 음악을 일종의 조각으로 받아들일 만하다.

회화가 지닌 음악성 및 리듬도 이에 대한 사례가 된다. 특히 이미지가 음악과 무용의 구조를 띨 때 이런 특징이 확연해진다. 앙리 마티스Henri Matisse의 작업 장면을 담은 영화에 대해 모리스 메를로-퐁티Maurice Merleau-Ponty는 다음과 같이 말한 바 있다. "마치 돋보기로 훑듯이 카메라는 마티스의 작업을 천천히 담아낸다. 이 장면은 엄청난 충격을 안긴다. 이미 말한 바와 같이 마티스 본인도 이 장면에 감명을 받았으니 말이다.

종횡무진하는 붓을 바라보고 있노라면 마티스가 장엄한 한순간을 어떻게 포착했는지, 찰나적인 세계의 시작에 직면하여 이에 대해 얼마나 숙고했는지, 어떤 붓질이든 이를 착수할 태세를 얼마나 철저히 갖추고 캔버스 앞에 서서 화해의 춤을 추었는지, 섬광처럼 번득이는 붓질 하나를 찾아내기 위해 얼마나 그 붓질을 반복했는지 알 수 있다."[15] 마티스의 붓은 춤을 추듯 종횡무진하면서 리듬, 템포 및 음조를 갖게 된다.

물론 그려지는 과정 자체가 음악성을 온전히 보여 주는 것은 아니고, 우리의 숙고를 통해 발견해야 한다. 우선 색채를 음악적 소리로 생각해 볼 수 있다. 회화에서 나타나는 음악성은 특히 피트 몬드리안Piet Mondrian의 추상화 작품과 같은 것에서 두드러진다. 색채는 소리의 조화나 부조화를 형성한다. 다양한 스펙트럼을 지닌 각종 색채들은 서로 조율되어 있기도 하고 그렇지 않기도 하다. 이럴 경우 회화는 하나의 조성 체계에 따른 것으로 이해된다. 폴 세잔, 클로드 모네Claude Monet, 반 고흐, 폴 고갱Paul Gauguin 등의 회화에서도 제 나름의 독특한 배색이 목격된다. 이들의 작품에서는 색채가 음조를 형성하며 리듬을 탄다. 색채가 내는 소리는 하나의 음조 체계를 통해 배치된다. 이런 절차를 통해 색채는 무언가를 현시해야 한다는 짐을 벗어던진다. 즉 음악에서 소리가 갖는 비현시성이 회화에 구현된 것이다.

이 정도 사례들만으로는 불충분하겠지만 어쨌든 이러한 현상에 대해 어느 정도 납득하게 되었기를 바란다. 가령 회화에 적용되는 말을 음악에 적용하는 일은 우리의 논의에 시사하는 바가 크다. 이 자체가 예술들이 장력장에 놓여 있다는 점을 단적으로 보여 주는 것 같다. 소리물체나 색채음악은 예술들의 상호작용을 잘 보여 주는 사례들이다. 예술이라는 틀 안에서 다양한 예술들이 공유하게 되는 절차가 상호작용이다. 이와 관련하여 가장 주목할 만한 것은 리듬이 아닐까 생각한다. 리듬은 음악에서뿐만 아니라 서정시, 무용, 회화 및 건축에서도 핵심 역할을 수행한다. 따라서 예술들이 절차를 공유한다고, 근본적으로는 예술들이 서로 구분되지 않는다고 생각하는 것도 불가능하지는 않다. 이를 좀 더 분명하게 이해하기 위해 이제부터는 예술들의 장력장에 대해 살펴보자.

3.2 예술들의 장력장

미적 매체와 미적 절차는 하나의 장력장 안에서 상호작용한다. 이러한 상호작용은 두 가지 차원에서 이루어진다. 첫째로 어떤 미적 절차든 모든 예술에 적용 가능하다. 둘째로 다양한 미적 매체들은 서로 긴밀히 연결되어 있다.[16] 따라서 예술들이 상호작용한다는 주장을 마치 음악이 전개됨에 따라 문학이 된다거나, 혹은 문학이 전개됨에 따라 회화가 된다는 식으로 받아들여서는 안 된다. 이 주장이 뜻하는 바는 다음과 같다. 문학, 음악, 그리고 그 밖의 예술들이 각각 사용하는 매체와 절차들 간에는 서로 일정한 공통점과 연관이 있기 때문에, 우리는 이를 '예술'이라고 부를 수 있다.

예술들은 서로 절차를 공유한다. 앞서 설명했듯이 리듬은 음악뿐만 아니라 서정시, 무용, 회화, 건축 등에서도 발견된다. 다른 예술들에서 리듬과 유사한 역할을 하는 절차들로서 색조의 차이를 적절히 이용하여 요소들을 배치하기, 공간을 분할하기, 하나의 조성 체계에 따라 작곡하기, 질료들을 적절히 취사선택하여 이것들 간의 상호 관계를 부각하기 등이 있다.

예술들을 이해하기 위해서는 다양한 미적 매체에 동원되는 절차를 그 자체로 파악할 필요가 있다. 색채의 다양성은 비단 회화뿐만 아니라 음악이나 시에도 적용 가능하다. 색조의 차이를 적절히 이용하여 요소들을 배치하는 절차는 회화, 음악, 시 등 각종 예술작품에 동원된다. 예술들의 장력장에서 절차들은 이런 식으로 공유된다.

미적 매체들이 하나의 연관 속에 놓인다는 것은 어떤 의미인가? 이에 대한 대답을 구하기 위해서는 헤겔을 살펴보아야 한다. 헤겔이 보기에 각 예술이 지닌 특징은 감각적 질료와 정신적 내용의 관계에 따라 차별화된다. 각 예술 특유의 질료적 이해가능성Verständlichkeit이 있다. 다만 이러한 이해가능성을 파악하는 일이 그리 녹록지는 않다. 우리가 보통 이해가능성을 논할 때 구체적 질료는 도외시될 수 있다고 생각한다. 일상적으로는 그러하다. 가령 어떤 집 한 채를 사진으로, 회화로, 에칭etching으로 혹은 그 밖의 어떤 이미지로 담아냈다면 이 모든 것들은 똑같이 하나의 집을 가리킨다. 즉 이 집을 가리키는 각종의 이미지들은 그것들이 지닌 질료의 고유성과 상관없이 이해가능하다. 헤겔의 통찰에 따르면 예술작품은 상황이 달라진다. 우리가 예술작품을 이해하려면 적어도 질료를 완전히 도외시해서는 안 된다. 말하자면 예술의 내용은 그것의 질료 속에 구체화되어 있다. 그런데 예술작품의 질료가 갖는 이해가능성에는 헤겔이 생각했던 것 이상으로 고유성이 있다. 즉 예술의 질료가 갖는 감각적 차원에서 특유의 이해가능성이 펼쳐진다. 이를 예술 특유의 질료적 이해(V.2)라고 한다.

그저 질료가 있다고 해서 감각적 차원 특유의 이해가능성이 저절로 생기는 것은 아니다. 질료 특유의 이러한 이해가능성이 확보되려면 질료가 적절히 '사용'되어야 한다. 즉 질료 특유의 이해가 가능하려면 하나의 질료가 다른 질료들과 적절히 대비되어야 한다. 여기에서 질료라 말하는 것은 미적 매체를 뜻한다. 질료들은 온갖 미적 매체들이 전개됨으로써 사용되며, 이로써 질료들은 서로 대비된다(적절히 질료를 사용한다는 말이 무엇을 뜻하는지에 대해서는 III.5.2 참조). 다만 다양한 미적 매체들이 사용됨으로써 질료들이 하나의 연관을 갖게 된다는 점은 이미 확인한 바 있다. 바로 이러한 연관을 통해 색채이든 소리이든 이런 것들이 갖는 고유한 차원의 이해가 드러난다. 그리하여 예술들마다 각각의 질료적 특징에 따른 다양한 단계의 이해가능성이 나타난다. 이렇듯 다양한 단계들이 생기는 까닭을 헤겔은 질료적 감각성과 정신적 이해가능성 간의 관계가 다양하기 때문이라고 보았다. 하지만 질료마다 각기 특유의 이해가능성을 갖는다고 말하는 게 더 정확할 것이다. 미적 질료들은 그것들이 지닌 이해가능성의 정도 차에 따라 구분되는 것이 아니라, 그것을 이해하는 방식의 다양함에 따라 구분된다.

예술들이 공유하는 절차가 있으며 미적 매체들이 하나의 연관 속에 놓여 있기 때문에, 다른 예술들과 공통점을 전혀 공유하지 않는, 그렇듯 완전히 독립적인 예술은 없다. 물론 문학 전체와 회화 전체가 하나의 연관으로 완전히 묶일 수는 없다. 이것들은 하나의 장력장 안에 포괄되는 만큼의 연관을 갖는다. 장력장은 우선 예술적 매체와 절차의 연관을 통해서만 이해가능하다. 이런 연관을 전제로 했을 때 예술들의 구분이 의미가 있는 것이다. 어떠한 경우든 완전히 독립적인 예술은 없다.

이와는 반대로 '예술마다 각기 고유한 원리가 있다'는 입장을 펴는 이들도 있다. 이들은 언어라는 표현형식을 통해 문학이 성립하며 이로써 문학이라는 예술적 원리가 구체적으로 실현되었다고 여긴다. 즉 어떤 표현형식이든 여기에 일반적인 예술 원리가 '적용'됨으로써 구체적으로 하나의 예술이 생겨난다는 것이다. 하지만 예술을 이런 식으로 이해할 수는 없다. 가령 문학이라는 장르 개념은 모든 문학 작품들을 완벽하게 아우르는 단일한 원리를 갖고 있지 않다. 오히려 예술은 다양한 매체와 절차의 연관 속에 놓인다. 이것이 바로 '예술들의 장력장'이다.

예술들이 지닌 매체 및 절차가 지극히 상이함에도 불구하고 어쨌든 예술들에는 하나의 공통 지향이 있다. 예술들은 모두 제 나름대로 우리가 '예술'이라고 말하는 특수한 이해 형식을 전개한다. 예술 이해의 장에서 예술적 매체와 절차가 각각 제 역할을 담당한다. 예술들은 헤겔이 말한 '이상'과 같은 것을 지향하지 않는다. 예술들은 지극히 다채로우며 상호작용의 잠재력을 갖고 발전해 나간다. 헤겔의 예술 체계에 따른다면 이러한 잠재력이 사라진다. 이것이 바로 이 체계가 지닌 결함이다. 헤겔의 체계는 예술적 매체와 절차가 지닌 다양함에 주목하지 않는다. 이 체계의 맥락에서 볼 때 저러한 다양함은 단일한 이상으로부터 얼마나 떨어져 있는가의 여부에 따른 차이에 불과한 것이 되고 만다. 그러나 예술들의 상이함은 미적 이해를 가능케 하는 조건으로 이해되어야 한다. 미적 이해는 예술들이 이렇듯 상이하다는 전제에서 출발한다. 다양함이 있어야만 다양한 매체들 사이에 장력이 발생하며, 이런 장력이 있어야만 질료와 이해가능성의 관계가 지닌 상이한 형식이 온전히 유지된다. 예술들의 장력장은 결코 고정된 것이 아니며, 예술적 매체와 절차의 스펙트럼이 끊임없이 확장되고 변경된다. 물론 같은 이유에서 매체와 절차가 저 장력장으로부터 벗어날 수도 있다. 예술이라는 것, 그것에 대한 이해는 예술들의 장력장이 있는 곳에서 가능하다.

3.3 예술의 상호매체성, 그 우연적 효과

예술들의 상력장이라는 개념을 토대로 상호매체성을 이해해 보자. 사전 기획에 따라 상호매체성이 생겨나는 것이 아니라 각 예술들 특유의 얼개에 따라 특유의 상호매체성이 생긴다. 하나의 장력장에 놓여 있다는 점에서, 즉 절차를 서로 공유하며 매체들이 서로 긴밀한 연관성을 갖는다는 점에서 예술들은 모두 상호매체이다. 따라서 상호매체성은 모든 예술의 근간을 이루는 규정이다. 다양한 미적 매체가 상호 연관성을 가짐으로써 비로소 예술은 예술일 수 있다. 예술들은 미적 절차를 서로 공유한다. 매체가 지닌 서로 다른 색조에 따라, 절차가 지닌 서로 다른 리듬 및 서로 다른 노동방식에 따라 질료적 감성과 비질료적 절차성이 하나의 작품을 형성한다.

그렇기 때문에 '예술들'의 이질성이 '예술'에 대한 논의에 방해가 된다고 생각할 필요는 없다. 장력장하에서만 예술들이 존재할 수 있으며 그런 한에서 예술이라는 하나의 틀이 실현된다고 볼 수 있기 때문이다. 예술들은 예술적 매체와 절차가 이루는 장력장에 놓여 있다. 말하자면 예술에서는 그 어떤 선택지라도 모두 가능하다. 이 선택지들은 서로 별개의 것이 아니며, 이러한 갖가지 관점들이 복잡하게 얽혀 하나의 터전에서 서로 합주한다. 예술들은 모두 상호매체이다. 이러한 상호매체성은 사전 기획의 산물일 수 없다. 각 예술들이 지닌 특유의 얼개는 사전 기획의 결과가 아니라 저 합주에 따른 우연적 효과이다.

이 장을 시작할 때 언급했던 예술 분류법들에 대해 다시 한 번 생각해 볼 필요가 있다. 예술들, 혹은 예술적 매체 및 절차들은 하나의 기준에 따라 양분된 두 극 가운데 한곳에 매몰되지 않으며 두 극 사이를 넘나든다. 따라서 예술 특유의 이해를 위해서는 공간적 질료성과 시간적 비질료성이, 현실 지향성과 현실 초월성이 각각 담당할 역할이 있으며 사물에 대한 향유와 내면의 성찰 사이의 갈등 또한 나름의 역할이 있다. 예술들은 언제나 외적 질료성과 비질료적 절차성 사이를 넘나든다. 질료를 직접 접촉할 때 도달되는 이해와 이로부터 거리를 두고 관조할 때 도달되는 이해 사이의 갈등, 미적 질료의 매력, 그리고 이 질료를 해석하는 주관의 절차 사이의 갈등, 이러한 양극이 서로에게 미치는 장력이 모든 예술에 감돈다.

양극성을 이렇게 파악함으로써 미적 이해 또한 다각화된다. 매체와 절차 사이에 감도는 장력은 미적 이해마다 모두 다르다. 문학의 매체보다는 조각의 매체에서 질료성의 비중이 좀 더 크긴 할 것이다. 하나의 매체에는 예술들의 장력장 안에 속하는 여러 경향성들이 어우러져 있다. 이 매체가 하나의 작품에 쓰이는 순간 선택 가능한 그 경향성들 가운데 하나가 채택된다. 선택된 경향성은 미리 기획된 것도 아니며 다시 되돌릴 수도 없다. 조형 작품에서 이용되는 매체도 (특히 알베르토 자코메티Alberto Giacometti의 작품처럼) 비질료적이고 내면적인 방식의 이해를 일깨우곤 한다. 미적 이해의 장력장에서 예술적 매체 및 절차가 차지하는 위상은 언제나 상대적이며 가변적이다. 그 어떤 매체이든, 그 어떤 절차이든 이것들은 모두 예술들의 장력장 안에서 작동한다. 장력장과 예술 이해의 연관에 대한 설명은 차차 이루어질 것이다. 이 장에서는 예술들이 이러한 장력장에 놓여 있으며 그래서 각 예술들은 결코 서로 무관하지 않다는 점을 확인하는 것만으로 족하다.

4. 재질문: 예술에 대한 질문은 어떠해야 하는가

다양한 '예술들'과 단일한 '예술'은 서로 상충하는 요소가 아니다. 예술들의 다양성은 오히려 예술 개념에 필요한 전제가 된다. 예술과 예술들의 관계는 '예술들의 장력장' 개념을 받아들였을 때 비로소 제대로 정립될 수 있다. 따라서 이 장에서 논의했던 각종 예술 분류법들은 잠정적 체류지였을 뿐 최종 입장이 아니다. 예술은 의당 '예술들'일 수밖에 없다는 입장, 반대로 이를 하나의 '예술'로 아우르는 체계가 있어야 한다는 입장 가운데 택일하는 것으로는 예술에 대한 올바른 숙고가 이루어질 수 없다. 앞서 설명한 예술분류법들이 나름 설득력을 갖고 있는 듯 보이지만, 이렇듯 각각 상이한 원리에 따르는 각 관점들은 모두 장력장 안에 속하는 일개 측면에 불과하다. 장력장 내에서 이루어지는 합주에 대한 이해 없이 예술에 대한 논의는 불가능하다. 예술의 원리는 결코 추상적이지 않다. 즉 예술을 구현하는 예술적 표현형식은 결코 단일하지 않다. 예술이라는 장에서 각종 예술들은 서로 만난다. 예술에 대해 던진 질문들은 바로 다음과 같은 결론을 향하고 있다. 예술을 논의하기 위해서는 예술들의 장력장 개념이 필요하다.

지금까지의 논의를 바탕으로 '예술이 우리에게 어떤 가치를 지니는가?'라는 문제에 좀 더 심층적으로 접근할 수 있게 되었다. 이제 상이한 원리들 사이의 장력 및 상호작용에 주목할 필요가 있다. 예로부터 예술을 일종의 '현시'로 보든, 아니면 '표현'으로 보든 예술의 근본 지향을 하나 설정하여 예술을 파악하려는 시도가 있어 왔다. 이 장에서 이러한 시도들이 갖는 의미를 미리 언급했다고 보면 좋을 것이다. 예술은 그저 외부에 존재하는 사물이 아니며 자기소통이라는 실행과 연관 지어 생각되어야 한다. 예술작품에 일종의 장력이 발생한다는 점은 지금까지 논의된 것만으로는 제대로 설명될 수 없다. 예술을 해명하기 위해서는 다양한 예술들 사이의 장력을 염두에 두어야 한다. 그 어떤 장르이든, 그 어떤 작품이든 거기에는 바로 이러한 장력이 감돈다.

미주

❶ Seel, *Ästhetik des Erscheinens*, 172쪽 이하.

❷ Lessing, *Laokoon oder über die Grenzen der Malerei und Poesie*, 129쪽.

❸ Goodman, *Sprachen der Kunst*, 112쪽 이하.

❹ 가다머는 "석상 같은" 예술과 "가뭇없이 사라지는" 예술로 구분했다. Gadamer, *Die Aktualität des Schönen*, 108쪽.

❺ 이러한 구분법을 강조한 사람으로 피들러, 발레리 등을 꼽을 수 있다. Fiedler, "Über den Ursprung der künstlerischen Tätigkeit"; Valéry, *Eupalinos oder der Architekt*.

❻ Benjamin, *Das Kunstwerk im Zeitalter seiner technischen Reproduzierbarkeit*, 15쪽.

❼ Deleuze, *Das Bewegungs-Bild*.

❽ 이런 맥락에서 심지어 예술 개념을 아예 포기하려는 (결코 받아들일 수 없는) 주장이 나오기도 했다. 이에 대해서는 다음을 참조. Lopes, *Beyond Art*.

❾ Hegel, *Vorlesungen über die Ästhetik I*, 151쪽.

❿ Wagner, *Das Kunstwerk der Zukunft*, 69쪽.

⓫ Wagner, *Das Kunstwerk der Zukunft*, 150쪽.

⓬ Schiller, *Über die ästhetische Erziehung des Menschen in einer Reihe von Briefen*, 27번째 편지.

⓭ Adorno/Horkheimer, *Dialektik der Aufklärung*, 132쪽.

⓮ Kandinsky, *Über das Geistige in der Kunst*, 55쪽 이하.

⓯ Merleau-Ponty, *Die Prosa der Welt*, 65쪽 이하.

⓰ Bertram, *Kunst als menschliche Praxis*, 157쪽 이하.

III

예술은 자기소통이다

우리에게 예술은 어떤 가치를 지니고 있는가? 왜 우리는 공연을 보기 위해 매표소에서 몇 시간이고 줄서서 기다리는가? 왜 우리는 어두컴컴한 미술관에 들어가서는 캔버스 위에 칠해진 물감덩어리를 바라보는가? 왜 우리는 '롤링스톤즈Rolling Stones', '스팅Sting' 같은 뮤지션들의 음악에 열광하는가? 예술로부터 거리를 두고 이를 바라보려 한다면 예술은 조금도 자명하게 다가오지 않는다는 것, 이것이 바로 예술이 실행될 때 나타나는 특징이다.

대중의 시선에서 결코 예술일 수 없는 것들도 예술을 둘러싼 실천의 장에 들어와 있다. 이로 인해 전문가의 전유물일 뿐 대중들로부터는 외면 받는 작품들이 20세기 들어 많아졌다. 아방가르드 음악은 "고양이 울음" 같다는 비난을 받기도 했다. 현대 음악을 연주하는 곳에 대중들은 잘 찾아오지 않는다. 예전에는 예술가라 하면 그 거장의 풍모로 인해 대중들로부터 찬사를 받곤 했다. 동시대인들로부터 이미 영웅으로 추앙받았던 요한 볼프강 폰 괴테Johann Wolfgang Goethe나 루트비히 판 베토벤Ludwig van Beethoven이 바로 그 예에 속한다. 그렇다면 20세기 들어 예술가의 창조 행위가 사회적으로 공감을 얻지 못하는 일은 왜 발생하는 것일까?

언제부터인가 예술은 오직 자신의 정체성 문제에 몰두하기 시작했다.

모더니즘 예술은 자신이 무엇인지에 대해 스스로에게 물음을 던졌다. 일찍이 마르셀 뒤샹Marcel Duchamp의 레디메이드Ready-made가 예술 자체에 대한 이해의 필요성을 촉구한 바 있다. '캠벨Campbell' 토마스 수프 깡통과 같은 일상용품의 포장지를, 혹은 '마릴린 먼로Marilyn Monroe'와 같은 영화계의 아이콘을 복제한 앤디 워홀Andy Warhol의 연작들 또한 마찬가지였다. '단지 자기 자신에게만 몰두하는 듯 보이는 이러한 작품들도 예술작품이라고 보아야 하는 것일까?' 뒤샹과 워홀의 작업들은 관람자에게 이런 질문을 던졌다. 예술이 던지는 이런 질문은 매우 명시적으로 다가온다. 존 케이지의 「4분 33초4'33"」에도 예술의 자기성찰적self-reflexive 면모가 명시적으로 드러난다. 이 작품에서 연주자는 실제로 4분 33초 동안 피아노 앞에 앉아 건반 뚜껑를 올렸다가 내릴 뿐 가만히 있다가 그가 다시 일어나는 순간 연주는 끝난다. 이때 관객은 아무것도 연주되지 않는 작품을 어찌 예술로 볼 수 있는지 묻게 된다. '예술이 자기 자신에 몰두하는 일 외에는 아무것도 하지 않는다면, 이제 예술은 종말에 이르게 된 것이 아닐까?'라는 의문이 생기기도 한다. 예술이 이렇듯 자기 자신의 정체성 문제에 골몰함으로써 결국 예술이 근본적으로 중단되어 버린 것은 아닐까?

I장에서 살펴본 바와 같이, 자명성 결핍이야말로 예술 본연의 특징이라고 본다면 이러한 질문을 던지고 있다는 일 자체가 예술의 의의와 가치를 긍정하고 있는 것이라 할 수 있다. 당황스러워 하는 대중이 예술에 대해 이런 질문을 분명하게 던졌든 그렇지 않았든 예술에는 '어디까지가 예술이고 어디부터 예술이 아닌가?'라는 질문이, 그리고 예술이 지닌 가치에 대한 질문이 언제나 결부되어 있다. 예술적 실천에는 예술이 무엇이어야 하는지에 대한 물음이 항상 수반된다. 예술은 바로 이런 특징을 갖는다. 예술은

인간의 자기소통[1] 형식이다. 예술은 자명하지 않다. 그런데 바로 그렇기 때문에 인간은 예술을 통해 자기소통을 하게 된다.

예술이 자기소통의 특수한 하나의 형식이라는 설명은 예술 이해를 위한 첫걸음에 불과하다. 우리가 나아갈 근본 방향을 언급했을 뿐, 어떤 맥락에서 예술이 이런 형식인지에 대해 구체적으로 살펴본 것은 아니다. 예술에서 이루어지는 자기소통이란 무엇을 뜻하며 어떤 특징을 갖는가? 또한 예술이라는 자기소통 형식은 다른 자기소통 형식들과 어떻게 다른가? 일기를 쓰는 이도 있고 컨설팅을 의뢰하는 이도 있다. 사제와 상담하는 이도 있고 철학을 공부하는 이도 있다. 이런 것들도 모두 일종의 '자기소통사건'으로 볼 수 있다. 이런 것들과 예술은 어떻게 다른가? 예술작품들이 일기 쓰는 일과 다른 점은 무엇일까?

III장에서는 자기소통이라는 예술의 성격을 보다 상세하게 규정하기 위해 미적 자기소통의 특징을 살펴볼 것이다. 예술을 인간의 자기소통 형식으로 파악하려는 시도는 여러 예술철학 저서에서 발견된다. 이와 관련된 입장들을 칸트, 헤겔, 하이데거 및 아도르노의 사상으로 대변되는 네 가지 유형으로 분류할 것이다. 이어서 예술의 근본가치에 대한 이들의 주장을 유추해 보고자 한다. 자기소통이라는 예술의 성격은 이들의 예술철학을 토대로 할 때 제대로 해명될 수 있기 때문이다.

칸트, 헤겔, 하이데거 및 아도르노의 예술론 사이에 차이가 적지 않지만 여기에서는 네 철학자들을 하나의 지평에서 아우르고자 한다. 이들의 저작들 사이에 많게는 150년이 훨씬 넘는 시차가 있다. 칸트의 예술철학이

---

1 40쪽 각주 9번 참조.

담긴 (물론 예술철학의 주제만 담긴 것은 아니지만) 『판단력 비판*Kritik der Urteilskraft*』은 1790년에 출판되었다.[2] 헤겔은 1817년 하이델베르크에서 처음으로, 그리고 1820/21년 겨울학기 이후 베를린에서 총 네 차례에 걸쳐 미학을 강의했다. 예술철학을 총망라하는 단행본을 출간하려는 그의 목표가 실행에 옮겨지지는 못했다. 헤겔 사후 그의 강의록이 수강생들의 필기록과 함께 편집되어 『미학 강의*Vorlesungen über die Ästhetik*』로 1835년에 출판되었다. 그로부터 100년 후인 1935년에 하이데거가 자신의 철학적 지향을 새롭게 정립하면서 「예술작품의 근원Der Ursprung des Kunstwerkes」을 썼는데 이 글은 1950년에 다른 글들과 함께 출간되었다.[3] 아도르노는 평생 예술을 실천에 옮겼으며 예술에 대해 이론적으로 다루기도 했다. 이러한 작업의 산물이 『미학 이론*Ästhetische Theorie*』인데, 이는 그가 죽은 후 1970년에 출간된 미완성 유고이다.

이 장의 주제 또한 예술이지 철학사가 아니다. 예술이라는 주제를 살피기 위해 저 다양한 입장들을 하나의 담론 속에 아우르는 것이 목표이다. 네 명의 철학자가 내놓은 상이한 대답들은 실상 동일한 질문을 향하고 있다는 점을, 그리고 이러한 대답들이 예술을 이해하는 데에 있어 시사하는 바가 많다는 점을 입증하고자 한다. 이 과정에서 이들의 입장을 설명하기에 적합한 작품들이 소개된다. 이 작품에 대한 해석을 화두로 시작되는 이 대

2 『판단력 비판』에 대해 인용할 때 보통 1790년의 초판(A)보다는 1793년에 나온 재판(B)을 사용한다. 본문에 이 저작의 출간 연도로 표기된 1792년을 1790년으로 바꾸었다. 저자는 이 저작에 대한 논의가 주로 재판을 기준으로 이루어지는 점을 고려한 것으로 보인다. 재판의 공식 출간 연도는 1793년이지만 실제로는 1792년에 출간된 것으로 알려진다.

3 이 글의 구상은 이미 1931-32년에 시작되었고 이것이 1935년에 수행된 한 강연을 위한 글로 구체화되었다. 나중에 『숲길*Holzwege*』이라는 강연록 모음집에 수록된 글은 1935년판이 아니라 1936년판 강연록을 하이데거가 축약한 것이다.

화는 저자가 정해 놓은 각본에 따라 진행된다. 이들의 입장이 표명된 시기가 각각 다르기 때문에 당사자들이 서로 의견을 나눌 기회는 없었다. 특히 칸트와 헤겔은 후대에 제기된 반론들에 대응할 기회조차 갖지 못한 것 아닌가? 이 책에서는 그들에게 다소나마 대답할 기회를 주고자 한다. 제기된 반론들에 대해 그들이라면 어떻게 대응했을지를 유추해 보겠다.

1. 칸트: 예술은 인식 일반이다

바흐의 「골트베르크 변주곡Goldberg-Variationen」은 '예술이란 무엇인가?'라는 질문에 명료하게 응답한 보기 드문 사례이다. 이 곡은 일종의 형식적 유희를 잘 보여 준다. 두 개 혹은 세 개의 성부로 이루어진 단순한 테마로 시작되는 선율은 특별히 급변하는 부분 없이 전체적으로 무난하게 진행된다. 이후 32개의 변주가 이어지면서 이 테마의 음악적 진행이 거듭 새롭고 다채로워진다. 이 작품은 단일한 테마에 대한 다양한 변주로 이루어져 있다. 피아니스트 글렌 굴드Glenn Gould가 연주한 버전을 들으려면 족히 50분은 필요하지만 사실 이 작품에는 특별히 새로운 것은 등장하지 않으며 테마의 변주가 반복될 뿐이다. 그런데도 이러한 음악이 지루하게 느껴지지 않는 까닭은 무엇일까? 이러한 음악은 우리에게 어떠한 이해를 제공하는가? 이러한 음악도 우리에게 무언가 말을 건네는 것일까?

이러한 질문에 대해 칸트가 대답했다면 아마도 "인식 일반cognition in general"❶이라는 개념을 부각하려 했을 것이다. 예술의 형식으로 인해 우리는 인식능력 자체에 대한 경험을 한다. 예술을 접한다 해서 우리가 살아가

바흐의 골트베르크 변주곡 악보 https://en.wikipedia.org/wiki/Notebook_for_Anna_Magdalena_Bach

는 세계에 대해 무언가 구체적으로 알 수 있는 것은 아니다. 예술 경험은 우리가 무언가를 인식할 수 있다는, 무언가를 이해할 수 있다는 사실 자체에 대한 경험이다. 「골트베르크 변주곡」과 같은 작품도 이러한 경험을 가능케 하는 형식이다. 즉 이 작품을 통해 특정 내용에 대한 구체적인 인식이 아니라 "인식 일반"이라는, 인식능력들이 서로 합치하는 특유의 얼개에 대한 경험이 이루어진다. 물론 이 규정은 다소 추상적으로 느껴진다. 이를 좀 더 구체화하기 위해서는 칸트가 생각한 인식의 얼개를 이해해야 한다. 칸트가 보기에 예술은 일종의 자기소통이며 이를 통해 우리의 인식이 지닌 이 얼개에 대해 알 수 있다.

1.1 인식능력들의 합주

우리가 무언가를 인식하려면 인식능력들 사이에 합주[4]가 이루어져야

4 26쪽 각주 5번 참조.

한다. 칸트가 생각한 인식의 얼개는 이렇듯 합주라는 개념으로 설명 가능하다. 우리가 무언가를 이해하고 있다면, 세계가 우리에게 시각적인 것이든, 촉각적인 것이든, 아니면 언어화된 것이든 특정한 하나의 모습으로 나타난다면 언제나 이러한 합주가 이루어진다. 칸트에 따르면 이러한 합주는 우리의 감각적 감수능력[감성]과 정신적 규정능력[지성] 사이에서 일어난다. 감관을 통해 대상과 접촉하는 인간은 지극히 잡다한 감관인상과 마주친다. 감관을 통해 수용되는 잎사귀들은 어느 것 하나 서로 같은 것이 없다. 말하자면 감각적으로 마주치는 것들은 그 어떤 것이든 고유하고 특수한 형식 및 외관을 지니고 있다는 것이다. 이런 맥락에서 칸트는 우리가 감성적으로 지극한 다양함에 둘러싸여 있다고 말한다. 그렇지만 우리는 세계에 질서를 부여하는 지성적인 존재이기도 하다. 이 세계는 끊임없이 변모하는 감관인상들만의 조합으로만 볼 수는 없다. 우리는 세계 속의 다양한 사물들을 인식한다. 붉은 잎사귀와 붉은 탁자는 붉다는 점에서 서로 닮았으며 이러한 붉음은 또 다른 붉은 것들을 연상케 한다. 우리의 정신적 규정능력이 이런 일을 한다. 이로써 부단히 변화하는 세계 속에 어떤 연속성이 생긴다. 이 연속성은 ('잎사귀'나 '붉음'과 같은) 보편 개념[범주]을 통해 생긴다.

인간의 모든 인식은 특수성(감각적 다양성)과 보편성(정신적 질서)의 합주로 이루어진다. 특수성과 보편성의 이러한 합주는 칸트에 따른다면 모든 인식의 원칙이 된다. 이러한 합주는 예술의 가치에 대한 논의의 출발점이 된다. 우리의 인식은 감각적 특수성과 정신적 보편성이라는 양극 사이에 다리가 놓임으로써 가능하다.

1.2 인식능력들의 자유로운 유희

미적 경험이 이루어질 때에도 인식능력들의 합주가 이루어지며 인식의 기능이 발휘된다.[5] 미적 형식들을 접하면서 우리는 이러한 합주가 가능한 일이라는 것을 경험한다. 미적 경험에 관한 이러한 규정을 칸트는 "목적 없는 … 합목적성"❷이란 표제하에서 다루고 있다. 앞서 우리는 예술을 접할 때 예술 밖의 그 어떤 특정한 목적도 추구하지 않는다는 점을 살펴본 바 있다. 순수 예술은 주택을 짓는 데 이용되지도 않으며 오락의 수단이 되지도 않는다. 그런데 특정 목적에 부응하지 않는 예술에도 특유의 합목적성은 있다. 합목적성이란 사물들이 하나의 유의미한 방식으로 한데 어우러져 있는 상태를 지칭한다. 예술에서는 특정한 그 어떤 내용도 명시적으로 인식되지는 않는다 해도 예술을 이루는 계기들은 어쨌든 하나의 유의미한 방식으로 한데 어우러져 있다. 예술을 통해 도달되는 이러한 의미는 인식능력들의 합주를 떠올린다. 칸트에 따르면 예술을 통해 특수한 것과 보편적인 것 사이의 합주를 경험한다. 특수한 것과 보편적인 것은 서로 상대편으로 나아갔다가 다시 되돌아오는 방식으로 유희한다. 예술을 통해 인식능력들의 "자유로운 유희"❸가 이루어지는 것이다. "자유로운 유희"를 통해 우리는 인식능력들이 하나의 유의미한 방식으로 한데 어우러져 있다는 것

---

5 칸트가 보기에 경험은 대상 인식의 출발점이다. 단 감각적 경험과 더불어 지성적 사고가 결부되어야 비로소 대상에 대한 인식이 이루어진다. 칸트는 미적 경험이라는 말을 사용한 바가 없다. 그에게 경험은 일단 특정한 대상에 대한 구체적 인식의 출발점으로 이해되었다. 그러나 대상의 아름다움 여부를 판정하는 취미판단에 대한 칸트의 논의에서 현대 미학의 용어인 미적 경험이 연결된다. 저자는 칸트 철학의 틀에서 볼 때 미적 경험의 국면에서도 통상적 대상 인식과 마찬가지로 인식능력들(감성과 지성)의 합주가 이루어지되 미적 경험에서 통상적 인식과는 차별화되는 독특한 방식에 따라 합주가 이루어진다는 점을 강조하고 있다.

을 확인한다. 말하자면 "자유로운 유희"는 인식능력들이 지닌 역량을 확인하려는 목적에 부응한다. 감각적 다양성과 정신적 보편성 간의 차이에도 불구하고 인식을 통해 이것들이 서로 합치하는 경험을 한다. 양극 사이에 다리를 놓을 수 있게 된다는 점을 미적 경험은 보여 준다.

「골트베르크 변주곡」에서는 단일한 테마를 갖는 구조가 다양하게 변주된다. 칸트에 따르면 테마(보편)와 변주들(특수)이 하나의 형식으로 결합된다. 이 테마가 정확히 어떤 성질을 갖고 있는지는 중요하지 않다. 중요한 것은 변주들의 전개를 통해 드러나는 형식이다. 음악의 형식을 통해 우리 인식능력들의 유희가 진행된다. 이러한 유희를 어떻게 생각하고 있는지에 대해 칸트는 더 이상 상술하지 않았지만, 이에 대해 다음과 같이 이해해 볼 수 있을 것이다. 하나의 형식을 준거점으로 하여 특수자와 보편자가 서로 상대방으로 이행한다. 하나의 테마는 거듭 새로운 형태를 띠지만 이런 가운데 언제나 그 테마로 되돌아온다. 테마는 변주들을 통해 실현되고 변주들은 테마를 가리킨다. 보편자와 특수자의 상호유희는 모든 음악에서 나타난다. 그때그때마다 테마와 변주들은 서로 맞물린다. 특히 바흐의 음악에서는 그 엄격함 속에서 형식의 명료함이 드러난다. 이 음악은 (성부들이 서로 상대편으로 나아갔다가 다시 되돌아오는 방식으로 유희한 결과물인) 화성법 및 대위법이 어우러져 잘 짜인 하나의 형식을 갖춘다. 칸트의 입장에서 유추해 본다면 이런 형식을 갖춘 작품은 내용과 무관하게 청중의 귀에 의미 있게 전달될 수 있을 것이다. 이런 식의 듣기야말로 인식능력들의 자유로운 유희를 위한 전제가 된다. 자유로운 유희라는 바로 이 형식에 입각해서만 인식능력들의 합주가 경험된다.

칸트의 논의를 바탕으로 미적 경험을 생각한다면 이는 근본적으로 자유로운 유희에 대한 경험이다. 유희라는 차원에서 우리는 상이한 인식능력들의 합주를 경험한다. 미적 경험은 우리의 인식 조건이 어떠한지를 확인할 수 있게 해 준다. 미적 경험이 "인식 일반" 개념과 연관성을 갖는 이유가 바로 그것이다. 예술경험에서는 하나의 특정한 인식이 관건은 아니다. 우리가 미적 경험을 한다고 해서 세계에 대해 새로운 것을 알게 되지는 않는다. 가령 바흐의 음악이 우리에게 말해 주는 바에 대해서 그 어떤 것도 알게 되지는 않는다. 미적 경험을 통해 우리는 감각적 다양함과 정신적 규정이 서로 이행할 수 있다는 것을 알게 된다. 이러한 이행이 재차 우리 인식의 근본 조건이 되기 때문에, 우리는 인식 일반이 가능하다는 것을 미적으로 경험한다. 그리하여 우리는 예술경험을 통해 "인식 일반"에 도달한다.

1.3 인식에 대한 신뢰, 그리고 자기소통

예술에 대한 칸트의 입장을 유추해 보면 다음과 같다. 우리에게 예술은 인식능력을 유희의 방식으로 확보할 수 있게 해 줄 형식들을 마련해 준다는 점에서 가치가 있다. 예술작품이 그러한 유희를 위해 형식을 제공하는 방식은 다양하다. 예술은 이런 다양한 방식에 입각해서 우리의 근본적인 자기소통을 가능케 한다. 이 점이 바로 우리에게 예술이 지닌 가치이다. 미적 경험을 통해 우리는 인식의 기능을 이해한다. 미적 경험을 통해 우리는 인식능력이 서로에게 영향을 준다는 것을 알게 된다. 이러한 자기소통 덕분에 미적 경험에서 도달되는 쾌는 "매우 진기한 쾌"[4]라고 할 수 있다. 인식능력들이 제 기능을 발휘한다는 것을 경험하는 일은 분명 즐거운 일이지만 이는 단지 즐거운 것에 머물지 않는다. 예술이 수행하는 자기소통은 실천적으로도 의의가 있다. 이러한 소통을 통해 우리는 우리가 지닌 인식능력들의 기능에 대해 신뢰를 갖게 되기 때문이다. 우리 자신에 대해 미적으로 경험할 때, 우리는 감성과 지성이라는 두 인식능력이 별개의 것들로 있지 않고 상호 유희한다는 점을 신뢰하게 된다. 즉 미적 경험은 우리의 인식능력에 대한 의혹을 떨치게 해 준다.

그런데 칸트에게는 예술의 가치에 대해 묻는 이들을 당혹케 하는 면모가 있다. 그가 미적 자기소통의 가치로서 확립한 가치가 예술에만 국한되지 않는다는 점이 바로 그것이다. 예술이 아닌 것들 가운데 그 형식이 잘 형상화된[6] 것들도 있으며 이것들 또한 인식능력의 자유로운 유희를 가능케 한다. 말하자면 칸트의 논의에서 예술의 비중은 크지 않다. 그의 분석은 대체로 미에 대한 총론 수준에 해당한다. 이른바 자연미와 마찬가지로 예술 또한 아름답다. 칸트는 예술과 정확히 똑같은 차원의 자기소통에 따라 가령 장미꽃과 같은 자연미의 형식들을 설명한다. 이 형식들도 인식능력들의 합주에 대한 경험을 가능케 한다. 이런 견지에서 예술은 자연미 그 이상도 그 이하도 아니다.

예술에 대한 칸트의 입장은 예술 특유의 가치로 이해될 만한 것이 없다는 비판에 직면한다. 그러나 이러한 비판에는 부당한 면이 있다. 미적 자기이해의 특유성을 제대로 파악하지 못한 상태에서는 예술의 고유성을 어느 정도 허용할지에 대해 알기 어렵다. 철학에서뿐만 아니라 철학 밖에서

---

6 '형식이 잘 갖추어져 있음'이라는 말을 단순히 '규칙적으로 질서지어져 있음'으로 이해해서는 안 된다. 바흐의 음악을 통해 설명된 바와 같이 저자가 칸트의 미적 경험론에서 주목하는 것은 보편자와 특수자의 상호유희였다. 가령 원, 정삼각형, 정사각형과 같이 완벽한 대칭과 비례 관계에 있는 도형은 저러한 상호유희가 불가능하다. 칸트가 고전주의 양식이 아닌 바로크, 로코코 양식을 선호했던 것도 그러한 이유에서이다.

도 예술이 실제로 고유한 영역을 차지하고 있다는 선입견이 팽배한 상황에서, 칸트의 예술철학은 예술의 고유성 여부가 그리 명료한 사안은 아니라는 것을 환기한다.

2. 헤겔: 예술은 직관 형식에 깃든 정신성이다

예술 개념에 대한 헤겔의 입장은 곧 칸트의 주장에 대한 헤겔식 응답으로 생각해 볼 수 있다. 헤겔은 칸트의 설명에 만족할 수 없었다. 그의 불만은 다음과 같은 것이 아니었을까. '인식(이해)이라는 게 특정한 것[내용]에 대한 인식(이해)이 아니라면 도대체 뭐란 말인가?', '인식의 가능성, 인식의 순전한 형식과 관계된 인식이란 게 있기나 한 걸까?', '칸트에 따른다면 내가 완공된 집에 살고 있다는 말과 바로 이 집의 설계도에서 살고 있다는 말이 같은 말이 되는 것 아닐까? 집을 통해 실현된 모든 것이 그 설계도에 다 들어 있을 테니까?' 헤겔이 보기에 인식의 형식에서 (즉 인식의 설계도에서) 출발하는 것은 난센스이며 특정 내용과 결부된 인식만이 실제 인식이다. 이러한 생각에 따른다면 칸트는 다른 방향으로 나아갔어야 했다. 경험에는 특정 내용이 결부되어 있으며 이 내용에 기반을 두어야 비로소 경험 '일반'의 형식도 경험될 수 있기 때문이다. 예술이 바로 이런 경험을 가능케 한다는 점을 칸트는 지적했어야 했다.

헤겔의 반론을 구체적으로 살피기 위해 파블로 피카소Pablo Picasso의 「게르니카Guernica」를 예로 들어 보자. 아도르노에 따르면 피카소는 '당신이 이 그림을 그렸는가'라는 독일 장교들의 심문에 '아니오, 내가 아니라 당신이 그린 것이오'라고 대답했다고 한다.[5] '게르니카'는 스페인 내전 때 스페인 파시스트의 동맹국인 독일의 공군부대가 파괴한 마을이다. 이 작품에는 인간, 동물 및 여타 사물들이 어우러져 만들어지는 특정 짜임새가 나타난다. 관찰자는 이렇듯 지극히 추상적인 구성물을 어떻게 해서든 그 전쟁사와 연관 지으려고 안간힘을 쓴다. 사실 피카소의 이 그림 자체가 저 전쟁사를 곧장 가리키지는 않는다. 이 그림의 맥락을 읽어 내려면 여기에 현시된 인간, 동물 및 여타 사물들이 어우러져 만들어진 특정한 짜임새를 이해해야만 한다. 아마도 우리는 이 그림이 인류 문명이 퇴보하고 역행할 가능성이 있다는 점을 가리키고 있다고 말할 수 있을 것이다. 이 그림은 매우 추상적인 구성물로 보이지만 사실은 1937년 한 스페인 마을에서 발생했던 사건과 연관된다. 단연코 그것은 이 역사적 사건을 염두에 두었을 때에만 이해될 수 있다. 피카소가 그 장교들에게 대답한 내용은 정확히 말해 다음과 같은 것이었다. '이 그림은 엄밀한 의미에서 본다면 예술가의 작품이 아니다. 오히려 하나의 특정 역사적·문화적 상황이 그려 낸 작품이다.'

헤겔은 예술을 이와 같이 역사적·문화적 구체성을 갖는 사건으로 이해하고자 한다. "이념의 감각적 현현"[6]이라는 헤겔의 예술 개념을 앞서 설명한 바 있지만(II.2.1) 그는 이런 규정에 머물지 않았다. 헤겔은 '이념이 얼마만큼 감각적 현상에 이를 수 있는가?'라는 질문도 제기한다. 이에 대한 그의 대답을 단순화하자면 '관건은 구체적 이념, 구체적 정신성, 그러니까 구체적인 역사적·문화적 문맥에 놓여 있다'가 된다. 이러한 대답을 토대로 하여 헤겔은 예술의 가치에 대해 설명한다. 그가 보기에 예술은 우리로 하여금 감각적 직관의 형식을 띤 규정적 이해들을 접할 수 있게 한다는 점에서 가치가 있다. 헤겔이 보기에 예술은 종교 및 학문(철학)과 똑같은 수준의 이해에 도달한다. 그러나 예술을 통해 감각적 직관에 깃든 이해에 도달한다는 점에서 여타의 이해 형식들과 차별화된다. 인식능력들의 합주를 통해 예술을 파악한다는 것은 헤겔의 견해에 따를 때 바로 이러한 의미를 갖는다. 즉 예술은 인식능력들의 자유로운 유희나 인식 일반과 무관하다. 오히려 감각적 형태를 띠는 예술은 이 형태를 통해 이해 내지 인식을 드러낸다. 예술 이해는 모두 감각적 형태를 통해 생겨난다. 그런데 헤겔에 따르면 예술의 탁월함은 감각성에 있지 않다. 예술은 오히려 감각적 직관을 통해 정신적인 것을 드러낸다. 헤겔의 논증이 어떠한지, 그리고 예술에 관한 그의 논증이 뜻하는 바가 무엇인지에 대해 이해하려면 좀 더 자세한 설명이 덧붙여질 필요가 있다. 칸트의 논법으로 이를 설명해 보겠다.

2.1 기호는 질료성과 정신성이 이루는 합주의 결과물이다

칸트의 입장을 유추해 보면 예술은 감각적 다종다양함과 정신적 규정 사이에 이루어지는 상호 이행을 통해 성립한다. 우리가 인식을 할 때 언제나 이루어지는 이러한 이행은 예술에서도 반드시 필요하며 이를 바탕으로 예술을 이해할 수 있다는 칸트의 입장에 대해 헤겔 또한 이견은 없다. 다만 칸트와 달리 헤겔은 상호 이행하는 양자 모두 정신성을 띤다고 보았다. 정신적 규정은 감각적 개별성을 통해서 비로소 특정한 형식을 띨 수 있으며, 이에 따라 감각성 또한 정신성을 띤다. 이러한 통찰은 오늘날 기호symbol에 대한 논의와 궤를 같이한다. 기호는 언제나 감각적·질료적 현실을 필요로 한다. 이 책에 쓰인 단어들은 그저 종이 위의 검은 얼룩일 따름이다. 이를 읽는 일은 검은 얼룩을 통해 무언가를 이해하는 일이다. 이런 맥락에서 보면 기호는 질료성과 정신성이 이루는 합주의 결과물이다.

인식능력들의 합주를 일컫는 방식에서도 헤겔은 칸트와 다른 입장을 편다. 헤겔의 입장을 현대 철학의 용어로 바꾸면 '기호를 이해할 때 이루어지는 합주'라고 할 수 있다. 기호를 다루는 일을 보통 이해understanding라고 하지 인식cognition이라고는 하지 않기 때문이다. 기호에 대한 헤겔의 입장은 이러하다. 기호 또한 감각적 질료를 필요로 한다. 그러나 기호에 대한 이해는 감각적 현실을 넘어섰을 때 비로소 가능하다. 감각적 질료 자체도 견지되어야 하겠지만 그것 자체에 매몰되어서는 안 된다. 물론 질료적 특수성에 대한 논의를 통해서도 이러한 이해가 갖는 특수성 및 상이성을 설명할 수는 있다. "예술"이라는 기호는 특유의 개별적·질료적 특성을 갖기 마련이다. 이 기호가 감각적으로 접근 가능한 것은 바로 이러한 특수성 때문이다. 그러나 그것이 이해되는 순간 이러한 특성을 넘어설 것이 요구된다. 즉 기호를 이해하는 데 있어서 질료적 특성은 인정됨과 동시에 극복되어야 한다. 이해를 위해서는 하나의 기호가 갖는 보편적 내용으로 이행해야 한다. 모든 이해는 그 자체로 고유하다. 따라서 이러한 이해들 사이에 다리가 놓여야 한다. 다만 칸트처럼 서로 다른 인식능력들이 상호작용한다 해서 합주가 이루어지는 것은 아니다. 헤겔의 입장을 유추해 보면 이해를 가능케 하는 합주는 정신적 인식능력 안에서 이루어진다.

2.2 예술적 이해와 비예술적 이해

무언가를 이해할 때 우리는 직·간접적으로 언제나 기호를 사용한다. 가령 우리에게 있어 예술이 어떤 가치를 갖는지에 대한 질문은 일상 언어의 기호로 구성된 질문이다. 이러한 기호들이 없다면 이에 대한 대답은 고사하고 결코 이런 질문의 존재 여부에 대해서조차 모를 것이며 예술에 관한 질문조차 던지지 못했을 것이다. 즉 이런 일상적 기호 혹은 학문적 기호로는 예술 이해에서의 합주가 이루어지지 않는다. 일상 인어의 기호에도 감각적 측면이 있지만 이것이 예술의 감각성과는 다르다. 헤겔은 예술의 특징을 바로 여기에서 발견한다. 그의 설명에 따르면 예술작품 또한 기호다. 물론 비예술적 기호와 마찬가지로 예술작품에도 감각적 측면과 정신적 측면이 결합되어 있지만, 여타 기호들과는 달리 예술작품들에서 양자의 합주가 갖는 비중은 크다. 예술작품은 기호이며, 이러한 기호를 이해하기 위해서는 예술 특유의 기호질료성에 대해 주목해야 한다.

예술을 기호로 보는 입장은 헤겔 이후에도 견지되었다.[7] 이 중요한 예술 규정에 대해 간략하게나마 숙지하고 넘어갈 필요가 있을 것이다. 다시 한 번 피카소의 「게르니카」를 생각해 보자. 이 그림은 특정 내용을 지닌 일종의 기호로 볼 수 있다. 이 그림이 미적으로 경험된다면, 이렇게 관찰되는 한에서 이것에 대한 지각은 곧 하나의 기호에 대한 지각이다. 그러나 이 기호의 내용은 (가령 "예술"이라는 기호에 대해 설명했던 바와 마찬가지로) 구체적인 기호질료를 도외시한 채 내용으로 이행해서는 획득될 수 없다. 「게르니카」를 아주 정확하게 주시했을 경우에만 그 내용에 대한 파악이 가능하다. 그 기호가 이해될 수 있으려면 이 그림을 구성하는 색채가 정확하게 어떠한 속성을 갖는지, 이 색채들이 서로 어떻게 조화를 이루는지, 그것들이 짙게 칠해졌는지 아니면 엷게 칠해져 있는지 등등이 이해되어야 한다. 이 작품은 일종의 기호로서의 기능을 수행하기 위해 세부요소들을 지닌 수많은 감각적 속성을 사용한다.

헤겔의 파악에 따르면 예술 이해는 예술작품이 현시하는 기호의 질료적 특수성과 긴밀히 결합된다. 예술작품에서 기호질료의 감각적 특수성과 이것의 매개를 통해 이해되는 정신적 측면은 서로 합주한다. 하지만 이러한 합주 자체가 예술의 본령일 수는 없다. (칸트가 예술을 일종의 "인식 일반"으로 보았다면) 헤겔은 예술이 기호적 이해 '일반'에 대한 반성의 차원에 머물러서는 안 된다고 본다. 헤겔에 따르면 예술작품은 모두 각기 특수한 이해와 결부된다. 「게르니카」는 서구 문명의 폭력성을, 즉 문명의 발전을 통해 오히려 문명 자체에 칼을 겨누는 형국을 나타낸다는 점을 다룬다. 여기에서는 서구인이라면 정확하게 경험할 수 있는 역사적 상황이 다루어진다. 피카소의 이 그림은 초시간적인 진리가 아니라 '서구'라는 하나의 특정 문화적 상황에 놓인 인간을 둘러싼 복잡한 역사적 상황에 대한 특정 경험을 주제화한다.

기호의 이미지가 지닌 구체적·질료적 얼개를 통해 비로소 현시가 이루어진다. 헤겔처럼 우리가 예술을 구체적인 내용에 대한 조망에 따라 나타난 합주로 이해한다 해도 다음과 같은 질문이 제기된다. 피카소의 그림과 결부된 이해는 여타 이해들과 어떻게 구분되는가? 이 그림이 말하고자 하는 바를 피카소는 논문까지는 아니더라도 글로 쓸 수 있었을까? 이런 문제에 대한 헤겔의 입장에서 우리는 두 가지 상반된 측면을 모두 읽어 낼 수 있다.

(1) 한편으로 보면 미적 기호(예술작품)는 정신적 이해가 이루어질 때 반드시 거쳐야 할 필수 경로이다. 이 경우 다음과 같은 논증이 가능하다. 미적 기호의 정신적 측면은 특수한 감각적·질료적 속성과 결부됨으로써만 존재한다. 이렇듯 특수한 방식으로 존재하는 까닭에 이를 구체적 기호라 부를 수 있다. 즉 미적 기호는 구체적 기호다. 기호사용자가 좀 더 추상적인 (즉 일상 언어의 기호처럼 정신성이 감각성으로부터 훨씬 자유로운) 기호로 나아

가기 전에 우선 구체적 기호를 접한다. 기호사용자가 자신이 말한 바를 추상적 기호를 통해 말하기 위해서는 우선 구체적 기호를 접한다. 그런데 '피카소가 「게르니카」를 통해 말하고자 했던 바를 전달하는 것만이 목적이었다면 굳이 구체적인 감각적·질료적 현실을 이용할 필요가 있었겠는가?'라는 생각이 들 수도 있다. 나중에는 추상적인 기호로 말할 수도 있을 것을 우선에는 예술작품이 현시하는 구체적 기호로 말했을 뿐이라는 생각과 함께 말이다. 이 생각이 맞다면 피카소의 작품은 더 이상 필요하지 않다. 이 경우 예술작품은 1차first 기호일 뿐이다.

(2) 그러나 예술에 좀 더 본질적인 역할이 부여될 수도 있다. 이 경우에는 미적 기호가 여타 기호들과는 완전히 다르다는 점을 전제한다. 즉 구체적 기호는 결코 추상적 기호로 이행하지 않는다는 것이다. 그렇게 볼 때 구체적 기호는 추상적 기호와는 다른 방식의 이해를 제공한다. 구체적 기호가 내포한 이해가 특수성을 갖는 까닭은 이 기호가 수반하는 감각적 강도 때문이다. 「게르니카」를 볼 때 우리는 다음과 같은 결론에 도달한다. 피카소는 자신이 그린 것을 글로 나타낼 수는 없었을 것이다. 왜냐하면 하나의 예술작품이 말하는 바를 글로 전하는 것은 절대로 불가능하기 때문이다. 따라서 피카소의 「게르니카」는 결코 다른 기호로 대체될 수 없다.

여기에서 섣부른 결론을 내리기보다 우선에는 미적 기호에 대한 헤겔의 규정을 통해 이 기호가 갖는 가치에 대한 두 가지 상반된 해석의 가능성을 확인하는 데에 만족하자. (1) 한편으로 미적 기호는 특정한 역사적 순간을 통해서 말할 수 있을 뿐 결코 추상적으로는 말할 수 없는 대상을 이해하기 위한 1차 기호다. (2) 다른 한편으로 예술작품은 구체적 기호로서 다른 기호들을 통해서는 말할 수 없는 것을 이해하게 해 준다. 그러나 이러한 문제와 무관하게 헤겔이 보기에 언제나 중요한 것은 예술작품이 감각적으로 특수하게 현실화된 이해라는 사실이다. 이러한 구체적 기호들의 특수한 감각적·질료적 속성은 이것들의 정신적 내용을 위해 필수적이다.

2.3 감각적 직관의 형식을 통한 자기소통

헤겔의 작업은 칸트의 규정을 재구성한 결과물이라고 볼 수 있다. 예술의 가치는 예술을 통해 우리의 인식능력들 및 이해에 대해 신뢰할 수 있게 된다는 점에 기인한다. 이 점에 관해서는 헤겔이 전적으로 칸트에게 동의한다. 하지만 예술이 우리의 이해를 확증해 줄 형식을 제공하였다는 것만으로 신뢰가 형성된다고 볼 수는 없다. 서두에서 밝힌 바와 같이 헤겔은 순전히 형식적인 확증으로는 그 어떤 이해도 불가능하다고 보았다. 그의 견해에 따르면 우리의 이해에 대한 신뢰가 생기기 위해서는 예술을 통해 구체적 이해들이 감각적으로 형성되어야 한다. 예술은 감각적 직관에 깃든 이해들을 제공한다.

헤겔의 입장을 따른다면 칸트의 규정은 다소 수정될 필요가 있다. 칸트의 예술 규정에서도 자기소통이 설명될 수 있다는 점을 헤겔 또한 인정한다. 다만 이러한 자기소통은 미적 형식을 통해 이루어지는 것이 아니다. 예술작품에서 이루어지는 형식과 내용의 결합을 통해서만 이러한 소통이 이루어진다. 예술작품을 통해서만 이루어지는 이러한 결합은 특별한 '기호사건'으로 보아야 한다. 예술작품은 구체적 기호이며, 이 기호가 지닌 감각적 세부요소들은 이 기호의 정신적 내용과 불가분의 연관 속에 있다. 이러한 구체적 기호가 있기 때문에 우리는 특수한 방식의 이해에 도달할 수 있다. 기호가 구체적이기 때문에 미적 이해 또한 구체적이다. 가령 고대 그리스인들은 신상을 통해 자신들의 세계 이해를 구체화했다. 질서, 존엄, 평정[7] 등과 같은 그들의 이해가 조형물을 통해 명시되었다. 이와 마찬가지로 「게르니카」를 통해서도 현대 세계에 대한 현대인들의 이해가, 즉 계몽된 인간들의 자기파괴 현상에 대한 이해를 안겨 준 경험들이 명시된다.

헤겔이 보기에 예술적 이해를 통한 자기소통은 근본적으로 역사·문화와 결합된 구체적 세계관에 대한 자기소통이다. 예술은 특별한 기호사건에 대한 경험을 가능케 하며 이 경험은 곧 예술작품을 통해 우리가 사는 이 시대에 대한 이해에 도달할 수 있다는 점에 대한 경험이다. 헤겔이 칸트와 차별화되는 지점이 바로 여기이다. 칸트가 보기에 예술의 자기소통은 순전히 형식적이다. 이러한 자기소통을 가능케 하는 형식이 만일 고대 그리스에 있었다면, 이 형식은 2,500년이 지난 오늘날에도 여전히 통용되어야 할 것이다. 그러나 헤겔은 그렇게 생각하지 않는다. 그가 보기에 예술의 미적 자기소통은 오직 내용과 형식의 긴밀한 결합을 통해서만 이루어질 수 있다. 양자의 긴밀한 결합을 통해서만 미적 자기소통에는 구체적으로 이해된 내용이 연결된다. 이해된 것, 그리고 이것의 감각적 형태가 긴밀히 결합됨으로써 모든 인식사건에 신뢰를 갖게 해 주는 작품이 고대에 하나 있었다고 하자. 그렇다고 해서 이 작품이 중세나 근대에도 그러한 경험을 가능케 해 줄 것이라고 말할 수는 없다. 그러니까 헤겔이 보기에 예술을 통해 이루어지는 자기소통은 근본적으로 역사적 지표를 갖는다. 이러한 자기소통은 작품이라는 하나의 형식을 통해 구체적 자기이해에 도달했

7 "질서Ordnung, 존엄Würde, 평정Gleichmut" 등은 미술비평가 빙켈만이 고전주의에 대해 말한 "고귀한 단순함edle Einfalt"과 "고요한 위대함stille Größe"을 연상케 한다.

기 때문에 가능하다. 하나의 작품은 하나의 역사적 순간을 통해 이해된 것들에 대해 말을 건네고 그럼으로써 자기소통을 이룬다. 이 순간이 아닌 다른 때라면 이 작품은 침묵한다.

예술 규정에 대한 칸트의 입장과 헤겔의 입장이 형식 개념과 내용 개념에 따라 구분되기 때문에 전자를 "형식미학"으로, 후자를 "내용미학"으로 부르곤 한다.[8] 그러나 이러한 개념화로 인해 자칫 양자가 근본적으로 상이한 준거점을 갖고 있는 듯이 잘못 생각할 수도 있다. 양자를 아우르는 공통분모가 있다는 점에 대해서는 이미 충분히 설명되었다고 본다. 그렇기 때문에 이제 칸트의 입장과 헤겔의 입장 차이를 또 다른 방식으로 규정하는 편이 나을 것 같다. 이를 위한 실마리는 추상적 형식과 구체적 이해들 간의 차이에서 발견된다. 미적 자기소통을 칸트는 이해의 형식에 대한 자기소통으로, 반면 헤겔은 이해된 것에 대한 자기소통으로 해석했다.

헤겔과 칸트의 입장 대립은 다른 지점에서도 발견된다. 헤겔의 견해에 따르면 자연에서는 예술이 이룩하는 성과를 기대할 수 없다. 미적 자기소통이 세계에 대한 구체적 이해와 연결되는 것이라면, 그러한 자기소통을 위해서는 인간의 산물이 필요하다. 더욱이 자연미는 세계에 대한 구체적 이해와 무관한 까닭에 이를 통해서는 미적 자기소통이 불가능하다. 헤겔은 예술이 갖는 가치가 자연미에 적용되지 않는다는 견해를 표방한다. 그렇기 때문에 예술의 가치에는 일종의 배타성이 생긴다. 헤겔이 보기에 이러한 배타성은 너무나 자명하다. 헤겔이라면 '자연을 통해 저러한 이해가 어떻게 가능할 것인가?'라고 반문할 것이다. 우리의 이해가 제대로 작동한다는 점에 대한 경험은 추상적 형식으로서가 아니라 바로 그 구체적인 작동과 결부된 형식을 통해서만 가능하다. (우리의 이해가 제대로 작동한다는 점에 대한) 미적 경험은 오직 기호를 통해서만 이루어진다. 오직 기호들을 접함으로써만 무언가에 대한 이해가 생겨나기 때문이다. 헤겔이 보기에 예술작품은 기호이며, 이것의 내용은 이것의 구체적인 감각적·질료적 현실과 밀접하게 연관되어 있다.

3. 아도르노: 예술은 동일성의 원리를 무너뜨린다

아도르노의 예술론은 미적 자기소통에서 무언가가 확증된다고 보는 관점에 대해 문제를 제기했다는 점에서 의의가 있다. 그가 보기에 예술은 감상자를 격앙케 하는 효과가 있다. 따라서 아도르노의 입장은 칸트 및 헤겔의 입장과 근본적으로 다르다. 칸트나 헤겔에게 미적 경험은 어쨌든 무언가를 확증하는 일이었다. 아도르노는 그러한 공감대란 없다고 선언한다. 예술에 대한 경험을 염두에 둘 때 아도르노의 주장에 수긍이 간다. 비단 현대만이 아니라 과거에도 예술은 감상자를 격앙케 하였다는 점은 주지의 사실이다. 조토Giotto의 프레스코화를 본 당대인들이 얼마나 당혹스러워 했을지는 충분히 짐작 가능하다. 오랜 시간 예술은 그처럼 풍부하고 다채롭게 인물을 구현하지 못하고 있었기 때문이다. 음악에서도 비슷한 양상이 나타났는데, 여러 성부가 서로 독립적인 형식을 갖추면서도 전체가 하나의 규칙 아래 진행되도록 한 것은 일종의 혁명이었다. 혁명이란 것이 이를 가능케 하는 여러 요소들이 이미 성숙했을 때 비로소 가능한 것이지만, 음악에서의 저러한 혁명은 조반니 피에르루이지 팔레스트리나Giovanni Pierluigi da Palestrina라는 사람의 주도하에 이루어졌다. 가톨릭개혁Counter-Reformation 시기에 다성 음악의 수호자로 추앙받았던 팔레스트리나에 의해 음악의 완성도가 혁명적으로 발전하게 되었던 것이다. 조토와 팔레스트리나는 동서고금의 수많은 조형예술가, 문학가, 작곡가 가운데 눈에 띄는 사례들일 뿐이다.

미적 경험에 대한 아도르노의 관점을 설명하기 위해 지극히 이례적인 미적 경험을 제공하는 작품 하나를 예로 들고자 한다. 어두운 방 안에 하나의 색면을 배치한 제임스 터렐James Turrel의 설치미술 작품 「슬로 디졸브Slow Dissolve」가 바로 그것이다. 방이 워낙 어두워서 방에 처음 발을 디딘 관람자가 단번에 무언가를 명확하게 분별할 수는 없다. 어둠에 적응하고 나서야 몇 미터 앞에 배치된 하나의 분홍빛 색면이 관람자의 눈에 들어온다. 이 색면은 빛이 완전히 균질하게 비추어진다는 특징을 갖는다. 관람자는 모노크롬 작품 앞에 서 있다고 여긴다. 관람자가 바라보는 색면의 모든 지점들은 모두 정확히 같은 톤의, 같은 방식의 빛이 비추어진다. 지극히 균질한 색에 대한 경험을 통해 무언가 자극을 받았다면 관람자는 이러한 균질함이 어떻게 실현된 것인지에 대해 묻지 않을 수 없다. 호기심을 자아내는 이 대상을 좀 더 자세히 바라보기 위해 관람자는 색면으로 다가간다. 하지만 그렇듯 방이 어둡기 때문에 이것이 어떻게 만들어진 것인지를 알아채지는 못할 것이다. 이는 매우 수고스러운 일이다. 눈에 보이는 것은 균질적인 핑크빛뿐이다. 이것이 어떻게 비춰지고 있는지 정확히 알기 어렵다. 이 그림의 정체를 파악하지 못한 채 호기심만 강해지면 관람자는 시각이 아닌 촉각에 기대려 할 수도 있다. 자신의 행동을 지켜보는 이가 없는지 잠깐 확인해 볼 것이다. 그런 다음에는 색면을 만져 보려고 조심스럽게 손을 뻗는다. 손을 갖다 대고는 이내 소스라치게 놀란다. 예상과 달리 그 어떤 저항도 느껴지지 않기 때문이다. 이리저리 손가락으로 찔러보아도 이 놀라움은 계속된다. 관람자는 이 색면이 스크린이 아닌 뚫린 벽에 배치되어 있다는 것을 깨닫는다. 뚫린 벽 뒤에 공간이 더 있었던 것이다. 이 공간은 교묘하게 마련된 광원을 통해 완전히 균질적으로 핑크빛을 띠고 있다. 이 공간의 뚫린 부분에 배치된 균질적 색면의 환영으로 인해 그런 효과가 나왔던 것이다. 따라서 관람자는 모노크롬을 감상한 것이 아니었다. 터렐의 작품은 도대체 무엇이, 그리고 어떻게 보이는지에 대한, 그리고 우리가 본다고 생각하는 것을 정말로 보고 있다고 생각할 수 있는지에 대한 의구심을 불러일으킨다.

아마도 아도르노가 이러한 사례들을 좋아했을 것 같지는 않다. 기술문명에 의존한 개념미술이 그에게는 마뜩잖았을 것이기 때문이다. 그렇지만 이러한 사례들은 왜 아도르노가 예술의 의미에 대한 질문에 칸트와 헤겔이 제공한 단서와는 완전히 다른 방식으로 답변을 찾고자 했는지를 잘 보여 준다. 아도르노의 답변은 예술 경험을 통해 격앙된 상태에서 문제를 제기하는 데에서 출발한다. 터렐의 작품이 그러하듯이 예술은 우리가 생각하는 것만큼 우리의 지각 및 이해가 잘 작동하지 않는다는 점을 보여 준다. 아도르노가 보기에 우리의 지각이 그러한 문제제기에 봉착하는 이유는 우리가 지각 및 이해를 이른바 '동일성identity'에 고착화하기 때문이다. 그에 따르면 지각 및 이해가 동일성의 원리, 즉 '하나의 사물은 언제나 동일한 것으로 다루어져야 한다'는 원리[8]에 따른다는 기본적인 한계를 갖는다. 이

8 아도르노는 전통 철학이 추구해 온 합리성 개념을 비판하는데, 이때 이른바 '동일성Identität의 원리'에 대한 비판이 동반된다. 형식논리적으로 말하면 동일성A=A은 모순율A≠-(-A)과 더불어 정합적이고 타당한 추론의 토대이지만, 아도르노는 실상 같지 않은 것을 같은 것으로 규정하는 입장이 지닌 문제점을 지적하면서 이런 입장을 동일성의 원리로 표현한다. 신분증을

런 얼개에 따른 인식 원리로 인해 우리는 사물의 비동일성에 대한 조망을 상실하고 말았다. 우리의 일상적인 지각 및 이해는 바로 이러한 한계를 갖는다. 그 어떤 동일성에든 거기에는 비동일성의 장력(II.3)이 감돈다. 동일성의 사유는 바로 이 점을 간과한다. 아도르노가 보기에 미적 경험이 의미가 있는 국면이 바로 여기이다. 미적 경험이란 사물들이 우리의 지각 및 이해의 범주 안으로 들어오지 않고 다른 태도를 취한다는 점에 대한 경험이다. 다만 이 점만을 염두에 둔다면 예술은 그저 부정적인 규정만을 갖게 된다. 그러나 아도르노는 예술을 유토피아라는 사건으로 파악함으로써 예술에 긍정적인 규정을 부여한다. 이러한 사건을 통해 일상 현실에서 간과되었던 비동일성이 제 자리를 돌려받는다. 이런 이해에 따른다면 미적 경험은 우리에게 더 나은 세계, 다른 얼개를 갖춘 세계에 대한 조망을 가능케 한다. 따라서 예술의 자기소통은 우리의 지각 및 이해의 방식에 대한 확증을 통해서라기보다는 오히려 격앙됨 혹은 문제제기를 통해 생긴다. 예술은 지각 및 이해의 한계 너머의 영역으로 시야를 넓혀 줌으로써 그러한 제약하에 있는 지각 및 이해의 지평을 우리에게 가리킨다. 이러한 예술 규정에 대해서도 좀 더 설명할 필요가 있다.

'identity card'라고 하는데, 이때 'identity'는 바로 한 개별자만의 고유한 '정체성'을 뜻한다. 아도르노가 미학의 과제를 이른바 '비동일자의 구제'라고 할 때에도 '비동일자', 즉 '같지 않은 것'은 협소한 합리성 개념을 통해서는 '정체가 확인되지 않는 것', 즉 개별 사물 본연의 면모를 나타낸다. '하나의 사물은 언제나 동일한 것으로 다루어져야 한다'는 원리는 언뜻 너무나 당연하고 또한 너무나 정당한 원리로 보인다. 하지만 이 원리는 어떤 사물을 (특히 근대 철학에서 부각된) 주관의 사유를 통해 구성된 질서에 따라 '규정'한 후 이러한 규정의 예외를 전혀 인정하지 않는 근거가 될 수도 있다. 이 책의 저자는 단지 그러한 원리만으로 사물 본연의 면모에 접근할 수는 없다는 아도르노의 주장에 주목하면서 아도르노의 예술 개념을 '동일성의 원리'에 머문 전통적 이해 방식에 대한 문제제기로 해석한다.

3.1 통상적 이해는 동일성의 원리에 따른다

우리가 합주라고 말할 때에는 대개 서로 다른 두 개의 사물이나 두 개의 관점이 합치하되 함께 유희하는 양자가 서로 대등한 지위를 점하는 상황을 염두에 둔다. 그런데 아도르노에 따르면 우리의 이해에 의해서 이루어지는 합주는 양자의 성격이 상쇄되고 중화되는 방식으로 이루어지지 않는다. 칸트와 헤겔과는 달리 아도르노는 합주를 통해 함께 유희하는 두 계기들이 대등하지 않다는 전제에서 출발한다. 이에 따라 아도르노는 합주에서 힘의 비대칭 현상이 나타난다고 본다. 그가 보기에 감각적 다양함과 정신적 보편성의 합주에 언제나 정신성이 우위를 점한다.

아도르노가 보기에 감각성(특수성)과 정신성(보편성)이 공동으로 유희하는 것만으로는 이해에 도달할 수 없다. 이해가 전개될 때마다 보편성의 정신적 측면이 우위를 점하기 때문이다. 이 점에서 아도르노는 니체의 말을 따르고 있는데, 니체에 따르면 인간의 이해는 "같지 않은 것을 같게 함"[9]이다. 감각적 다양함은 이해가 증진되는 만큼 점점 더 수세에 몰린다. 이해라는 틀에서는 감각적 특성은 정신적 보편성의 형식에 압도당한다. 이 점을 설명하기 위해 아도르노는 동일성과 비동일성이라는 개념을 사용한다. 그가 보기에 정신적 보편성은 동일성의 원리에 따라 구성된다. 정신적인 보편성은 사물을 동일화한다. 이러한 동일성의 원리에는 비동일자를 억압하는 경향이 있다. 그렇기 때문에 감각적 다양성은 이해라는 큰 기계의 톱니바퀴와 같은 것이 되고 만다. 이런 식의 이해에서는 사물에 깃든 비동일적 계기들이 점점 더 배후로 밀려난다. 하지만 이런 경향이 인식의 얼개에 걸맞다고 할 수는 없다. 차안의 감성이 지닌 비동일적 계기들이 없이 정신성만 견지된 이해는 사상누각일 뿐이다. 비동일적인 것을 억압할수록 이해의 존립은 위태로워진다.

아도르노가 보기에 통상적 이해의 합주에서는 부등함이 계속 증가하는 경향을 갖는다. 정신적 보편성 고유의 논리인 동일성의 원리가 지배하기 때문이다. 그로 인해 감각적 다양함을 외면하는 이해가 생겨날 위험이 있다. 하지만 감각적 다양함과의 접촉은 곧 세계에 대한 이해를 위해 반드시 필요하다.

3.2 예술의 부정성

아도르노에 따르면 통상적 이해는 동일성의 논리에 기반을 둔다. 이해하는 순간 동일성의 사유로 포착되지 않는, 사물 본연의 면모는 배후로 밀려난다. 부지불식간에 우리는 사물 본연의 비동일적 측면을 배제한다. 언어 형식을 갖추고 있든 아니든 일상적인 이해에서는 이러한 배제를 막을 길이 없다. 하지만 동일성과 비동일성이 합주하는 형식이 있는데, 이것이 바로 예술이다. 예술에 대한 이해에서는 비동일성의 논리가 중요해진다. 다만 예술의 형식은 부정성을 띤다. 이 형식은 통상적 이해 형식에 대해 문제제기를 한다. 정신적 보편성의 논리가 횡행하는 상황에서 비동일적인 이해 형식이 확보되기 위해서는 바로 이러한 논리를 타파해야 한다. 아도르노에 따르면 바로 이런 까닭에 예술은 정신적 보편성의 이해 형식들을 부정하는 방식으로 제 모습을 드러낸다.

아도르노에 따르면 예술은 무엇보다도 부정적 사건이다. 이런 입장을 "부정성negativity의 미학"이라 일컫는다. 예술에 대한 다수의 에세이를 비롯하여 바그너, 말러 및 베르크의 음악을 다룬 논문들, 그리고 『미학 이론』에 이르기까지 아도르노의 예술철학 작업은 예술이 지닌 부정성을 보여 주는 방향으로 진행되었다. 아도르노의 이런 경향은 헤겔의 주장에 대한 비판으로 볼 수 있다. 즉 아도르노가 보기에 예술은 저항적 형식이다. 예술을 이해의 형식으로 간주한다 해도 이때의 이해는 일상적 이해와는 전혀 다르다.

아도르노는 통상적 이해 형식들과의 단절에 예술의 남다름이 있다고 말한다. 우리가 기호를 이해한다고 할 때 이해의 대상이 무엇인지, 그리고 언어적 표현과 같은 대상을 이해한다는 것이 무엇을 의미하는지는 분명하다. 통상적 이해는 여러 자기이해들의 연결망을 통해 생겨난다. 예술작품들은 바로 이러한 자기이해를 거부한다. '내 안에 있는 것 가운데 무엇이 이해의 대상이고 무엇이 그렇지 않은 것인가?'라는 질문이 예술작품을 통해 던져진다. '내 안에서 무언가가 이해되었다는 말이 도대체 무슨 의미인가?'라는 질문도 가능하다. 한 편의 연극이라면, 이해의 대상이라는 게 등장인물의 행위일까, 아니면 그 인물의 작중 역할일까? 대사일까, 아니면 인물간의 구도일까? 예술작품들이 갖는 감각적·질료적 형태야말로 수용자에게는 수수께끼와 같다. 감각적·질료적 형태를 접하면서 이를 이해할 방도를 찾고자 분투하게 된다는 것, 이것이 바로 예술작품들을 접할 때 나타나는 특징이다. 그런 까닭에 아도르노는 예술의 "수수께끼와 같은 성격"에 대해 논한다.[10] 그가 파악한 바에 따르면 예술작품은 이해의 수수께끼이다. 한 작품의 감각적·질료적 형태가 이해되기를 기다리고 있다는 헤겔의 생각에 아도르노가 동의하고는 있지만, 그 경우에도 아도르노는 자신을 헤겔과 결부시키는 일에는 위험 요소가 다분하다고 생각한다. 이해한다 함은 작품 특유의 감각적·질료적 형태에 대해 거듭 새로이 질문을 던지는 일이라고 할 수 있다.

따라서 예술을 접할 때 우리의 이해는 근본적으로 불확실한 상태에 놓인다. 이런 불확실성에 도달하는 계기는 아도르노의 입장을 고려한다면 예술작품의 질료material와 구성construction 사이에 감도는 장력으로 설명될 수 있다.[11] 질료란 앞서 설명한 바와 같이 예술작품에서 감각적으로 접근 가능한 것들(색채, 말, 소리 등)을 뜻한다. 구성이란 질료의 설계, 조직, 배치 등을 뜻한다. 그림의 구성은 무엇보다 인물, 대상 및 시선의 배열을 통해 산출되는 도식과 순서를 통해 나타난다. 음악의 구성은 가령 테마를 다루는 일, 조화로운 연관을 산출하는 일 등을 통해 나타난다. 아도르노의 견해에 따르면 예술작품에서 질료와 구성은 상충한다. 질료를, 다시 말해 각기 다른 감각적 개별성을 따르는 수용자라면 구성에 대한 조망을 상실할 수도 있으며 또한 그 역도 가능하다. 예술과 결부된 이해의 불확실성은 특히나 더 질료와 구성의 대립에서 빚어진 일이다. 미적 경험에서는 이 두 계기 가운데 무엇을 준거점으로 삼을지의 여부가 항상 문제시된다.

아도르노에 따르면 예술작품을 통해 무엇보다 이해 형식에 대해 문제제기가 이루어진다. 작품을 통해 도달된 이해는 보통의 이해와는 완전히 다른 기능을 수행한다. 작품에 대한 이해는 결코 자연스럽게 도달된 이해가 아니다. 이 작품으로 인해 감상자는 격앙될 수밖에 없었다. 그러니까 우리는 예술작품을 접할 때 언제나 새롭고 다른 형식의 이해를 경험하게 됨으로써, 이해를 자명한 것으로 여기는 시각이 더 이상 관철될 수 없게 된다. 따라서 예술은 통상적 이해 방식에 부정적 태도를 취한다. 말하자면 예술에서 관건은 무언가를 이해했다는 데에 있지 않다는 것이다. 즉 예술을 접하면서 이해된 것들이 인간의 보편적 사안인지 아니면 역사적·문화적 사안인지는 문제가 아니다. 미적 경험에서 특수한 계기는 오히려 이 경험이 언제나 이해의 방식을 지향한다는 데에 있다.

아도르노가 보기에 예술의 부정성은 사회적 차원을 갖는다. 예술에서는 앞서 살펴본 바와 같이 여타 이해 형식들에 반하는, 비동일자의 논리가 작동한다. 그에 따르면 비동일자의 논리는 일상적인 논리에 익숙한 이들의 이해에도 반하는 것일 수밖에 없다. 이런 맥락에서 보면 예술은 사회 속에 있되 그 속에서 독자적 영역을 구축한다. 이와 관련해서 아도르노는 예술을 "사회에 대한 사회적 안티테제"[12]라고 말한다. 그가 보기에 현대 사회에서 예술은 사회와 격리되고 있으며, 그럼으로써 사회 속에 편입된 상태로부터 점차 벗어나고 있다. 현대 예술의 표현형식의 난해함과 예술 특유의 부정성은 동전의 양면과 같은 것이다. 즉 예술이 제도화되는 만큼 일상적 이해형식의 논리는 타파되겠지만, 예술이 이런 식으로 영향력을 행사하는 만큼 예술의 유토피아적 잠재력 또한 반감된다. 예술 이해를 통해 유토피아가 확장되는 만큼 사회 속에 이 유토피아가 구현될 가능성은 줄어든다는 역설이 발생한다.

3.3 문제제기로서의 자기소통

이렇게 보면 예술의 의미에 관한 아도르노의 대답은 분명 칸트 및 헤겔의 그것과는 다르다. 칸트와 헤겔은 세계 및 우리 자신에 대한 통상적 이해를 염두에 두면서 예술의 가치를 규정했다. 칸트는 물론 헤겔도 예술은 이러한 이해의 규정적 확증으로 이해했다. 반면 아도르노에게 예술은 그 어떤 확증도 일어나지 않는 사건이다. 그가 보기에 예술은 격앙, 충격, 남다름, 상궤일탈 등을 뜻한다. 우리의 통상적 이해방식의 논리를 타파한다는 데에 예술의 가치가 있다. 예술을 통해 우리는 비동일적인 것에서 출발하는 이해를 경험한다. 비록 이러한 경험이 우리의 통상적 이해방식을 무조건 변경하지는 않더라도 이런 이해방식의 한계를 가리킨다. 예술에 대한 경험을 통해 다른 방식으로 작동되는 이해도 있다는 점이, 이해라는 주제와 관련해서 동일성의 논리가 반드시 최종 심급인 것은 아니라는 점이 드러난다. 그런 식으로 미적 경험은 우리의 이해의 장 앞에 놓인 지평을 타파한다.

아도르노의 예술규정에 따를 때에도 예술은 자기이해의 한 형식이다. 다만 미적인 자기이해가 저렇듯 재구성됨으로써 기존 형식의 이해가 아니라 오히려 가능한, 더 나은 이해형식이 나타난다. 예술을 통해 우리는 행한 것이 아니라 행할 수 있을 만한 것의 얼개가 어떠한지를 경험한다. 예술을 통해 우리는 하나의 관점으로 이해된 세계를 접하는데, 이 안에서 우리는 대안적 삶을 살 수 있다. 바로 이런 경험을 통해 우리 자신에 대한 이해가 변경된다. 아도르노의 말을 빌리자면 이러한 경험은 이러한 자기이해를 통해 하나의 유토피아적 순간을 불러일으킨다. 이런 맥락에 따라 부정적으로 파악되는 미적 사건을 통해서도 자기소통이 이루어진다. 미적 경험은 다른 방식의 이해를, 그리고 다른 사람이 될 수 있는 관점을 열어 준다.

아도르노가 보기에 예술을 접함으로써 경험하게 되는 유토피아적 확장은 자연을 통해서도 경험될 수 있다. 그렇다고 해서 예술미와 자연미가 공통의 근거를 통해 파악될 수 있다는 칸트의 견해에 아도르노가 단순히 동조한 것은 아니다. 아도르노에 따르면 부정적 이해의 경험을 개진하기에는 예술이 안성맞춤이지만, 자연을 접하는 순간을 통해서도 이러한 경험이 이루어지곤 한다. 예술작품의 특징이라 할 질료와 구성의 대립이 자연에서도 나타나는 것은 아니고, 자연을 통해서는 질료 본연의 법칙성이 나타날 수 있다. 끊임없이 생성하고 소멸하는, 그렇게 순환하는 자연의 법칙은 우리가 지닌 이해의 논리에 굴복하지 않는다. 이러한 법칙에서 자연 질료는 우리가 장악하려는 대로 순순히 응하지 않는다. 그러니까 아도르노에 따르면 자연을 통해서도 이러한 비동일성을 경험할 수 있게 된다. 다만 이는 통상적 이해에 생채기를 내는 미적 형식이 획득된 경우에만 가능하다.

4. 하이데거: 예술은 우리의 이해를 확장한다

칸트, 헤겔 및 아도르노의 입장을 통해 예술 규정에 대한 두 가지 근본 관점들을 발견할 수 있다. 하나는 칸트와 헤겔이 서로 대립하면서도 큰 틀에서 양자가 공유하는 관점이다. 이 둘의 대립은 예술작품을 보편적 형식으로 볼 것인가, 아니면 문화적·역사적 연관을 지닌 구체적 형식으로 볼 것인가의 논쟁으로 집약된다. 칸트에게 예술이라는 자기소통은 이해형식에 대한 소통인 반면, 헤겔에게 그것은 이해된 것에 대한 소통이다. 또 다른 하나의 관점은 아도르노의 예술 개념에 대한 서술을 통해 가시화되었다. 칸트와 헤겔은 예술에서의 자기소통이란 일상적 이해에서 이루어지는 확증이라는 입장을 취하는 반면, 아도르노는 예술을 통해 문제제기가 이루어진다는 입장을 취한다.

우리는 이것들 가운데 하나를 무조건 선택해야 하는가? 이 두 선택지를 무조건 상호배타적인 것으로 볼 게 아니라 양자가 서로 의미 있게 연결할 수 있지 않을까? 즉 예술에 대한 상반된 두 관점을 아우를 방안과 근거를 찾을 수 있지 않을까? 이제 하이데거의 예술 규정을 살필 차례이다. 하이데거의 예술 개념은 저 두 가지 상반된 관점들의 공통분모를 제공한다. 칸트, 헤겔, 아도르노 등을 통해 예술 개념에 대한 담론이 시작되었다면, 하이데거가 이들 사이를 매개한다. 이로 인해 서술 순서가 실제 연대기와 맞지 않게 되었다. 하이데거의 예술론은 아도르노가 쓴 대부분의 글보다 시간상 먼저 작성(또는 출간)되긴 했지만, 하이데거의 「예술작품의 근원」으로 저들의 예술론을 매개함으로써 예술 담론이 더욱 풍성해질 것으로 본다.

예술 개념을 좀 더 정교하게 해 줄 범례적 작품을 하나 더 설명할 필요가 있겠다. 하이데거가 반 고흐의 그림 한 점을 통해 자신의 생각을 전개했다는 점은 이미 언급한 바 있다(I.4). 여기에서는 게오르크 뷔히너Georg Büchner의 단편소설 『렌츠*Lenz*』를 예로 들어 보겠다. 이 짧은 이야기는 야콥 미하일 라인홀트 렌츠라는 한 시인이 프리드리히 오베를린 목사의 관사에 체류하면서 겪은 이례적인 일들을 다룬다. 뷔히너는 이 시인이 겪는 정신착란 상황에 따라 일어나는 일들을 담담하게 보고한다. 뷔히너가 작중 상황과 거리를 둔 채 오베를린의 보고에 기대고 있다는 점을 고려하면 이러한 담담함이 그리 놀랍지는 않다. 뷔히너의 이 작품은 대부분의 일상과 너무나 동떨어진 현실을 다룬다. 이 이야기는 일상 세계에 대한 그 어떤 이해도 제공하지 않는다. 도리어 아도르노의 맥락에 따를 때 이는 세계관에 무언가 생채기를 낸 것으로 볼 수 있다. 주인공 렌츠가 처한 세계는 뷔히너의 말에 따르면 이 세계로 인해 "분열"된 세계이다. 그의 세계를 만들어 낸 지각들은 평범한 일상의 지각과 단절되어 있다. 그러므로 뷔히너의 작품에 서술된 이 주인공의 태도는 밑도 끝도 없다. 그럼에도 불구하고 주인공의 분열적 세계는 일상 세계를 되비쳐 준다. 이 이야기는 인간들 사이의 관계 및 소통, 자연에서의 삶, 삶을 이어 가려는 노력 등을 조명하고 있는 것이다. 이 분열된 세계는 평범한 삶에 문제를 제기하면서 이러한 삶이 얼마나 쉽사리 허물어질 수 있을 만큼 허약한지를 보여 준다. 통상적 이해의 측면에서 보기에 너무나 이례적인 삶으로 인해 독자가 격앙된다는 것 자체가 매우 생산적인 일이다. 이 작품을 읽음으로써 독자 자신의 세계가 변경되기 때문이다.

하이데거가 든 사례를 통해서도 우리는 예술 개념을 좀 더 정교하게 할 수 있을 것이다. 하이데거는 철학적 사유Denken와 시쓰기Dichten가 언어적으로 아주 유사하다는 점에 주목했다. 그런 맥락에서 그는 특히 자신의 후기 저작들에서 시인을 자주 언급하였다. 횔덜린, 슈테판 게오르게Stefan George, 게오르크 트라클George Trakl 등은 그에게 사표가 되는 인물이었다. 이들의 시가 지닌 탁월함은 무엇보다도 이것들을 통해 언어의 가능성이 확장되었다는 데에 있다. 이들의 작품을 통해 독일어의 쓰임새는 변경된다. 독일어의 이러한 변경이 독자들에게도 영향을 준다. 시 한 줄을 알게 됨으로써 시행이 비춰 준 바에 따라 세계가 다르게 보이기 시작한다. 이 구절을 읽은 이라면 그 누구도 자신이 경험한 것을 어구들 말고는 달리 표현할 길이 없을 것 같다는 생각이 든다. 이런 경험을 통해 이루어지는 확장은 부정적인 것이 아니다. 이 확장은 우리의 이해 형식들에 한계가 없다는 것을 가리켜 보여 주며 이 형식들에 새로운 가능성을 부여한다.

하이데거는 평범한 일상에 대한 예술의 문제제기를 긍정적인 것으로 파악한다. 그가 보기에 예술은 우리에게 세계를 좀 더 확장된 방식으로 볼 것을 가르쳐 준다는 점에서 가치가 있다. 미적 경험은 세계에 대한 우리의 이해가 어떠한지를 확증하면서 동시에 이러한 이해에 대해 문제제기하는 경험이다. 그런데 그가 보기에 예술을 통해 우리의 이해가 근본적으로 확장된다. 이러한 테제는 기존의 담론에서 매개의 역할을 담당한다.

4.1 진리사건으로서의 예술

하이데거는 예술의 가치를 나타내는 매우 인상적인 표현 하나를 생각해냈다. 그에 따르면 예술은 "진리의 작품 속 정립"⑬이다. 이 주장에는 두 가지 사상이 결합되어 있다. 그중 하나는 헤겔로 인해 이미 친숙한데, 이에 따르면 예술은 여러 이해 형식들 가운데 하나이다. 하이데거라면 '예술은 여러 진리사건들 가운데 하나이다'라고 말했을 것이다. 하이데거가 보기에 진리사건을 가능케 하는 방식은 여러 가지이며 예술도 그 가운데 하나이다. 이것은 이미 우리에게 친숙하다.

하이데거가 이 사상을 재구성하면서 여기에 독특한 개념이 추가되었고 이에 따라 그의 설명은 우리에게 매우 낯선 것이 되었다. 하이데거는 진리를 논할 때 이를 예술과 연관 짓는다. 철학자들은 언제나 진리에 대해 말해오면서도 그동안 이를 예술과 연관 지으려 하지 않았기 때문에 하이데거의 말이 낯설게 느껴질 수 있다. 전통 철학의 관점에 따르면 예술작품은 진리치를 지닌 대상이 아니다. 작품이 참인지 거짓인지의 여부를 명제화할 수 없기 때문이다. 하이데거의 이런 말투가 놀라운 것은 그가 예술작품들을 명제화하고자 했기 때문이 아니다. 그의 말투는 '우리가 보통의 방식으로는 알지 못하며 알 수도 없는 사물을 예술이 해명해 준다'라는 주장으로 읽힌다. 이 주장은 가령 평소에는 인지하지 못하는 세계 속에 우리가 처한 상황을 보여 준다. 이로써 예술은 우리에게 우리 자신에 대해, 그리고 세계에 대해 알려 준다. 하이데거에 따르면 예술은 바로 이런 맥락에서 진리사건으로 보아야 한다.

하이데거는 예술적 진리사건을 설명하기 위해 세계에 대한 일상적 익숙함을 늘추어낸다. 우리가 마주치는 이 세계는 다수의 사물들로 이루어져 있으며 이것들은 우리가 보기에 너무나 자명한 기능을 수행하고 있다. 가령 의자 덕분에 우리는 앉을 수 있으며, 냉장고 덕분에 우리는 음식을 보관할 수 있다. 하이데거가 보기에 이처럼 자명한 익숙함을 우리는 매일 경험한다. 그러나 통상적인 경험을 통해서는 경험할 수 없는 사실이 있는데, 그것은 세계란 무릇 우리에게 다가와 자명한 친숙함을 안기는 세계라는 사실이다. 이 사실을 설명하고자 하이데거는 "신뢰성Verlässlichkeit"[14]이라는 개념을 도입한다. 하이데거의 이해에 따르면 예술은 바로 이 점을 이해할 수 있게 해 준다. 우리가 속한 세계는 익숙한 여러 사물과 정황들로 이루어져 있으며 이 세계에 대해 우리가 근본적인 신뢰를 갖고 있다는 점을 예술은 우리에게 보여 준다. 우리가 어떤 식으로든 이 세계를 통해 우리 자신을 알 수 있게 된다는 것, 이것이 바로 예술을 접함으로써 우리가 얻게 된 이해이다. 이 세계가 우리의 신뢰에 부응하는 형태 및 구조를 획득함으로써 이 세계가 익숙한 것이 되었다는 점에 대한 우리의 이해도 예술 덕분이다. 그렇게 볼 때 예술은 우리가 세계를 이해할 기반을 제공한다. 예술이 없었다면 이러한 기반은 이해될 수도, 경험될 수 없었을 것이다. 하이데거는 예술적 이해를 통해 우리의 이해가 확장된다고 본다. 이런 확장을 통해 우리가 이해한 것들에 토대가 제공된다. 예술은 세계를 이해하려는 우리에게 바로 이러한 이해가 시작되는 지점들을 가리킨다. 이 지점들은 통상적 이해에서는 아무런 역할도 수행하지 못한다.

바로 이런 맥락에서 하이데거의 이러한 설명은 아도르노의 입장에 대한 일종의 반론으로 읽힐 수 있다. 하이데거는 미적 경험의 부정적인 면을 강조했던 아도르노의 입장에 반대한다. 물론 하이데거는 아도르노가 전면에 부각시킨 문제, 즉 동일성의 문제에 대해 수긍한다. 하이데거가 보기에도 우리의 일상적 이해에는 동일성의 논리가 각인되어 있다. 미적 경험이 동일성 논리의 이러한 과도함을 타파한다는 점은 하이데거도 동의하는 바일 것이다. 그런데 그가 보기에 이러한 타파 또한 기존 이해들과의 연관 속에서 이루어진다. 우리에게 미적으로 말을 건네는 시어詩語들을 통해 우리는 이 세계를 새로운 방식으로 바라보게 된다. 이 시어들은 기존의 이해를 바꾸어 놓을 수도 있다. 그러나 그렇지 않고 기존의 이해에 순응할 수도 있다. 즉 반드시 기존의 것을 부정하는 것은 아니다. 하이데거에 따르면 우리의 예술 이해는 일종의 긍정적인 확장일 수 있다.

4.2 확증과 문제제기를 매개하는 계기: 변경

예술과 관련한 우리의 담론은 예술의 가치규정에 대한 하이데거의 서술에서 결정적 국면에 돌입한다. 이 국면에서 관건은 상이한 대답들 간의 연관을 규명하는 일이다. 하이데거의 입장은 어떤 맥락에서 칸트, 헤겔 그리고 아도르노 간의 차이에 대한 중재안으로 읽힐 수 있는가?

하이데거의 입장을 유추해 보면 '통상적인 예술 이해를 확증할 것인가, 아니면 이에 대해 문제제기를 할 것인가?'라는 양자택일은 진정한 대안이 될 수 없다. 하이데거에 따르면 예술 이해는 여타 세계 이해와의 대결이며 예술을 통해 이러한 세계 이해를 다룰 때에만 비로소 저 대결이 성사된다. 예술작품은 우리와 연관된 것을 다루지만 예술작품이 통상적 이해와 대결할 때에만 비로소 이 작품에 대한 이해에 도달하는 것이다. 엄밀히 말한다면 예술 이해는 언제나 통상적 이해에 대한 문제제기라는 계기를 포함하며 이를 통해서만 예술 이해는 가능하다. 미적 이해를 통해 통상적 이해의 임계점이 밝혀지는 만큼 이러한 이해들의 입지가 확장된다.

하이데거에 의해 개진된 예술의 역할은 '세계의 개시'라는 개념에 집약되어 있다. 예술은 우리에게 다른 세계관들을 보여 준다. 예술은 우리에게 세계 속에 우리가 처한 상황을, 그리고 이 상황에 따라 우리 눈에 비치는 이 세계를 전혀 새로운 방식으로 바라보는 법을 가르쳐 준다. 예술이 세계를 확장된 방식으로 개시한다는 점, 바로 이 점으로 인해 예술은 가치를 갖는다. 미적으로 경험하는 자는 예술작품 혹은 미적 사안을 접함으로써 세계에 대한 시야가 확장되는 경험을 한다. 예술은 우리에 대한, 그리고 세계에 대한 다른 관점들을 열어 준다. 이러한 관점들을 바탕으로 하여 우리에 대한, 그리고 세계에 대한 관례적 · 일상적 이해를 반추해 본다. 미적 경험의 토대 위에서 우리는 우리 자신을, 그리고 우리가 살고 있는 이 세계를 새로운 방식으로 이해한다.

칸트, 헤겔 및 아도르노의 철학에 산재된 여러 관점들이 하이데거의 예술 개념에 의해 체계화된다. 아도르노는 미적 경험의 부정적 계기를 강조했지만 하이데거의 이해에 따르면 이런 계기를 통해 세계에 대한 이해가 확장된다. 미적 이해는 가변성을 갖고 있으며 바로 이런 점으로 인해 예술 이해의 확장이 이루어진다. 이해에 대한 문제제기 없이 확장은 불가능하다는 점이 여기에서도 확인된다. 실제로 하이데거는 예술 개념에 깃든 매개 역할에 주목하였다. 예술이 일상적 이해를 순전히 확증만 한다거나 혹은 이에 대해 순전히 문제제기만 한다고 생각해서는 안 된다. 예술을 통해 이해가 확장되기도 한다. 그러나 이는 단순히 예술이 기존의 이해에 무언가 다른 이해를 추가했다는 뜻이 아니다. 오히려 변경된 이해 형식을 통해 이해의 관점이 확장되었다는 것을 뜻한다.[15] 하이데거에 따르면 예술을 통한 이해의 이러한 확장은 우리가 갖는 이해를 근본적으로 변경한다는 것을 뜻한다.

더욱이 하이데거의 예술 개념은 다음과 같은 점을 보여 준다. 미적 이해는 통상적인 세계의 내용 및 일상적 이해 형식과 대면한다. 예술은 이러한 이해의 형식 및 내용에 대한 문제제기를 통해 자기이해에 도달한다. 이로 인해 이해는 또 다른 차원으로 진입한다. 새로운 차원의 예술 이해를 통해 우리에 대한, 그리고 우리가 세계 속에 처해 있는 상황에 대한 또 다른 관점들이 생겨난다. 어떤 예술 이해의 형식이든 이렇듯 새로운 차원으로 나아갈 여지가 있다. 이것이 바로 하이데거의 예술 개념이 갖는 특징이다. 아도르노의 용법을 빌리자면 모든 예술은 이해의 유토피아를 위한 계기가 될 수 있다. 예술에 이러한 계기가 없다면 예술을 통한 세계의 개시는 이루어지지 않는다.

예술의 특수성에 대한 물음이 하이데거에게도 제기될 법하다. 「예술작품의 근원」에서 그가 이러한 물음에 대해 아무런 입장 표명도 하지 않았기 때문이다. 그러나 그의 대답은 그럼에도 불구하고 분명하다. 명실상부한 미적 경험은 오직 예술작품들을 접함으로써만 가능하다. 예술은 세계가 개시되는 특별한 장소이다. 자연에 대한 그 어떤 경험도 예술을 통한 이해의 확장과 같은 것일 수는 없다. 이 점을 제외한 나머지 사안에 대해서는 하이데거가 헤겔의 입장을 따르고 있다. 즉 하이데거가 보기에도 예술은 이해가 생겨난 여러 경우 가운데 하나로 볼 수 있다. 이런 까닭에 예술기호에 대한 헤겔의 입장에 담긴 두 가지 상반된 측면(III.2.2)은 하이데거에게도 마찬가지로 발견된다. 한편으로 보면 예술작품에서 생겨나는 진리는 오직 예술작품에서만 생겨나며 그런 까닭에 특별하다. 다른 한편으로 보면 예술을 통해 도달되는 진리는 가령 언어적 표명과 같은 방식으로도 도달될 수 있다. 후자를 택한다면 오직 예술을 통해서만 진리가 제대로 구현되었던 특정 시대에서만 예술의 의의가 부각될지도 모르겠다.

5. 예술 규정

그러나 하이데거의 매개만으로 예술에 대한 담론이 완성되지는 않는다. 하이데거의 작업은 실제로 성과가 있었지만, 그렇다고 해서 이를 통해 칸트, 헤겔 및 아도르노의 관점에서 생각 가능한 모든 반론이 불식될 수는 없다. 그 가운데 특히 다음과 같은 두 개의 반론은 살펴볼 필요가 있다. 우선 아도르노의 입장에서 '예술작품에 대한 그 어떤 이해라 할지라도 그 이해에는 결국 생채기가 나고 말 터, 궁극적으로 예술작품에 대한 이해가 가능한 것이기는 할까?'라는 반론이 제기될 법하다. 두 번째로 "인식 일반"이라고 하는 칸트의 미적 경험론과 연관된다는 반론이 있다. 칸트가 말한 "인식 일반"이 특정한 내용에 대한 이해를 뜻하는 것이 아니라고 할 때, 칸트의 맥락에 따르면 (하지만 아도르노에 따를 때에도 마찬가지로) 다음과 같은 질문이 제기될 법하다. '지금까지 지나치게 이해의 측면만을 강조한 것은 아닐까? 이해보다는 경험을 통해 예술을 파악하는 것이 더 낫지 않을까?'

이것이 바로 예술을 일종의 자기소통 형식으로 규정할 때 나오게 되는 결론이다. 이러한 결론에 따르면 예술 규정은 상충하는 계기들을 그저 합산한 결과가 아니라 오히려 이 계기들 사이에 감도는 장력의 결과이다. 따라서 매개 역할을 성공적으로 수행하려면 하이데거가 했던 것처럼 단순히 양자를 아우르는 중심점 하나를 찾는 데에 머물러서는 안 되며, 오히려 예술규정을 이루는 상이한 계기들이 서로에게 미치는 장력에 주목해야 한다. 이런 맥락에 따라 이제 상이한 규정들 사이에 감도는 장력을 견지하는 매개 역할을 살펴보겠다.

5.1 예술의 규정에 감도는 장력

칸트, 헤겔, 아도르노 및 하이데거의 철학을 통해 나타난 규정들이 합주가 된다면 그 모습은 어떠할까? 이 합주를 설명하기 위해서는 앞서 언급한 사례들을 동원하는 것이 좋을 듯하다. 칸트를 다루면서 보편성(테마)과 특수한 다양성(변주)의 상호작용을 경험하게 해 주는 형식적 유희로서 바흐의 「골트베르크 변주곡」을 예로 들었다. 하지만 이 규정만으로 이 작품을 모조리 해명할 수 있는 것은 아니다. 바흐 음악의 특징인 다양한 형식적 변형을 단지 이러한 형식적 유희로만 접할 경우 저 특징이 포착되지 않으며 이러한 접근 틀에서는 매우 낯선 다양한 흐름이 나타날 것이다. 이러한 낯섦은 개별 음들의 진행이 작품의 틀과 완전히 무관한 듯 느껴지기 때문에 생긴다. 사실 각각의 음 하나하나도 그 자체로 이미 독립체 아니겠는가? 바흐의 음악도 일상 세계의 상황·순간을 제 나름의 방식대로 포착하여 우리로 하여금 세계의 구조를 통상적이지 않은 방식으로 바라보고 이에 대해 경험하도록 한다. 바흐의 음악을 듣는 우리에게 이제 일상은 전과 다르게 다가온다. 물론 음악을 통해 예술의 이런 측면을 기술하기란 특히나 어렵다. 인간에 대해, 그리고 세계에 대해 우리가 보고 말하는 바와 관련된 이해가 변경되는 정도가 문학이나 조형예술과는 다르기 때문이다. 그나마

음악에서 명징한 요소에 속하는 리듬은 우리로 하여금 규정된 특정 박자에 따라 무언가를 행하게 할 따름이다.

또 다른 사례인 피카소의 「게르니카」를 통해서도 예술 개념에 깃든 상이한 규정들의 합주가 확인된다. 헤겔을 다루면서 이 그림에 구체적인 문화적·역사적 이해가 결부되어 있다는 점이 강조된 바 있다. 하지만 미적 경험은 통상적 이해에 의해 도달되는 것 너머로 나아간다. 즉 미적 경험은 통상적으로 이해된 것들이 허물어지는 일에 대한 경험이기도 하다. 피카소의 작품에서도 이러한 미적 경험이 이루어진다. 「게르니카」에는 인물 및 여타 이미지들이 공동으로 유희할 여지가 있다. 이 그림의 짜임새에 대한 독해는 결코 완결된 것일 수 없다. 이 그림에 형상화된 것들을 완전히 파악하려는 시도는 결코 성공할 수 없다. 파악되지 않는, 즉 규정되어 있지 않은 계기들이 언제나 있기 마련이다. 피카소의 그림을 통해 이루어지는 미적 경험은 곧 그림의 색채성에 대한 경험이기도 할 것이다. 그림의 질료는 그림이라는 하나의 사건 속에 오롯이 통합되어 나타난다.

이런 사례들을 통해 미적 자기소통에서 이루어지는, 상이한 규정들의 합주를 어떻게 이해해야 하는지를 알 수 있다. 미적 경험에서는 확증, 비판 및 확장의 합주가 이루어진다. 그렇다고 해서 미적 경험을 통해 이 계기들이 단순히 산술적으로 합쳐지는 것은 아니다. 합주가 이루어짐으로써 그것들은 계기일 수 있다. 예술 경험을 통해 확보되는 자기이해는 문제제기 및 확장의 계기를 내포하고 있는 한에서 확증적이다. 확증하는 미적 경험에 대한 사례로서 그다지 특별할 것 없는 19세기 중반의 평범한 그림 하나를 생각해 보자. 공간을 미화하는 용도 면에서야 손색이 없을 그런 작품 따위가 미적 경험을 제공할 것이라는 생각을 하지 못할 수도 있다. 그러나 그렇듯 구색을 맞출 뿐인 것조차 이해에 대한 문제제기와 확장의 가능성도 담지하고 있다면(가령 칠해진 색이 너무나 강렬해서 바로 그 색 자체가 이목을 끈다면), 공간을 미화하는 용도의 평범한 그림조차 미적 경험의 경험이 될 수 있다.

미적 경험에서 확증, 문제제기 및 확장의 계기들 사이에는 장력이 감돈다. 예술작품들을 접함으로써 생기는 우리의 이해가 문제제기를 경험할 때 이는 확증하는 이해와는 대비된다. 그러니까 단지 확증의 동력으로만 기능하는 것은 아니다. 예술작품들을 접함으로써 확증하는 이해가 중단되는 경험을 한다. 이에 따라 예술에서 확증된 이해가 아닌 확장된 이해가 열리는데, 아마도 뷔히너의 『렌츠』가 그 사례가 될 것이다. 이런 맥락에서 보면 미적 자기이해를 이루는 상이한 계기들이 지닌 장력의 합주가 포착된다. 이러한 합주라고 한다면 이해의 확장이라는 계기가 좀 더 중립적으로 해석될 수 있다. 단지 문제제기가 되었다고 해서 이해가 확장되는 것은 아니다. 이를 통해서는 변경이 있을 뿐이다. 따라서 미적 경험에서 서로 자신의 장력을 행사하는 계기들로서 이해에 대한 확증, 문제제기 및 변경이 있다고 말하는 것이 더욱 정확할 것이다.

이 계기들 가운데 가장 중요한 것은 문제제기다. 이 점은 하이데거의 입장을 다루면서 이미 해명된 바 있다. 미적 이해를 통해 이해의 임계점이 드러난다. 통상적이지 않은 새로운 방식을 위해 단어, 색채, 소리 등이 동원된다. 예술작품들을 접함으로써 이루어지는 이해는 기존 방식에 의거하지 않는다. 이러한 이해는 감각적 질료에서 출발함으로써만 가능하다. 예술작품들에 대한 이해는 기존 방식에 따를 경우 쉽사리 허물어질 만큼 가변적[9]이다. 그렇게 됨으로써 예술을 통해 언제나 이해에 대해 문제가 제기된다. 이해된 것들을 확증하고 변경하는 일은 이해의 문제제기와 밀접한 연관을 갖는다. 여기에서 미적 자기소통의 세 가지 계기들은 각각 나름의 독자적인 차원을 보여 준다.

예술작품은 자기소통이라는 특별한 이해의 대상이다. 예술작품은 그 자체로 우리의 이해를 확증한다. 즉 세계 속에서 우리가 갖는 처지를, 세계에 대한 다양한 이해와 결부된 우리의 처지를 경험케 한다. 그러나 미적 경험은 동시에 다양한 방식으로 이러한 이해에 저항하며 이를 교란한다. 이렇듯 예술 경험을 통해 이해를 변경하는 차원이 확보될 수 있다. 이런 맥락에서 보면 예술은 세계의 '개시'가 아니라 세계의 '폐쇄'이다. 이해를 추구하는 우리는 예술이라는 자기소통 형식을 통해 아주 특별한 방식의 이해를 시도한다. 예술은 우리의 이해에 새로운 관점을 제공한다. 따라서 예술은 칸트와 아도르노가 강조했던 방식에 따른 이해형식들과, 그리고 헤겔과 하이데거가 주장했던 바와 같이 (세계, 낯선 것, 그리고 자아에 대해) 구체적으로 이해된 것들과 연관을 맺는다. 두 계기는 상호 불가분의 관계에 있다. 이해형식이 작동하지 않았다면 예술은 침묵한다. 그러니까 이해형식에 주목하지 않았다면 예술이 이해에 대한 우리의 관점을 전개하여 이상향을 전개할 가능성은 애초에 없었을 것이다. 저 두 측면은 미적 자기소통을 통해 결합된다. 즉 건네진 말을 통해 우리는 결국 우리 자신에 주목하며 우리 자신에 대한 이해에 도달한다.

예술을 자기소통이라고 말한다 해서 모든 미적 경험이 실상 모두 똑같다는 말을 하는 것은 아니다. 예술에서의 자기소통은 일종의 장력이 감도

---

9 92쪽 각주 19번 참조.

는 이해다. 따라서 예술작품을 접한다고 해서 이해가 무조건 생기는 것은 아니며, 미적 이해라는 사건은 어떻게 전개될지 알 수 없고 가변적이다. 미적 경험을 통해 이해된 것들은 문제제기, 확증 및 변경의 요소를 지닌다. 미적 자기소통은 이렇듯 복합적인 것으로 파악되어야 한다. 말하자면 결코 하나의 계기나 내용에 이를 가두어서는 안 된다.

지금까지 설명한 내용을 염두에 둔다면 지금까지 모색한 답변들이 왜 실패했는지 분명해진다. 예술은 결국 다른 것으로 대체되고 마는 "1차" 기호사건이 아니라 다른 기호들로 대체 불가능한, 고유한 형식의 "구체적" 기호를 지닌 사건이다. 미적 자기소통은 진정 고유한 방식의 이해사건이다. 감각적·질료적 계기들이 지닌 특수성은 미적 기호를 통해서만 나타나는 것이 아니다. 미적 이해에도 이러한 특수성이 나타나는데, 말하자면 이러한 이해는 하나의 독특한 복잡성을 나타낸다. 이러한 복잡성을 장력장이라는 개념으로 파악하고자 한다. 예술은 그 어떤 다른 기호들이 대신할 수 없는 고유한 기호사건으로 이해되어야 한다. 미적 기호는 "구체적" 기호로서 전적으로 고유한 기호사건의 일부이다. 물론 이러한 기호사건도 종말을 맞는다. 그러나 이 기호사건이 종말을 맞았다는 것은 이를 통한 미적 실행이 더 이상 인간의 자기소통을 수행하지 못한다는 것을 뜻한다. 그렇다고 하여 이 기호가 수행한 역할을 다른 기호가 대신해 줄 수는 없다.

5.2 예술과 예술들 간의 장력장

II장에서 예술들의 장력장을 다음과 같이 설명한 바 있다. 예술은 상이한 매체 및 절차의 결합을 통해 이루어진다. 매체 및 절차의 장력장 내에 놓임으로써 예술들 사이에 공통분모가 생기며, 이런 예술들이 있음으로 해서 '예술'이라는 하나의 규정을 확보할 수 있다. 예술에서는 말, 돌덩이, 몸과 같은 매체들이 물리적인 실제 연관은 아닐지라도 모종의 연관 속에 놓인다. 상이한 예술들은 미적 자기소통이라는 토대에서 서로 연관된다. 예술이 자기소통의 특수한 형식인 한에서 상이한 예술적 매체 및 절차는 상호 연관성을 갖는다.

지금까지 살펴본 바에 따르면 미적 자기소통이란 문제제기, 확증 및 변경이라는 세 계기들 사이의 장력이 감도는 사건이다. 이렇듯 장력이 감도는 미적 자기소통은 예술들의 장력장과 긴밀히 연관되어 있다. 상이한 미적 매체들이 대비를 이루는 합주를 통해서만 이해사건이 성립할 수 있으며 감각적·질료적 계기를 통해 특수한 방식의 이해가 된다. II장에서 논의한 바와 같이 감각적·질료적 계기들이 미적 이해에서 차지하는 특별한 위상은 상이한 매체들이 그 상이함 가운데 하나의 연관 속에 존립한다는 점을 통해서만 이해될 수 있다. 질료는 언어, 조성체계, 색상차와 같은 예술 매체들의 상이성을 통해 드러나며 하나의 특징을 갖는 방식으로 부각된다.

미적 자기소통에 감도는 장력은 미적 매체들의 감각적·질료적 계기들 때문이다. 채색, 선율, 신체적 표현 등과 같은 질료의 저항으로 인해 상이한 시각들 간에 장력이 감돈다. 질료의 저항은 우선 미적 자기소통의 특징이라 할 문제제기를 낳는다. 질료의 이러한 저항성에 입각해서 이해에 대한 확증 및 변경이 미적 자기소통을 통해 이루어진다. 상이한 예술 매체들은 미적 자기소통을 통해 이루어지는 확증, 문제제기 및 변경의 필수 요소이다.

미적 자기소통에 감도는 장력, 그리고 예술들의 장력장, 이 양자의 연관은 다음과 같은 방식으로 나타난다. 각각의 예술들은 제 나름의 방식으로 미적 자기소통의 계기들을 드러낸다. 미적 자기소통의 확증적 관점을 주로 보여 주는 예술, 혹은 예술적 매체 및 절차가 있다. 특정 관례에 따라 그려진 회화 혹은 문학의 형식이 바로 이런 방식의 것에 속한다. 반면 음악이나 발레는 오히려 변경의 계기들을 강조하는 것으로 분류될 수 있다. 서정시 혹은 매너리즘기 회화 형식들은 감상자를 격앙케 한 사례로 여겨지곤 한다. 미적 자기소통의 차원이 이렇듯 워낙 상이하기 때문에 이를 바탕으로 예술들을 분류할 수는 없다. 모든 예술작품들마다 미적 자기소통의 저 계기들이 비중이 각각 서로 상이하다.

요컨대 매체 및 절차 간의 장력장 내에서 예술이 전개되며 이러한 영역은 장력이 감도는 미적 자기소통의 차원과 연관된다. 그렇기 때문에 미적 자기소통의 특성에 대한 이런 설명을 통해 다음과 같은 주장이 확인된다. 예술은 오직 예술들의 장력장 속에서만 실현된다.

6. 예술이라는 자기소통사건에 감도는 장력

예술이란 인간이 자신의 역사적·문화적 현실에서 스스로를 감각적·구체적으로 이해하기 위한, 그 자체로 복잡성을 갖는 하나의 형식이다. 이러한 주장을 통해 예술의 가치를 철학적으로 해명하는 논의들에 내재한 공통분모를 발견할 수 있다. 지금까지의 논의들로부터 나온 이러한 공통분모를 토대로 하여 미적 자기소통에 관한 상이한 계기들이 한데 어우러질 수 있다. 따라서 예술의 가치는 미적 경험에 의한 자기소통인데 이는 장력이 감도는 가운데 문제제기를 하거나 확증하며 또한 변경한다.

예술은 인간이 세계와 자기 자신에 대해 갖는 이해에서 출발한다. 즉 예술은 이러한 이해들을 언표한다. 미적으로 말을 건네받은 수용자의 경험에는 미적 이해 특유의 장력이 감돈다. 예술작품이 반드시 이해를 매개한다든가 기존의 이해를 반영한다고 볼 수는 없다. 미적 이해사건은 오히려 이해의 형식 자체로 시선을 돌린다. 하나의 작품을 접함으로써 얻는 이해는 일종의 가변적 이해과정에 속한다. 복잡한 감각적·질료적 형태를 띤 예술작품은 이해에 대해 문제제기를 한다. 그렇지만 미적 이해는 이러한 문제제기에 머물지 않는다. 이해된 것들에 대한 확증과 변경이라는 의미까지 포함하기 때문이다. 문제제기, 확증, 그리고 변경이 미적 자기소통을 통해 긴밀히 연관된다. 이런 맥락에서 볼 때 예술 이해에는 장력이 감돌고 있다는 것을 알 수 있다.

I장에서 예술의 가치에 대해 간략히 언급을 했지만 그것만으로는 충분치 않다. 지금까지 우리는 예술작품 및 미적 사건들에서의 감각적·구체적 자기소통이 다양한 계기들을 품고 있다는 점을 살펴보았다. 그렇지만 이런 계기들이 미적 경험을 통해 정확히 어떻게 실현되는지에 대해 아직 언급하지 않았다. 예술의 가치를 실현하는 예술작품의 규정은 구체적으로 어떠한가? 장력이 감도는 자기이해에 도달케 하는 미적 경험은 어떤 특징을 갖고 있는가? 이 장에서 감각적·질료적 계기들이 미적 경험이라는 아주 특수한 방식을 통해 제 역할을 수행한다는 점을 살펴보았다. 그런데 이 계기들은 어떻게 출현하는가? 또한 이 계기들은 예술 이해와 어떠한 연관을 갖는가?

IV-VII장을 통해 이 문제들에 대해 답변하고자 한다. IV장부터 시작되는 이 책의 2부에는 '개별 작품들을 접할 때 예술의 가치가 어떻게 실현되는가?'라는 표제를 달 수 있을 것이다. 이제부터는 미적 경험이 어떻게 예술작품의 감각적·구체적 측면을 특수한 방식으로 접하는 복잡한 경험으로 파악될 수 있는지에 대해 설명될 것이다. 이런 맥락에서 이러한 숙고의 대상이 되는 예술작품을 좀 더 상세히 언급할 필요가 있다. 이를 위해 기존 예술론의 조감도는 과감히 포기한다. 이제 가장 중요한 논점은 '구체적인 감각적·질료적 자기소통인 예술에 대한 미적 경험은 무엇을 뜻하는가?'이다. 예술의 가치 실현을 충분히 파악할 수 있을 만큼 이에 대한 답변이 이루어지지는 않았다. 충실한 답변을 위해서는 가치의 구체적 실현이 가능한지, 이를 어떻게 이해해야 하는지 등에 관한 논쟁을 통해 제작자와 감상자가 수행하는 실천(VII장)에 대해 고찰할 필요가 있다.

미주

❶ Kant, *Kritik der Urteilskraft*, B 28. 이 책에서는 "미 분석"만을 다룬다. 즉 칸트의 상세한 예술론은 지면 관계상 생략한다.

❷ Kant, *Kritik der Urteilskraft*, B 61.

❸ Kant, *Kritik der Urteilskraft*, B 28.

❹ Kant, *Kritik der Urteilskraft*, B XL.

❺ Adorno, "Engagement", 424쪽.

❻ Hegel, *Vorlesungen über die Ästhetik I*, 151쪽.

❼ 이와 관련하여 특히 카시러와 굿맨의 주장들을 참조. Cassirer, *Philosophie der symbolischen Formen; Goodman, Sprachen der Kunst*.

❽ Adorno, *Ästhetische Theorie*, 18쪽.

❾ Nietzsche: "Ueber Wahrheit und Lüge im aussermoralischen Sinne", 880쪽.

❿ Adorno, *Ästhetische Theorie*, 188쪽 이하.

⓫ Adorno, *Philosophie der neuen Musik*.

⓬ Adorno, *Ästhetische Theorie*, 19쪽.

⑬ Heidegger, "Der Ursprung des Kunstwerks", 21쪽.

⑭ Heidegger, "Der Ursprung des Kunstwerks", 19쪽.

⑮ 이러한 확장의 관념은 이미 실러의 글에서 발견된다. Schiller, *Über die ästhetische Erziehung des Menschen in einer Reihe von Briefen*, 15-17번째 편지.

IV

기호와 경험

예술은 특수한 자기소통 형식이다. 이 점에서 예술은 우리에게 가치가 있다. 예술작품을 접함으로써 이루어지는 자기소통을 통해 우리는 세계에 대해, 그리고 우리 자신에 대해 스스로 이해한다. 미적 자기소통은 세계와 우리 자신을 지향한다. 그런데 세계와 우리 자신은 정반대편에 놓여 있다. 그런데도 두 방향으로의 소통이 동시에 가능할까? 예술의 시선은 세계를 향하는가, 아니면 우리 자신을 향하는가? 양자는 분명 정반대를 향한다. 그렇다면 미적 자기소통을 어떻게 이해해야 할까? 예술은 세계를 지향하는가, 아니면 '자기self'를 지향하는가? 예술작품의 최우선 과제는 무엇일까? 우리를 둘러싼 세계가 어떠한지에 대해 대답하는 일일까? 아니면 우리 자신에 대한 특수한 이해를 제공하기 위해 우리에게 말을 건네는 일일까? 하지만 양자 가운데 하나를 선택하는 단계에 머물러서는 안 된다. 우리에게는 제삼의 길이 있다. 이 길을 통해 우리는 세계와 '자기'가 예술 안에서 긴밀하게 연관될 가능성을 찾을 수 있다.

예술작품을 통한 미적 자기소통이 이루어질 때 언제나 부각되기 마련인 이러한 양극은 예술을 '현시[재현]representation'[1]로 볼 것인가, 아니면 '표현

1 38쪽 각주 8번 참조.

expression'으로 볼 것인가에 대한, 예술을 둘러싼 전형적인 논쟁에서도 등장한다. 예술을 이 둘 가운데 무엇으로 설명할지에 대한 논쟁은 곧 예술이라는 자기소통사건이 어떻게 작동하는지를 다루는 일이기도 하다. 이러한 자기소통사건은 무엇과 관련되어 있는가? 우리 '밖'의 현실(세계)인가, 아니면 우리 '안'의 현실(자기)인가? 예술이 현시로 파악된다는 것은 예술을 통해 외부 세계와의 소통을 시도한다는 뜻이다. 이와 반대로 예술이 표현으로 파악된다는 것은 미적 경험을 수행하는 자의 내부 세계에 대한 이해와 미적 자기소통이 연결되어 있다는 뜻이다.

미적 자기이해가 주로 세계를 향하는가, 아니면 '자기'를 향하는가의 문제를 다루기 위해 현시와 표현을 둘러싼 논쟁을 살펴볼 것이다. 예술이 세계를 향하는지, 아니면 '자기'를 향하는지를 해명하기 위해서는 현시와 표현의 관계보다는 기호symbol와 경험experience의 관계를 다루는 것이 더 효과적이다. 예술작품을 기호로 이해한다는 것은 예술을 통해 특정 내용에 대한 이해가 가능해진다는 뜻이다. 반면 예술작품이란 우리에게 특수한 방식의 경험을 가능케 하는 형식이라는 견해도 있다. 예술작품이 외부 현실과 연관을 맺는지, 아니면 내부 현실과 연관을 맺는지를 해명하는 데에 있어 기호와 경험이라는 개념이 훨씬 더 유용한 대안이 될 수 있다. 물론 기호와 경험을 궁극적 대안으로 보는 것은 아니다. 오히려 세계와 '자기'가 미적 자기소통을 통해 불가분의 연관을 갖는다는 점을 밝히는 것이 이 장의 목표이다.

혼동을 피하기 위해 설명을 하나 덧붙이겠다. 지금까지 미적 경험을 논의해 왔지만, 기호와 경험이라는 선택지들은 이제 처음 제기되었다. 지금까지 미적 경험은 예술을 접하는 경험 일체를 뜻하는 것이었던 반면, IV장에서 미적 경험을 말할 때의 경험은 기호에 대립되는 개념을 뜻한다.

1. 현시와 표현을 둘러싼 논쟁

서구의 사유가 시작될 때부터 예술은 현시로 이해되어 왔다. 서구의 예술론에서 시종일관 등장해 온 한 개념이 이러한 이해와 긴밀히 연결되어 있다. 불충분하나마 모방이라는 말로 옮겨지는 미메시스mimesis가 바로 그것이다. 서구인들의 사유를 창시한 고대 그리스의 위대한 두 철학자 플라톤Platon과 아리스토텔레스Aristoteles도 이 지점에서는 서로 의견이 같았다. 그들은 모두 예술을 모방, 즉 자연의 모방으로 보았다. 고대의 예술실천에 이러한 예술 규정이 뿌리내리고 있었다는 점은 유명한 화가들 간의 경쟁을 다룬 다음과 같은 이야기에 잘 나타나 있다. 이에 따르면 제욱시스Zeuxis는 포도를 너무나도 완벽하게 그려 내어 새들이 날아와 이를 쪼아 먹으려 할 정도였다. 제욱시스의 이러한 성취는 그의 경쟁자인 파라시오스Parrhasios가 더욱 분발하게 만들었다. 파라시오스는 마치 장막이 드리워져 있는 듯 보이는 그림을 그렸고, 이는 제욱시스의 착각을 유도하였다. 제욱시스가 장막을 걷어 내려 함으로써 승리는 파라시오스의 차지가 되었다.[1] 이 일화가 사실에 근거를 둔 것이라고 할 때 당시에 예술을 추구할 때 이를 자연의 모방으로 생각했다는 점은 분명하다.

표현 개념은 모방 개념보다 훨씬 늦게 생겨났다. 표현이라는 개념이 전개되기 위해서는 근대적 주관성subjectivity 개념이 필요했다. 주관성 개념이 생겨남으로써 비로소 예술에서 예술가가 차지하는 역할이 인정될 수 있었다. (가령 미켈란젤로처럼) 예술가가 존경을 받기 시작한 것은 르네상스 시대였으며, 괴테 시대 혹은 바그너 시대에 이르러 예술에서 예술가가 차지하는 위상은 확고해졌다. 이런 배경하에서 예술작품을 표현과 연관 짓는 생각이 싹틀 수 있었다. 예술가는 아주 특별한 경험을 한다. 예술작품을 통해 예술가는 이 경험을 전달한다. 예술작품의 표현은 예술가의 경험을 감상자들에게 전달한다.

1.1 현시: 재현론

15세기 회화에서 중앙원근법이 고안된 후 화가의 소임이 무엇인지에 대해서는 이론의 여지가 없어졌다. 화가는 인물과 대상을 보다 잘 현시하기 위해 이것들 사이의 공간적 관계를 그대로 옮길 수단을 찾고자 했는데 중앙원근법이 바로 그 수단이 되어 주었다. 이를 통해 눈앞의 사물을 보이는 그대로 현시하는 일이 가능해졌다. 보이는 것과 보이지 않는 것의 구별이 공간의 깊이라든가 복합적인 공간 배치를 통해 확연해졌기 때문이다.

예술을 모방으로 보는 관점을 재현론Representationalism이라 부를 수 있다. 이때 '재현'이라는 말은 라틴어 '레프라이센타티오repraesentatio'에서 유래했으며 '표상' 혹은 '현시'와도 관련된다.[2] 재현론에 따르면, 한 사물이 무엇인지를 알기 위해서는 그것이 다른 사물들에게 어떻게 표상되는가를 알아야 한다. 예술은 자연의 모방이고 그렇다면 예술작품은 자연의 모방물이다.

---

2 라틴어 'repraesentatio'는 표상으로도 번역 가능하다. 표상에 해당하는 독일어 'Vorstellung'은 '주관 앞에vor 서 있는stellen 것', 그리고 이에 해당하는 영어 'representation'은 '주관 밖의 것이 재현된 것, 즉 다시re 주관 속에 제시된[현시된present] 것'이라는 의미를 갖는다. '현시'에 대해서는 38쪽 각주 8번 참조.

재현론은 철학적 사유 자체만큼이나 오래되었다고 할 수 있다. 가령 프랑스 계몽주의자 샤를 바퇴Charles Batteux가 미적 재현론을 표방하였다는 점에는 의심의 여지가 없다. 그의 언급에서 다음과 같은 예술 개념이 발견된다. "회화, 조각, 무용 등은 각각 색, 형태, 동작 등으로 빚어진 아름다운 자연에 대한 모방으로 정의될 수 있다. 음악과 시도 각각 화음과 운율로 빚어진 아름다운 자연에 대한 모방이다."[2]

바퇴가 음악과 시조차 모방으로 이해하는 데에 주저함이 없었다는 점은 매우 놀랍다. 이것들까지 재현론 안에 포섭하는 일은 결코 순탄하게 이루어지지 않았다. 조형예술은 재현론과 잘 맞아떨어지지만 음악이나 문학이 자연을 모방한다는 말은 무슨 뜻일까? 모든 음악이 자연에서 나오는 화음으로 이루어졌다고 할 수는 없을 것이다. 문학을 보더라도 그것이 일상에서 사용되는 언어를 모방한다고 선뜻 말할 수는 없을 것이다. 음악과 시는 재현론을 확립하는 데에 있어 적지 않은 장애 요소이다. 하지만 미적 재현론이 지닌 효용 또한 적지 않다는 것을 우리는 직감한다. 그림을 접할 때 얼마나 제대로 모방되었는가에 따라 예술적 성취를 가늠하는 태도야말로 바로 이러한 전통적 예술 개념을 잘 나타낸다. 하지만 이러한 예술 개념에는 의외로 많은 문제가 내재되어 있다.

1.2 표현: 표현론

19세기 회화에서 새로운 발상이 나타났다. 한마디로 말해서 (더 이상 외부 현실이 아니라) 내면을 추구하는 회화가 창안된 것이다. 이러한 발상은 다음과 같은 슬로건으로 이해할 수 있다. 회화의 관건은 '무엇을 보았는가[알았는가]가 아니라 어떻게 보았는가[느꼈는가]'이다. 이러한 강령을 일반화하자면 예술을 표현으로 보는 경향이라고 할 수 있다. 이 강령은 20세기 초반의 각종 예술들을 통해 표현주의Expressionism라는 이름으로 절정에 이르렀다. 이 예술사조가 추구한 목표는 다음과 같다. 예술가는 오로지 자신의 내면만을 작품으로 표현해야 한다. 예술을 표현으로 보는 이러한 경향이 단지 표현주의라는 하나의 예술사조를 통해서만 구현된 것은 아니다. 이 경향은 표현주의 너머로 영향력을 행사했다. 예술을 표현으로 보는 근본 경향을 표현론Expressivism이라고 부르겠다.

표현론의 구상은 작가 레오 톨스토이Leo Tolstoi에 의해 오롯이 표명되었다. 그에 따르면 "자신의 감정을 다른 이에게 전달하려는 의도에서 그 감정을 새롭게 불러내어 일종의 외적 기호로 표현할 때 비로소 예술은 시작된다."[3] 이러한 입장은 표현론의 신조를 잘 나타낸다. 재현론과 달리 표현론은 명료하게 이해가능하지 않다. 감정을 예술작품의 원천으로 본다는 것이 정확히 무슨 말인지도 분명치 않다. 아마도 "감정feeling"이라는 말로는 그 의미를 모두 담아내기 어려워서일 것이다. 이 말을 우리는 미적 창조의 근간을 이루는 모든 것, 즉 예술가라는 한 주관이 갖는 감정, 인상, 체험 및 경험 등을 모두 아우르는 것으로 보아야 한다. 물론 이런 식으로 말한다 하여 상황이 나아지는 것은 아니다. 특정한 감정, 인상, 체험 및 경험이 어떻게 하나의 예술작품으로 변모한다는 말인가? 예술작품을 동원한다 한들 내면의 저 대단한 것들이 전달되겠는가? 이런 것을 목적으로 한다면 차라리 얼굴이나 몸짓을 통한 표현이, 혹은 그저 이야기로 전달하는 것이 더 낫지 않을까?

표현론에 관한 세세한 설명은 접어 두자. 이보다 더 중요한 것은 표현론을 통해 제기되는 다음과 같은 질문에 응답하는 일이다. 예술작품이 특정 감정을, 혹은 그 밖에 주관이 처한 각종 상태를 얼마나 제대로 드러낼 수 있는가? 분명한 사실은 그 어떤 예술로도 표현론이 표방하는 강령을 완전히 충족할 수는 없다는 점이다. 물론 음악은 이러한 강령과 유사점이 많다. 그러나 음악에서 표현이라고 말할 때조차 이 요소는 「베토벤 교향곡 △번」과 같은 하나의 작품 전체에서가 아니라 사랑의 기쁨 내지 슬픔을 담은 노래 한 소절을 통해 생기는 진솔한 감정에서 발견된다.

표현론을 설명할 때 발생하는 이러한 문제들은 일단 논외로 하더라도 예술가가 아주 특별한 감수성을 지닌 존재라는 인식만큼은 팽배하다. 이 감수성은 예술 창작을 위한 전제로 여겨진다. 예술가가 되기 위해서는 아주 특별한 영감이 있어야 한다는 통념이 지배적이다. 이 영감은 그들이 겪은 강렬한 경험에서 생길 수 있다. 아주 특별하고 강렬한 체험이 창작의 동기가 되었다는 예술가의 이력에 대해 들어 본 일이 있을 것이다. 페트라르카Petrarca, 브람스, 반 고흐와 같은 이들이야말로 자신의 삶을 통해 그렇듯 강렬한 감정을 갖게 된 예술가의 사표이다. 이러한 예술가상은 표현론에 입각해 있다. 이러한 예술가상이 여전히 팽배한 것을 염두에 둔다면 단지 이론적으로 명료하지 않다는 이유만으로 표현론을 내칠 수는 없을 것이다.

수용자의 입장에서 본다면 표현론은 더욱 더 설득력이 있다. 예술을 접할 때 이들에게는 아주 특별한 체험이 있게 되며 이에 따른 아주 특별한 감정이 생기곤 한다. 고야의 그림은 전율을 일으키며 케테 콜비츠Käthe Kollwitz의 작품에서 정신적 충격을 받는다. 모차르트의 「레퀴엠Requiem in D minor(K.626)」을 들으면 슬픔에 빠지며 표도르 도스토옙스키Fjodor Dostojewski의 『백치*Идио*』를 읽으면 절망에 빠진다. 예술작품이 수용자에게 이러한 체험과 감정을 가져다준다는 점은 누구도 부인할 수 없는 사실이다. 다만 예술가의 창작이 정말로 그 체험과 감정에서 비롯한 것인지, 이러한 체험과 감정에서 예술이 샘솟은 것인지 여부는 확실치 않다. 예술작품에서 이루어지는 경험 및 감정의 의사소통 과정 자체를 염두에 두지 않더라도 예술작품을 접할 때 생기는 아주 특별한 경험이 무엇인지에 대해 이해할 수 있게 될 것이다.

1.3 현시와 표현은 서로 대립하는 개념인가

예술을 현시로 볼 것인가, 아니면 표현으로 볼 것인가에 대한 논쟁을 재현론과 표현론의 대립 구도로 설명하였다. 예술사를 살펴보면 현시를 지향하는 예술사조와 표현을 창조의 정수로 보는 예술사조는 줄곧 경쟁해 왔다. 물론 재현론적 경향이 보다 더 빈번히 등장했고, 재현론이 표현론보다 이론적으로 보다 더 명료하다는 점은 사실이지만, 그렇다고 해서 저러한 상호 경쟁이 없었다고 할 수는 없다. 표현론적 예술 이해의 표징이 재현론적 예술 이해만큼 명료하지 않은 것은 사실이지만, 그렇다고 해서 예술에서 실제로 벌어지고 있는 양자의 갈등을 외면할 수는 없다. 따라서 이러한 갈등의 내막을 살펴볼 필요가 있다.

재현론과 표현론의 갈등은 무엇보다도 예술과 비예술 사이의 관계에 대한 입장차에 기인한다. 재현론에서는 예술을 통해 외부 현실을 적절히 반영하는 일이 관건이다. 이에 따르면 예술은 외부 현실의 좌표에 시선을 둔다. 반면 표현론에서 예술은 내부 현실의 좌표에서 발생하는 사건으로 간주된다. 이에 따르면 예술은 외부의 그 어떤 것에도 아랑곳 않는, 오롯이 자신의 형식으로만 이루어진 세계를 창조한다.

현시와 표현을 둘러싼 논쟁은 곧 미적 자기소통의 대상이 무엇인가에 대한 논쟁이라고 볼 수 있다. 예술이 현시라면, 자기소통은 외부 현실로 가는 길을 택한다. 반면 예술이 일종의 표현 형식이라면, 자기소통의 시선은 주관의 내면으로 향한다. 표현론에 따르면 내면의 감정 상태를 느끼는 주관이 이를 작품화한다.

현시와 표현이 이렇듯 완전히 서로 대립하는 것일까? 도대체 어디에서 이것들의 완전한 대립 관계가 발견되는가? 표현론에 따르면 내면의 감정 상태가 작품화되지만 이러한 감정 상태는 외부 세계와 언제나 연결되어 있는 것 아닐까? 기쁨이니 슬픔이니 하는 감정은 특정 인간이 특정한 세계에 있다거나, 특정한 일이 벌어졌다거나 하는 등의 외적 상황에서 생겨나는 것이 아닐까? 표현은 언제나 그것을 낳은 외부 세계와 연관되어 있다. 표현론에 따를 때에도 외부 세계의 형식 및 구조가 작품을 통해 현시될 필요가 있다. 이러한 형식 및 구조를 통해 주관의 특정 감정 상태가 현시되어야 한다. 따라서 표현론에 따른 예술 대상과 재현론적 예술 대상이 근본적으로 다르지는 않다.

이러한 주장에 맞서, 외부 현실로 가는 길을 택하지 않는, 오직 내면의 세계만을 표현하는 방식이 있다고 항변할 수도 있다. 폴록의 추상표현주의가 바로 이에 해당한다고 볼 수 있을 것이다. 하지만 내면의 세계 자체를 표현한다는 말은 무슨 뜻일까? 이를 통해 내면세계의 형식 및 구조가 드러난다는 말일 것임에 틀림없다. 기쁨은 그에 걸맞은 특정 형식 및 구조를 통해 드러난다. 슬픔, 혹은 그 밖의 내면세계에 순간적으로 깃드는 감정들도 마찬가지이다. 그런데 여기에서 말하는 형식 및 구조란 무엇을 뜻하는 것일까? 내면세계가 어떤 형식 및 구조를 나타낸다는 말이 정확히 무엇을 뜻하는지 알기는 어렵다. 우리는 오직 외부 세계의 형식 및 구조만을 알 수 있기 때문이다. 내부 세계에 대해 우리가 알 수 있는 것은 오직 그것이 특정한 형식 및 구조와 연결되어 있다는 정도이다. 기쁨이란 특정한 단계와 시각에 따른 감정이다. 이 감정은 특정 대상과 연결되어 있으며 일정한 흐름 속에 있다. 이런 견지에서 본다면 내부 세계는 외부 세계의 형식 및 구조를 통해 드러난다. 이 말은 곧 형식 및 구조를 나타내는 하나의 현실성에 대한 관념은 외부 세계와 연관될 수밖에 없다는 뜻이다. 그렇게 보면 재현론과 표현론의 차이는 분명하지 않다. 양자 모두 동일한 것을, 즉 외부 세계의 형식 및 구조를 대상으로 삼고 있기 때문이다.

재현론과 표현론에 대해 더 이상 상세히 설명하지는 않겠지만, 현시와 표현이 적절한 대안이 될 수 없다는 점은 분명해졌을 것이다. 언뜻 생각하기에 미적 자기소통에서 현시의 대상과 표현의 대상은 전혀 달라야 할 것 같지만 양자의 차이는 명확하지 않다. 예술작품이 하나의 대상을 다루는 한 어떤 식으로든 외부 세계의 형식 및 구조가 드러나기 마련이다. 현시와 표현은 결코 완전히 구별될 수 없는데도 이를 서로 완전히 다른 양극으로 보는 것은 불가능하다. 양자가 대립한다고 해서 이것들이 확연히 분리되는 것은 아니며 그럼에도 이를 완전히 구별되는 것으로 보는 입장은 예술 이해에 도움이 되지 않는다.

1.4 표제음악과 절대음악

미적 자기소통의 대상으로서 현시와 표현 가운데 하나를 선택하는 방식으로는 소기의 성과를 거둘 수 없다. 말하자면 미적 자기소통의 대상이 세계인지, 아니면 '자기'인지를 선택하는 방식의 이해로는 그다지 실익이 없다. 이러한 문제 설정은 예술에 대해 설명해 주는 바가 별로 없다. 예술이 현시인지 표현인지를 묻는 방식으로는 예술작품에 대한 이해가 제대로 이루어질 수 없다. 어떻게 보면 예술작품이란 그런 대상들과 무관한 것이라고 말할 수도 있다.

예술작품이 여하한 대상들과 무관하다는 주장이 구체적으로 뜻하는 바가 무엇일까? 표제음악programme music과 절대음악absolute music을 통해 이 문제를 살펴보자. 양자를 구분하는 일은 19세기 음악창작 및 음악이론에서 상당히 중요했다. 해돋이나 파도소리 등을 떠올리게 하는 표제음악은 가장 넓은 의미에서 현시하는 음악이라고 할 수 있다. 반면 절대음악은 측정할 수 있는 외부의 그 어떤 것과도 무관하다. 절대음악에서는 오직 음악의 형식 및 구조만이 전개될 뿐이며 그 내용 또한 음악이라는 매체에서만 가져올 뿐이다. 절대음악의 형식 및 구조는 외적이든 내적이든 그 어떤 현실도 지향하지 않으며, 차라리 예술가가 취하는 질료를 통해 전개되는 것이라고 말할 수 있다.

표제예술과 절대예술에 대한 논의를 통해 제대로 된 예술론이 전개될 수 있을 것이다. 절대예술이라는 기획은 예술과 관련한 기존의 기획에 반대한 19세기의 혁신적 시도들 가운데 정수로 여겨진다.[4] 예술작품의 내용은 오직 예술에서만 가져와야 한다는 것, 이것이 절대예술 기획의 본령이다. 형식 및 구조는 그때그때 예술가가 취한 매체, 가령 서양음악 특유의 조성체계와 같은 매체를 통해 산출된다. 예술가가 이렇듯 예술 외적인 내용으로부터 해방됨으로써 회화는 점차 추상화되었고 문학은 언어 형식들이 일상 현실로부터 독립성을 띠게 되었는데, 가령 파울 첼란Paul Celan이 구상한 시어들이 가장 전형적인 사례일 것이다.

놀랍게도 절대음악이 지닌 이런 특징은 바그너나 리하르트 슈트라우스

Richard Strauss의 표제예술에서도 발견된다. 바그너의 이른바 '라이트모티프 Leitmotiv'[3] 기법을 살펴보면 현시적 예술도 절대예술의 맥락 속에 놓을 여지가 있다는 점을 납득하게 된다. 바그너 음악의 형식 및 구조도 예술가가 취한 질료를 통해 전개된다. 즉 바그너 음악에서 현시의 계기는 형식 및 구조 자체에서가 아니라 음악이라는 매체를 통해 나온다. 이렇게 되면 표제예술이든 절대예술이든 그 내용은 오로지 예술매체를 통해 나온다는 말이 되기 때문에 양자의 구분은 사실상 사라진다.

절대예술 개념에 따른다면, 예술작품의 내용을 설명할 때 적어도 일차적 의미에서는 현실적 연관을 끌어들일 필요가 없게 된다. 물론 현실과의 연관을 고려해야 제대로 이해될 작품도 있다. 그렇지만 예술작품을 통해 구현된 내용이 그러한 연관만으로 설명되는 것도 아니다. 각각의 예술작품이 지닌 내용은 작품 특유의 방식으로 조직된 질료에 따라 나온다. 즉 예술작품의 내용은 해당 작품의 형식 및 구조의 차원에서 전개된다. 절대예술 구상을 통해 현시나 표현과 같은 선택지로는 결코 설명될 수 없는 예술 이해가 가능해진다. 절대예술 개념을 견지함으로써 '작품이 어떤 대상과 연관되는가?'와 같이 작품의 내용적 이해와 관련된 질문은 사라질 것이다.

이렇게 해서 미적 자기소통의 대상이 세계인지, 아니면 '자기'인지를 선택하는 방식의 이해가 불만족스러운 이유를 확인하였다. 이러한 선택지들은 실상 예술작품의 대상과는 무관하다. 미적 자기소통을 제대로 해명하기 위해서는 질문 방식을 다음과 같이 변경해야 한다. '어떻게 예술작품에

3 '유도동기'로 번역되기도 하는 이 말은 인물, 사물 및 사건의 특징이나 정황을 나타내기 위해 반복적으로 사용되는 특정 악구를 뜻한다.

접근하는가?' 이제 '기호'와 '경험'이 선택지로 제공된다.

2. 새로운 논점: 기호와 경험

어떤 논쟁이든 해결책은 쉽사리 찾을 수 없다. 그 까닭에 논쟁은 거듭된다. 이는 사유의 역사가 증명한다. 예술에서 현시와 표현을 둘러싼 논쟁 또한 오랜 시간 동안 되풀이되곤 했다. 이제 이 논쟁은 기호와 경험이라는 새로운 논점을 통해 되풀이된다. 이에 따라 새롭게 제기되는 질문은 다음과 같다. '예술작품은 기호인가, 아니면 그것이 하나의 경험을 매개하는가?' 여기에서 말하는 기호란 무엇보다도 예술작품에 접근할 때 제일 먼저 맞닥뜨리게 되는 외적 형태를 뜻한다(V.4). 반대로 예술작품이 하나의 미적 경험을 매개한다면, 이 경험은 바로 작품을 통해서만 가능한 경험이다.

새로운 논점을 언급한다 해서 현시와 표현이 예술철학적 의미가 사라졌다는 것은 아니다. 오히려 그 반대이다. 다만 예술철학이라는 무대에는 그 어떤 목소리라도 등장할 수 있다. 다만 우리의 시선은 기호와 경험을 향한다. 기호와 경험의 대비에 주목하는 입장이 기존의 예술철학에서 직접 발견되지는 않는다. 다만 예술을 제대로 숙고하기 위해 이 책에서 시도하는 방법이라고 보면 좋을 것이다. 예술을 기호로 볼 것인가 아니면 경험으로 볼 것인가에 대한 논쟁은 재현론과 표현론을 둘러싼 논쟁점을 좀 더 분명하게 보여 준다. 새로운 논점을 통해 우리는 미적 자기소통이 세계를 향하는지 아니면 우리 자신을 향하는지의 문제에 대해 좀 더 분명한 해법을 얻게 될 것이다.

기호로서의 예술과 경험으로서의 예술의 갈등은 헤겔 미학과 칸트 미학의 대결을 떠올리게 한다. 이미 설명한 바와 같이(III.1.2) 예술을 자기소통의 형식으로 보는 입장의 길잡이 역할을 한 헤겔과 칸트는 예술 규정과 관련하여 큰 틀에서는 의견을 같이했다. 그렇지만 '기호인가, 경험인가?'라는 문제에서 이들은 명백한 차이를 보인다. 헤겔이 예술작품을 기호로 이해해야 한다는 입장을 표명했음은 분명한 사실이다.❺ [4] 이미 여러 차례 살펴보았듯이(가령 II.2.1) 헤겔에게 예술작품은 이해되어야 할 대상이다. 이때 그 대상이 지닌 특정한 감각적·질료적 형태에 따라 이해의 내용이 결정된다. '기호인가, 경험인가?'라는 문제에 대해 칸트가 명확한 입장 표명을 하지는 않았지만, 미적 경험이 칸트 미학의 근간을 이루는 개념임을 입증하려는 시도가 최근 연구를 통해 소개되고 있다.❻ 미적 경험에 대한 칸트의 생각이 어떠한지는 다음과 같은 사실을 떠올려 보는 것만으로도 충분히 확인된다. 칸트가 보기에 미적인 것은 '인식능력들의 유희'인데 이러한 유희는 아름다운 형식을 접할 때 나타난다. 즉 예술에서, 혹은 자연의 아름다운 형식에서 바로 이러한 유희를 접하는 것이다. 이러한 유희를 접함으로써 하나의 미적 경험이 이루어진다. 따라서 예술작품에 접근하는 일이 곧

---

4 헤겔이 예술을 기호로 이해한다는 주장의 근거로서 저자는 주석에서 헤겔의 『미학 강의』 가운데 "상징적 예술형식"의 도입부를 가리키고 있다. "상징"은 예술의 태동기에 나타난 특징을 지칭하기 위해 헤겔이 든 개념이다. 그렇다면 역사적으로 특정 시기에만 해당하는 예술적 특징을 어떻게 예술 일반에 적용할 수 있는지가 문제가 된다. 『미학 강의』에 따르면 헤겔은 "상징"을 감각적 직관을 위한 "외적 형태", 즉 일종의 "기호"로 이해하고 있으며 예술에서의 상징 혹은 기호의 측면은 단지 "상징적 예술형식"에서만이 아니라 그 이후에 등장하는 예술형식들("고전적 예술형식"과 "낭만적 예술형식")에서도 발견된다고 말하고 있다. 아마도 저자는 이러한 맥락에서 헤겔이 미적 자기소통의 장으로서의 예술을 일종의 기호로 파악하고 있다는 해석을 시도하고 있는 것으로 보인다.

미적 경험이다.

예술철학에서 거듭 되풀이되는 논쟁은 '기호인가, 경험인가?'라는 문제와도 관련이 있으며, 기호론과 경험론의 개요를 각각 헤겔과 칸트의 예술철학을 통해 읽어 낼 수 있다. 현대 철학자 가운데 넬슨 굿맨은 헤겔과 마찬가지로 예술작품을 특정 종류의 기호로 파악하였고, 존 듀이John Dewey가 자신의 노년기 저작에서 개진한 예술개념에는 경험 개념이 잘 나타나 있다. 굿맨과 듀이의 입장을 통해 예술 철학에서 기호와 경험을 둘러싼 논쟁의 양상을 살펴볼 것이다. 이 논쟁이 재현론과 표현론을 둘러싼 논쟁까지 구체적으로 설명해 줄 수 있다는 점에 대해서도 납득할 수 있기를 기대한다.

2.1 굿맨: 무한히 해석 가능한 기호

우선 르네 마그리트René Magritte의 그림 한 점을 예로 들어 보자. 그의 작품들은 그림의 그림다움이 무엇인지를 물음으로써 회화 자체에 대해 숙고하게 만드는 것으로 유명하다. 그의 파이프 그림(「이미지의 배반La Trahison des images」)은 이미 무한히 복제되었다. 파이프를 현시한 이 그림은 가령 프랑스어 학습 교재에 파이프에 해당하는 프랑스어가 'pipe'라는 것을 가리킬 때 사용되기도 하는 까닭에 매우 친숙하다. 마그리트는 파이프 아래에 서명을 남겼는데, 그 내용은 당혹스럽게도 "이것은 파이프가 아니다Ceci n'est pas une pipe"였다.

우리의 고정관념에 혼란을 야기하는 이 상황을 어떻게 보아야 할까? 프랑스어를 배우는 학생들이 "파이프"라는 단어를 바라보면서 이 "파이프"가 잎담배를 채워 넣을 실제 대상이라고 여길 리 없다. 그렇다고 해서 그림다움에 대한 마그리트의 생각이란 게 그저 그림 안에 파이프가 없다는 정도

일 수도 없다. 그의 생각은 오히려 이미지가 갖는 특정한 기호상태를 향하고 있는 것 같다. 이 그림에서 발견되는 "파이프"라는 단어는 실제 파이프가 아니다. 마그리트는 이를 기호화한 것이며 그런 까닭에 우리는 이를 기호로 읽을 수 있게 되었다. 이 그림 안에 쓰인 문자들을 단지 잉크 얼룩으로 이루어진 이미지로 본다면, 마그리트의 생각을 따라갈 수 없다. 이것들은 읽혀야 한다. 읽혀야 한다는 이러한 요청은 단지 그림 하단부의 단어들에만 해당하는 것이 아니다. 문자가 아닌 것들 또한 읽혀야 한다. '이 그림은 실제 파이프와 무관하다'라는 진술에 부응하여 "그렇다. 당연히 그것은 일종의 기호이다. 마그리트의 이 그림은 그 자체로 일종의 기호이다"라고 말해야 한다.

마그리트의 논의에 대해 다음과 같은 질문이 생긴다. '예술작품 또한 일종의 기호라는 점에서 여타 기호들과 차이는 없는 것인가, 아니면 예술작품으로 현시된 기호와 여타 기호들 사이에 차이가 있는가?' 굿맨은 이러한 질문에 답하였다. 굿맨은 예술을 일반적인 기호론의 차원에서 다루고자 했다. 이를 통해 굿맨은 예술작품과 여타 기호들 간의 차이에 대해 해명하고 싶었다.

굿맨이 보기에 기호가 그 자체로 기호인 것은 아니다. 하나의 대상이 기호가 되려면 그것이 기호로 사용되어야 한다. 단어들은 읽히는 용도로 사용될 수도 있고 (가령 아랍풍 타일처럼) 공간을 장식하는 용도로 사용될 수도 있다. 굿맨이 보기에 하나의 기호는 그것이 어떻게 사용되는가에 따라 특정한 기호상태를 갖는다. 예술작품이라는 기호 또한 특정 용도에 따라 특정 기호상태를 갖는다. 예술작품은 예술작품 특유의 성격을 지닌 기호이다. 굿맨의 예술 기호론은 다음과 같이 정식화된다. "어떤 사물이 자신의 기호symbol기능을 통해 예술작품의 특징을 나타낸다면, 이 사물은 예술작품으로 기능한다."[7] 그의 이러한 주장은 철학적으로 좀 더 해명될 필요가 있다. 어떤 기호가 예술작품의 상태를 갖추려면 저러한 표지가 눈앞에 있어야 한다. 이러한 특징을 굿맨은 "미적인 것의 징후symptom"[8]라고 일컫는다. 이때 "징후"란 다음과 같은 뜻을 갖는다. 눈앞의 어떤 기호에서 이 표지를 목격했다고 하여 이 기호가 곧바로 예술작품은 아니다. 오직 그러한 징후만 있을 뿐이다. 다른 기호들에서도 예술의 특징을 갖는 표지가 사용될 수 있다. 게다가 예술작품이 눈앞에 있다 해서 예술작품의 상태에 놓인 기호가 지닌 특징들이 모조리 드러나는 것도 아니다.

굿맨의 문체는 지극히 무미건조하다. 그런 까닭에 굿맨의 개념에서 그만의 특징을 이끌어 내는 일은 만만치 않다. 헤겔의 예술개념(II.2.1)을 통해 어느 정도 친숙한 굿맨 미학의 골간은 다음과 같다.

(1) 예술기호가 지닌 형태에는 규정할 수 없을 만큼 다양한 측면들이 있는데 이 측면들에 따라 예술 특유의 내용이 깃든다. 바로 이 점에서 예술작품이라는 기호는 여타 기호들과 다르다. 여러 차례 언급한 이 주장이 굿맨에 의해 더욱 구체화된다. 가령 알브레히트 뒤러Albrecht Dürer의 동판화 「멜랑콜리아Melancholia」를 떠올려 보자.

이 작품은 일획이라도 변경된다면 현시되는 것의 의미가 변경되고 마는 기호이다. 바로 이 점에서 「멜랑콜리아」라는 기호는 사람을 기호화한 (가령 남자용 화장실과 여자용 화장실을 구분해 주는) 아이콘 같은 것과는 다르다.

(2) 예술작품은 가령 선 하나만 얇아져도 작품 전체가 변경된다는 특징을 갖는다. 바로 이 점에서 예술작품은 다이어그램과 차별화된다. 심전도를 기록하는 다이어그램은 X축과 Y축 사이에서 이동하는 선의 위치만이

멜랑콜리아 http://www.albrechtdurerblog.com/1442/

고려 대상이 된다. 선의 굵기가 변한다 해도 현시되는 것에 전혀 영향을 미치지 않는다. 심전도 계기판의 굵기가 변했다면 잉크가 다 소모되었기 때문이 아닐까 생각할 것이다. 반면 「멜랑콜리아」는 선의 굵기가 바뀌는 순간 현시되는 대상의 의미가 달라진다. 만약 「멜랑콜리아」가 지금의 모습과 달랐다면 우리는 그렇게 대상을 다르게 현시할 만한 이유가 뒤러에게 있었기 때문이라고 생각해야 한다. 예술작품이라는 기호를 바라볼 때에는 다이어그램과는 달리 세밀한 변화에도 민감해야 한다.

예술작품이라는 기호가 지닌 이러한 두 가지 측면은 매우 중요하다. 이를 한데 묶어서 말해 보자. (3) 기호로서의 예술작품은 이미 결정되어 있다.[5] 예술작품을 이루는 모든 세부요소들은 이미 특정한 규정을 지닌 채 확정되어 있다. 이것이 예술작품이 지닌 특징이다. 하나의 예술작품을 기호로 '읽는다'면 우리는 그 작품에 깃든 바로 그 규정에 접근한다. 이러한 규정이 확립되어 있다는 것은 그 작품의 여러 측면들이 작품 속에 서로 긴밀하게 구현되어 있다는 것을 뜻한다. 그림 한 점을 본다고 하자. 색이 캔버스에 적절히 배분되었는지의 여부는 물론 작품의 규모, 캔버스의 재질 및 그 밖의 모든 측면들도 미적 기호에서는 모두 중요하다. 예술작품은 기호이다. 그것도 이것의 감각적·질료적 얼개에 깃든 다양한 계기들 하나하

5 '이미 결정되어 있음'에 해당하는 독일어는 'definitive Bestimmtheit'이다. 이는 '최종적으로 결정된 규정성'을 뜻한다. 따라서 이 말은 예술작품이 일종의 기호라면 이것은 '이미 특정 규정을 지닌 외적 형태라는 규정을 갖는다'라는 뜻을 내포하고 있다. 하지만 저자는 예술기호의 규정이 특정한 방식으로 결정되어 있다고 해서 우리가 그 규정을 단번에 모두 파악할 수 있는 것은 아니라고 본다. 예술 이해는 근본적으로 통상적 이해의 한계를 드러낸다는 특징이 있으며 이러한 예술 이해 또한 끊임없는 '과정' 속에 놓일 뿐 결코 종결되지 않는다. 이 점에 대해서는 V장 이후에 자세히 언급된다.

나가 그것이 나타내고자 하는 바를 결정하는 중요한 요소로 작용하는 기호이다.

(4) 예술작품이 지닌 또 다른 특징으로 예술작품이 자기 자신을 가리킨다(V.2.3)는 점을 들 수 있다. 반 고흐의 채색 방식은 매우 인상적이다. 물론 그의 그림에 나타난 채색에 별다른 감흥을 얻지 못하는 이도 있을 것이다. 하지만 색의 깊이를 강하게 드러내는 붓터치가 인상적인 작품이 적지 않다. 반 고흐의 그림에서 질료성을 나타내는 이러한 형식은 매우 중요하다. 그림은 저마다 자신의 질료성을 드러내 보임으로써 자기 자신을 가리킨다. 색의 깊이를 반 고흐가 그려 내고자 한 풍경의 깊이와 같은 것으로 볼 수는 없다. 색의 깊이는 풍경이 현시되는 방식이다. 예술작품이 지닌 질료적 얼개가 부각될 때 그것은 다른 기호들과 차별화되는 의미를 갖는다.

(5) 예술작품은 일종의 기호인 한에서 다양한 의미와 연계된다는 특징도 갖는다. 신문 속 사진은 그저 어떤 풍경을 모사하고 있을 따름이다. 반면 반 고흐의 그림에 담긴 풍경은 가령 존 컨스터블John Constable이 그린 풍경과 비교될 수 있으며 그 밖의 정물화 및 여타 구상회화들이 떠오를 수도 있다.

굿맨은 이 마지막 특징에 대해서는 크게 주목하지 않았다. 앞서 설명한 네 가지 특징들을 종합하면 다음과 같다. 질료적 형상화에서는 작은 차이라도 매우 중요하다. 예술작품은 모두 '이미 결정되어 있다'. 기호가 실현되면서 나타나는 차이로 인해 기호의 의미가 변화하는데 이러한 변화는 바로 저러한 작은 차이들에서 시작된다. 예술작품에서 고려해야 할 측면으로서 색채의 배분 혹은 조성 및 화성의 진행뿐 아니라 더 나아가 음량, 악기의 음색 혹은 캔버스 표면의 성질과 같은 것들도 있다. 이러한 측면들로 인해 작품 고유의 얼개가 부각되는 작품이 적지 않다. 그 어떤 내용도

가리키지 않는 경우에도 의미를 띠는 작품들이 바로 그런 것들이다.

굿맨이 설명한 미적 징후는 예술작품이 어떻게 기호로 이해될 수 있는지를 잘 보여 준다. 예술작품을 형상화하는 계기 하나하나를 우리는 이해해야 한다. 예술기호는 바로 이런 과제를 우리에게 안긴다. 예술작품이라는 기호는 그 어떤 기호들보다 형상화 자체가 중요하다. 예술철학을 논하고 있는 이 책이 지금보다 훨씬 더 읽기 편한 활자체로 출간되었다 해서 그러한 활자가 예술철학적으로 무언가 특별한 의미를 갖게 되는 것은 아니다. 반면 마그리트의 그림과 같은 경우라면 글이 쓰인 방식에 따라, 그러니까 필기체인가 아니면 인쇄체인가, 파란 글씨인가 까만 글씨인가, 두꺼운 글씨인가 얇은 글씨인가 등의 여부에 따라 큰 차이가 생긴다. 예술작품을 기호로 이해할 때에만, 작품에 이미 결정되어 있는 특정한 질료적 형상화가 얼마나 적절한지의 여부를 파악할 수 있다. 예술작품이라는 기호는 여타 기호들처럼 쉽사리 변화를 줄 수 없다. 즉 작품마다 그 특유의 형태는 (가령 릴케의 시 「가을날Herbsttag」에 "집Haus"을 "주거용 건물Wohngebäude"이라고 바꿔 말할 수 없듯이) 이미 결정되어 있다.

예술작품을 기호로 이해할 때 부각되는 예술 특유의 얼개를 고려한다면 우리는 예술작품을 제대로 다룰 수 있게 될 것이다. 굿맨에 따르면 예술작품이라는 기호의 해석은 무한히 진행된다. 예술철학을 논하고 있는 이 책을 읽으려면 우리는 한 글자 한 글자 순서대로 나아가야 한다. 한 곳을 잘못 읽게 되면 오류가 인지될 것이고 적어도 그 문장이 시작되는 부분으로 다시 되돌아가야 한다. 그렇지만 이해한 글자 혹은 문장을 다시 한 번 읽는다 해서 앞서 읽었을 때와는 전혀 다른 의미를 기대할 수는 없다. 반면 예술작품은 쳐다보고 들어 보고 둘러볼 때마다 새로운 의미가 켜켜이 쌓여

간다. 짤막한 시 한 편이 특별히 복잡하게 구성되어 있지는 않겠지만 작품에 대한 이해는 결코 종결되는 법이 없다. 작은 지점 하나라도 붙잡고 궁리하는 일은 언제나 의미가 있다. 이렇게 볼 때 예술작품은 '무한히 해석 가능한' 기호이다.

2.2 듀이: 다른 경험들과 더불어 이루어지는 하나의 경험

하지만 그렇다고 해서 모든 예술이 그림다움의 문제를 그려낸 마그리트의 작품처럼 기호로 이해될 수는 없다. 작품 특유의 구조적 형상화에 주목하게 만드는 작품들도 있다. 슈만의 「심포니 에튀드 제13번Die Symphonischen Etüden für Klavier op.13」가 대표적이다. 슈만은 하나의 화음진행을 다양한 방식으로 변주하였으며 양손을 이용한 피아노 연주의 가능성을 극대화하여 세련되고 풍부한 유희를 창출하였다. 음악을 듣는 이는 격렬했다가 잦아드는, 장엄했다가 섬세해지는 음의 세계로 거듭 새롭게 옮겨 다니면서도 언제나 작품의 골자를 이루는 화음에 머문다. 화음을 바탕으로 다양한 요소들이 결합된 이 작품을 예전에 들어 본 적이 있는 이라 해도 예전의 경험은 지금의 경험에 큰 영향을 미치지 않는다. 피아노 건반 소리가 들리는 순간, 듣는 이에게는 또 하나의 새로운 세계가 열리기 때문이다. 이 세계는 듣는 이에게 친숙한 기존의 세계와는 전혀 다른 세계이다. 슈만의 이 작품을 접할 때 바로 미적 경험이 생긴다.

『경험으로서의 예술*Art as Experience*』이라는 저서에서 듀이는 예술을 경험으로 이해할 것을 제안한다. 듀이는 우리가 영위하는 삶을 정신적이면서 동시에 자연적인 생명체로 간주하면서 예술이 바로 이러한 삶을 구성하는 필수 요소라고 보았다. 정신적이면서 동시에 자연적인 생명체로 간주되는 경험은 우리를 둘러싼 세계를 구성하는 본질적 요소이다. 우리가 경험을 통해 우리의 세계와 교섭할 수 있으려면 경험은 살아 있는 것이어야 한다. 경험하는 우리의 삶은 다음과 같은 두 가지 위험에 노출되어 있다. 이미 익숙한 것들이 반복되다 보니 경험 자체에 둔감해질 위험이 그 첫 번째이고, 상호 무관한 것이 계속 변경되고 있을 뿐 그것들 간의 정합성이 포착되지 않을 위험이 그 두 번째이다. 엄밀히 말한다면 이런 경우에는 그 어떤 경험도 이루어지지 않는다. 듀이가 이해한 바에 따르면 우리가 경험하는 세계에서 경험들이 끊임없이 변경됨에도 불구하고 이러한 경험들을 일관성 있게 통합하는 하나의 연관이 이러한 경험계에 존재한다. 일련의 경험들이 서로 장력을 지닌 채 '하나'의 전체를 이룰 때 이 경험은 변경과 연관이라는 두 가지 조건을 모두 충족한다.

경험 개념을 이렇게 차별화할 때 비로소 예술의 성취에 대해 논의할 수 있다는 것이 듀이의 생각이다. 이러한 경험이 예술에서는 특수한 방식으로 완성됨으로써 특수한 방식으로 장력이 감도는 하나의 온전한 경험이 된다. 즉 통상적 경험의 지평이 고양됨으로써 미적 경험이 있게 되는데 이 경험은 완전체이자 통일체이다. 예술이 촉발하는 경험은 바로 이 점을 특수한 방식으로 명료하게 보여 준다. 그 어떤 경험에든 미적 계기는 들어 있다. 이 계기와 대립되는 것, 그러니까 미적이지 않은 것의 특징을 듀이는 다음과 같이 설명한다. "따라서 미적이지 않은 것은 두 경계선 내에 있다. 한 편에는 시작되는 점도, 종료된다는 의미에서의 끝나는 점도 없이 모인 것들이 있다. 다른 편에는 그저 기계적으로 연결되어 정체되고 위축된 것들이 있다."❾

미적인 것이 일상적 경험과 전혀 무관하다고 보는 예술론은 근본적으로 오류라고 듀이는 생각했다. 그가 보기에 미적 경험은 고립된 것이 아니다. 오히려 그것은 경험이라 불리는 모든 것들에 수반되는 특징들을 고양한다. 그렇기 때문에 그 어떤 경험이든 나름의 미적 차원을 지니고 있다. 경험이라는 형식을 통해 다양한 계기들이 하나의 종료 지점으로 수렴된다. 하나의 경험이 이루어질 때 다양한 계기들 사이에 장력이 감돈다. 엄밀한 의미의 미적 경험을 통해 바로 이러한 경험 형식이 부각된다. 듀이는 이를 경험 형식의 '순화'라고 말하기도 했다. 이에 따르면 예술에 대한 경험은 우리의 일상 경험들과 더불어 이루어지는 경험이다. 미적 경험을 통해 우리는 일상 경험들의 핵심 계기가 무엇인지 알게 된다.

이런 설명을 통해 듀이는 예술이라는 특별한 경험에 깃든 조건이 무엇인지를 해명한다. 예술은 (혹은 미적인 것은) 일상 경험과의 연속성 하에 있다는 점에서 일종의 경험이다. 이러한 연속성이 없다면 우리는 애초에 경험의 의미를 논의할 수조차 없었을 것이다. 미적 경험과 미적이지 않은 일상의 이러한 연속성이야말로 예술을 기호로 보는 입장과 차별화되는 지점이다. 이미 강조한 바와 같이 기호는 세계에 대해 철두철미 고유한 시각을 열어 준다. 반면 예술작품이 특별한 경험을 매개한다는 입장에 따른다면 이 경험이 통상적 경험과 연결되는 지점이 설명될 수 있다. 예술에서의 경험은 다음과 같은 점에서 남다르다. 일련의 경험들과 더불어 하나의 미적 경험이 이루어진다. 말하자면 예술을 통해 우리는 경험들의 형식을 경험한다. 경험을 이렇게 두 단계로 생각할 때, 미적 경험은 일상 경험과 구분되면서도 그것과 연속성을 갖게 된다.

2.3 기호와 경험을 둘러싼 논쟁

예술을 현시로 볼 것인가 아니면 표현으로 볼 것인가의 대립 구도를 기호와 경험의 대립 구도로 전환하였다. 기호는 예술의 세계 지향성을, 반면 경험은 예술의 '자기' 지향성을 설명해 준다. 기호가 예술의 세계 지향성으로 파악된다고 할 때 예술작품은 여타의 기호들과는 다른, 아주 특별한 종류의 방식에 따른 기호로 이해된다. 예술이라는 기호가 지닌 이런 맥락에 따라 무한히 해석 가능한 기호에 대한 굿맨의 논의를 언급한 바 있다. 굿맨의 입장에 따르면 기호를 접하면서 이루어지는 해석 작업을 통해 내용이 드러난다. 다만 이 내용이 전적으로 기호에서 비롯하는 것은 아니다. 세계를 가리킬 수 있는 기호만이 내용을 획득한다. 기호를 통해 얻게 되는 이해는 세계의 여러 측면들과 다종다양한 연관을 갖는다.

자기 지향성을 갖는 경험의 측면에 따른다면 예술작품은 일상 경험과의 관계 속에 놓인다. 듀이에 따르면 예술작품은 내용이 아니라 일상 경험의 형식과 연관된다. 그렇게 본다면 예술작품을 통해 우리가 접하는 것은 '어떻게 경험하는가?'이다. 바로 이 점이 예술의 '자기' 지향성을 설명해 준다. 예술을 경험으로 이해함으로써 우리는 예술을 통해 경험의 (주관적) 방식을 면밀히 살피게 된다.

기호와 경험 개념을 바탕으로 예술을 바라보는 관점의 대립을 설명하면 다음과 같다. 미적 자기소통이 세계를 지향하려면 기호의 얼개를 갖추어야 하며 자기를 지향하려면 경험의 형식에 대한 경험이 가능해야 한다. 세계 지향성과 자기 지향성의 이러한 대비는 예술을 접근하는 방식을 다변화해 준다. 예술작품을 접할 때 이를 기호로, 그것도 무한히 해석 가능하다는 특징을 갖는 기호로 이해되는 경우도 있고, 예술작품을 접할 때 일상 경험의 형식에 대한 경험이 가능하도록 해 주는 경험에 따라야 하는 경우도 있다. 예술작품을 기호로 여긴다면 이에 대한 접근은 객관적 차원에 따르는 것으로, 이를 일종의 경험사건으로 여긴다면 이에 대한 접근은 주관적 차원에 따르는 것으로 볼 수 있다.

3. 기호와 경험 사이

예술을 기호 혹은 경험이라고만 보는 방식은 설득력이 없다. 우선 예술작품을 접할 때 하나의 특별한 경험이 이루어진다는 설명은 납득할 만하다 해도, 예술 경험의 특별함은 단지 일상 경험에 비해 상대적으로 특별하다는 것이 아니다. 감상자가 예술작품을 접하면서 생겨나는 경험의 특별함은 개별 예술작품 및 미적 사건 특유의 형식 및 질료에서 나온다. 모든 미적 경험이 언제나 일상 경험과 연계된다는 식으로 이해해서는 안 된다. 예술작품을 이루는 형식과 질료에 대한 경험 그 이상도 그 이하도 아닌 것도 있기 때문이다.

예술작품을 무한히 해석 가능한 기호로 간주하는 관점 또한 여전히 불충분하다. 기호가 무한히 해석 가능하다는 것 자체가 이미 기호를 단지 기호로서만 이해할 수는 없다는 것을 뜻한다. 기호 이해는 일련의 과정process 이다. 하나의 기호가 객관적으로 나타내는 내용으로 이행하는 일보다는 표현된 기호 자체와 대면하는 경험이 더 의미가 있다. 미적 자기소통에서 객관적 계기와 주관적 계기는 이런 식으로 상호 긴밀히 결합된다. 다시 말해 하나의 예술작품이 객관적으로 제공하는 내용은 주관의 경험이 이루어지는 과정과 결부되어 있다. 미적 자기소통의 문제에서 세계와 자기는 결코 양자택일의 선택지가 될 수 없으며 양자는 상호 매개되지 않을 수 없다. 두 선택지들은 상호 매개되어 있으며 각각 상대방으로 이행한다. 예술작품이라는 기호는 근본적으로 경험과 긴밀히 결부되어 있다. 즉 예술작품이라는 기호가 경험과 전혀 무관하다고 생각해서는 안 된다. 우리가 일상적으로 접하는 기호들은 이에 대해 특별히 주의를 기울이지 않아도 별 문제 없이 이용 가능하다. 가령 대화할 때 언급된 단어나 신문에 실린 사진 자체에 대해 특별한 주의를 기울이거나 상대방이 언급한 그 단어의 의미가 무엇인지 분명히 확인하겠다고 이를 되묻는 경우는 많지 않다. 반면 예술작품이라는 기호는 오직 경험을 통해서만 접근 가능한 얼개를 갖추고 있다. 이런 기호를 무턱대고 그냥 사용할 수는 없다. 미적 기호를 접할 때에는 기호 밖의 의미를 추구할 것이 아니라 그 기호 자체에 머물러야 한다.

3.1 미적 기호는 경험된다

어떤 대상이 예술작품이 될 수 있는지 여부가 감상자에 달린 문제라고 생각하는 순간, 미적 기호가 지닌 경험의 차원이 어느 정도 설명되었다고 할 수 있다. 미적 기호에 대한 굿맨의 생각에도 그런 측면이 반영되어 있다. 미적 기호가 지닌 경험의 차원은 이른바 미적 태도aesthetic attitude라는 개념과 연관 지어 설명될 수 있다. 미적 태도란 하나의 대상을 예술작품으로 다루는 감상자 특유의 (듣거나 보는) 관점을 뜻한다. 미적 태도와 연관되는 굿맨의 입장이 바로 '미적인 것의 징후'라고 볼 수 있다. 작품에서 감상자가 미적 특수성을 포착하기 위해서는 미적 태도를 취해야만 한다. 만약 감상자가 (바쁜 일이 있다든가 아니면 다른 언짢은 일 때문에) 미적 태도를 취하지 않았다면, 제아무리 위대한 작품이라도 미적 기호로 이해될 리 없다.

예술작품에 몰두할 여력이 없는 감상자는 결코 미적인 이해(경험)에 도달할 수 없다. 그런데 미적 태도를 취하지 못하는 이유가 감상자에게만 달린 문제는 아니다. 즉 오직 주관의 경험상 생겨나는 문제 때문만은 아니다. 어떤 대상이 미적 태도를 양산할 만한 것이 아닌 것으로 비쳐지는 것도 미적 태도의 성립을 불가능하게 만드는 이유가 될 수 있다. 예를 들어 하나의 대상이 있다고 하자. 이 대상은 형식면에서든 질료면에서든 '이미 결정되어 있다.' 따라서 예술이라는 미적 기호는 최종적으로 결정된 나름의 규정성을 갖는다. 감상은 바로 이 규정을 관찰하는 것에서 시작한다. 아무리 짤막한 시 한 편을 두고도 이 작품의 규정에 대한 검토는 끝도 없이 진행될 수밖에 없다. 이러한 이해사건의 실험은 계속된다. 감상자에게 릴케의 시어 같은 것들이 바로 그러한 일들을 가능하게 한다. 릴케의 시어에 담긴 함축을 살피는 실험을 지속적으로 수행할 수밖에 없다. 이 작품의 언어는 무한히 해석 가능하기 때문이다. 독자는 릴케의 시를 미적으로 읽는 경험을 한다. 릴케의 글을 경험할 때 이것에 대해 감상자가 취하는 태도가 바로 미적 태도이다.

미적 기호가 지닌 경험의 차원을 좀 더 살펴보자. 하나의 예술작품을 접할 때, 이에 대한 미적 '독해'를 가능하게 해 주는 작품 특유의 규정만이 경험되는 것은 아니다. 사실 더 중요한 것은 바로 이 규정이 오직 이 작품에만 깃든 특유의 것이라는 점이다. 미적 매체 및 미적 절차에 입각한 작품의 형태 및 질료적 구조는 결코 다른 작품과 공유할 수 없는 고유한 것이다. 어떤 작품이는 그것의 매체는 고유하다. 이는 오직 예술기호만이 갖는 특징이다. 굿맨의 생각을 토대로 다음과 같이 말할 수 있을 것이다. 감상자는 자신이 접하는 예술작품의 언어를 알지 못하며 접하는 순간 비로소 작품 본연의 언어를 배워야만 한다.[10] 하나의 작품이 하나의 예술적 매체에 기반하여 자신만의 특수성을 지니는 까닭에 이에 대한 해독이 쉽사리 이루어질 수 없다. 예술이라는 기호는 일단 그것의 개별적인 면들이 지각된 후 비로소 해석이 될 수 있다.

이런 입장을 통해 다음과 같은 중요한 생각이 도출된다. 한 편의 예술작품을 기호로 간주하고 이를 접하는 순간 우리는 이 과정을 이 작품에 깃든 특유한 얼개에 대한 경험으로 여길 수밖에 없다. 기호로서의 예술작품에 경험의 계기가 피상적으로 덧붙여지는 것이 아니다. 경험의 계기는 기호로서의 작품에 깃든 특유한 얼개로 인해 생겨난다. 예술이라는 기호사건은 또한 경험사건이기도 하다. 마찬가지로 예술이라는 경험사건 또한 기호사건이기도 하다. 경험 개념에 이미 언제나 기호의 개념이 잠재해 있다는 점을 이제 살펴보자.

3.2 미적 경험은 기호사건이다

현대 예술 담론에서 미적 경험 개념이 다양하게 논의될 수 있었던 것은 누구보다도 아도르노 철학에 힘 입은 바 크다. III장에서 이미 살펴보았듯이 아도르노에 따르면 미적 경험은 '낯설어지는 경험'이다(III.3). 이를 다소 중립적으로 표현하면 '거리가 생기는 경험'이라고 말할 수 있다. 그런데 미적 경험에 '거리'라는 계기가 들어 있다는 것을 납득하려면 미적 경험에 기호가 연루되어 있다는 점을 염두에 두어야 한다. 미적 경험을 통해 기호는 다음과 같은 것으로 받아들여진다. 미적 경험을 할 때 기호가 성립하지 않는 경험을 하거나, 기호의 규정이 엄청나게 많고 복잡하다는 사실을 경험함으로써 예술작품은 일종의 과잉 규정된 기호로 이해된다(V.3.1). 즉 비적 경험에 연루되는 기호는 통상적 기호와는 다르다. 두 방식 모두 미적 경험은 가변적[6] 기호사건과 불가분의 연관을 맺고 있는 것으로 볼 수 있다.

예술작품의 경험은 대개 다음과 같은 식으로 일어난다. 각각의 예술작품이 지닌 (단어들의 연관이라든가, 선율 내지 리듬이라든가, 단독 조각상인가 군상인가 등과 같은) 구조를 좇아가면서 이 구조에 따라 작품을 읽고 보고 듣는다. 예술에 대한 경험은 바로 이렇게 출발하지만 이내 이런 방식의 경험이 좌절되고 만다.⓫ 예술에 대한 경험은 저러한 구조에 입각해 무언가를 이해하려는 시도이지만, 작품이 지닌 다른 계기 및 구조로 끝없이 이행하는 까닭에 저러한 시도 또한 끝없이 이어진다. 결국 이러한 시도가 더 이상 무언가를 이해하게 해 주지 못하는 계기 및 구조까지 이행하게 된다. 이 경험을 수행한 감상자는 이제 이것과는 다른 새로운 경험을 시작할 것이다. 말하자면 감상자는 지금까지와는 전혀 다른 구조를 좇아 그 구조에 따라 작품을 이해하려는 노력을 시작한다. 감상자에게는 이런 일들이 무한히 반복된다. 미적 경험은 이렇듯 기호형성이 실패하는 방식으로 진행된다. 거듭 새로이 시도되는 이해는 예술작품을 일종의 기호로 간주하려는 시도다. 이러한 시도들 모두 제 나름대로의 기준으로 작품을 특정한 하나의 기호로 간주하는 과정이라고 볼 수 있다. 작품이 일종의 기호로 간주될 때 비로소 기호를 형성하려는 각각의 시도가 좌절되는 경험을 한다. 미적 경험에서 대상과 거리가 생기는 현상은 바로 이러한 정황 때문에 생긴다.

---

6 92쪽 각주 19번 참조.

미적 경험이 성립하는 과정에서 이것이 일종의 기호사건이 되기도 한다는 점은 다음과 같은 식으로 다르게 해석될 수도 있다. 하나의 예술작품이 지닌 특정 구조에 대한 논의를 다시 한 번 해보자. 가령 한 편의 시가 있다고 해보자. 제아무리 작은 구조라도 헤아릴 수 없을 만큼 많은 계기들을 내포하고 있다. 단어들의 연관, 자음과 모음, 운율 형식 등과 같은 단어들의 개별 형태, 이 모든 것들이 주목할 만한 가치가 있는 것으로 경험될 수 있다. 아주 단순한 시 한 편조차도 감상자로서는 그것이 지닌 규정들을 모두 다 헤아릴 수 없을 정도이다. 그렇게 본다면 미적 경험이 이루어질 때 헤아릴 수 없을 만큼 많은 규정이 함께 등장한다는 것이야말로 미적 경험이 지닌 가장 큰 특징이라 할 수 있다.[12] 이 많은 규정들 가운데 그 무엇이든 선택 가능하다. 하지만 그 어떤 규정이라도 감상자가 그것만을 붙잡고 있을 수는 없다. 하나의 규정이 선택되고 이것이 다른 규정으로 바뀌는 일련의 사건은 계속된다. 그러니까 예술작품에 대한 경험은 무한히 이어지는 기호형성 과정이다. 하나의 미적 기호를 접하는 자는 일단 하나의 규정에 따르지만 이내 무수히 많은 규정들을 만나게 된다. 미적 기호에 대한 독해는 무한히 진행된다.

미적 경험의 과정이 기호와 결부되는 저 두 가지 방식은 결국 유사한 결과를 낳는다. 미적 경험에서 '거리'라는 계기가 발생하는 것은 기호형성이 좌절되었기 때문일 수도 있고 아니면 기호형성이 무한히 이루어졌기 때문일 수도 있다. 미적 기호사건이 좌절되었든 무한히 생겨났든 하나의 기호사건이 특유의 방식으로 미적 경험과 결부됨으로써 미적 경험에서 일종의 거리가 생겨난 것이라 할 수 있다. 미적 경험을 통해 경험의 형식이 다루어진다는 듀이의 말은 지금도 여전히 유효하다. 다만 이 경험이 미적 경험이 되기 위해서는 경험이 이루어지는 중에 여타의 경험과 일종의 거리가 유지되어야 한다. 경험 개념은 하나의 기호사건과 결부되기 마련이며 이렇게 됨으로써 미적 경험과 여타 경험의 단절이 생겨나는 것이다. 하나의 미적 경험이 이루어졌다는 것은 곧 우리의 일상 경험에서와는 다른 방식으로 하나의 기호사건이 이루어졌다는 뜻이다. 미적 경험을 기호 개념과 연관 지어 설명함으로써 우리는 미적 경험을 일종의 형식적 사건으로 이해할 수 있게 된다. 이는 특히 칸트적 전통에 따를 때 언제나 도달되는 이해방식이다. 형식적 사건으로 간주되는 미적 경험은 단순한 경험과는 다르다. 기호라는 계기와 이루는 장력(II.3)을 통해 비로소 이 경험은 미적 경험이라는 형식적 사건이 될 수 있다.

4. 예술 규정에 감도는 장력

따라서 예술작품에 대한 접근 역시 단일하게 규정될 수 없다. 기호의 차원과 경험의 차원이 언제나 함께 포함되어 있기 때문이다. 예술작품과 대면할 때에는 언제나 이 장력이 감돈다. 한편으로 보면 예술작품은 해석되어야 할 기호이다. 다른 한편으로 보면 예술작품은 경험과 결부되는데 이는 다름 아닌 바로 그 작품을 통해서만 얻을 수 있는 경험을 뜻한다. 예술작품을 접할 때 경험의 차원과 기호의 차원은 불가분의 연관을 갖는다. 기호로서의 예술작품 특유의 얼개에 대한 경험이 이루어질 때에만 비로소 그것이 기호로 받아들여질 수 있다. 예술에 대한 특유의 경험은 기호사건의 맥락에서만 이루어질 수 있다. 예술을 오직 기호로서만 생각하거나, 반대로 기호와 완전히 무관한 예술 경험을 시도하면, 두 예술의 진면목을 놓친다.

기호와 경험의 불가분적 연관이 해명됨으로써 이제 III장에서 설명된 예술 규정이 좀 더 분명해졌다. 이러한 연관을 통해 무엇보다도 다음과 같은 점이 명백해졌다. 예술에서의 이해사건은 장력이 감도는 사건이다. 예술작품이 기호가 되기 위해서는 경험과 결부되어야 한다. 이 말은 곧 예술을 통해 도달된 이해에 대해 언제나 문제 제기가 이루어진다는 뜻이다. 미적 이해에서는 언제나 도달된 예술 개념의 임계 상태를 접한다.[7]

미적 자기이해가 이루어질 때 세계와의 소통과 우리 자신과의 소통, 이 양자가 언제나 긴밀히 연결된다는 점이 이제 명백해졌다. 미적 자기소통이 지닌 객관적 측면과 이것이 지닌 주관적 측면은 불가분의 연관을 갖는다. 예술을 대면할 때 기호와 경험이 연관된다는 점을 납득한다면, 미적 자기소통의 객관적 측면과 주관적 측면의 연관이, 즉 예술작품이 지닌 객관적 차원으로서의 기호, 그리고 이것이 지닌 주관적 차원으로서의 경험, 이 양자의 연관이 분명해질 것이다. 따라서 이 장에서 살펴본 현시와 표현의 대립, 그리고 기호와 경험의 대립의 배후에 이런 연관이 놓여 있다는 점이 드러났다. 우리에게 주관적으로 말을 건네는 예술작품의 잠재력은 우리가 객관적으로 세계를 이해할 수 있도록 해 주는 면과 긴밀히 연결되어 있다.

미적 자기소통에서 주관적 지향과 객관적 지향이 서로 긴밀히 연결되기 때문에 세계에 대한 관점과 자기에 대한 관점은 서로 대립되지 않는다. 예

7 말하자면 예술을 기호로 보는 입장은 자신의 한계를 넘어 경험을, 반면 예술을 경험으로 보는 입장은 자신의 한계를 넘어 기호를 소환한다.

술에서의 이해는 순전히 주관적인 사건일 수도, 순전히 객관적인 사건일 수도 없다. 예술작품을 통해 우리는 단지 경험 형식하고만 소통하는 것도, 역사적·문화적 상황에 따른 구체적 내용하고만 소통하는 것도 아니다. 예술작품을 접할 때는 저 두 가지 계기가 함께 작동한다. 다시 말해 경험의 주관적 형식은 객관적 내용과 더불어 비로소 경험 가능하다. 철두철미 경험 지향적인 (가령 추상표현주의와 같은) 예술이라 해도 이것이 지닌 주관적 차원은 그것이 지닌 객관적 차원과의 연관 하에서만 발현된다. 이런 예술의 주관적 측면은 어떻게든 그것이 객관적으로 드러났을 때 비로소 전달될 수 있다.

예술이 자기소통으로서의 기능을 어떻게 발휘하는지에 대해 이제 우리는 알 수 있게 되었다. 말하자면 예술은 세계와의 소통이자 동시에 자기와의 소통이다. 이미 강조한 바와 같이 예술에서 이루어지는 자기소통은 일종의 장력이 감도는 사건이며 이를 통해 기호를 매개로 하는 이해, 그리고 경험이 발현되는 형식, 이 두 계기가 상호작용한다. 기호와 경험이라는 개념 없이는 예술에서 이루어지는 자기소통을 적절히 설명할 수 없다. 두 개념은 결코 길항 관계에 있지 않으며 예술을 접할 때 불가분의 연관을 갖는 양축으로 보아야 한다. 앞에서 잠깐 언급한 바와 같이 이 장에서는 미적 경험을 기호와 대립하는 측면에 한정해서 살펴보았지만, 원래 미적 경험은 이런 측면에 한정되는 것은 아니다. 다음 장부터는 미적 경험의 의미를 원래대로 좀 더 넓게 해석할 것이다.

기호와 경험의 불가분성을 통해 미적 자기소통이 지닌 의의가 좀 더 분명해진다. 다만 아직 개별 작품마다 지닌 특유의 기호성이 제대로 설명되지는 않았다. 기호, 그러니까 개별 작품 특유의 형태와 질료는 실제 어떤 면모를 지니고 있을까? 이러한 형태와 질료로 인해 이해의 경험이 있게 되고 이로써 확증, 문제제기, 변경이라는 계기들의 장력이 발생한다는 것을 어떻게 해석해야 할까? 이제부터는 미적 자기소통의 중요한 축으로서 예술작품이 지닌 감각적·질료적 측면을 집중적으로 살펴볼 것이다. 이를 통해 예술작품을 대면하는 일은 무엇보다도 작품이 지닌 감각적 측면들 하나하나를 통합하려는 지속적 노력이라는 점이 설명될 것이다. 이러한 노력을 통해 한편으로는 구조가 형성되지만 다른 한편으로는 반대로 이 구조에서 작품의 질료적 계기 및 절차적 계기가 분리된다. 이로써 '이해됨'과 '이해로부터 멀어짐'이라는 상반된 양극성이 나타난다. 이 양극성에 대한 고찰을 통해 기호와 경험의 불가분성이, 그리고 미적 자기소통의 장력장이 해명될 것이다.

미주

❶ Plinius, *Naturkunde. Buch XXXV*, 55쪽.
❷ Charles Batteux, *Les beaux arts réduits à un seul principe*, 14쪽.
❸ Tolstoi, *Was ist Kunst?*, 73쪽.
❹ Belting, *Das unsichtbare Meisterwerk*.
❺ Hegel, *Vorlesungen über die Ästhetik I*, 393쪽 이하.
❻ 이에 대해서는 다음을 참조. Kern, *Schöne Lust*.
❼ Goodman, *Weisen der Welterzeugung*, 88쪽.
❽ Goodman, *Sprachen der Kunst*, 232쪽 이하.
❾ Dewey, *Kunst als Erfahrung*, 52쪽 이하.
❿ 이러한 입장에 대해서는 V.1.1에서 "개인어"라는 움베르트 에코Umberto Eco의 개념을 통해 설명할 것이다. 이탈리아 기호학자 에코의 이론에 대한 자세한 설명으로는 다음 글을 참조. Eco, *Einführung in die Semiotik*, 145-167쪽.
⓫ Menke, *Die Souveränität der Kunst*, 65쪽 이하.
⓬ Seel, *Ästhetik des Erscheinens*, 43-221쪽, 특히 92쪽 이하.

V

예술을 이해하기

예술작품은 일종의 기호다. 하지만 이 기호는 특정한 경험과정을 통해 해명되는 기호다. 예술작품을 기호라 할 때 이를 사용설명서나 신문에 실린 사진과 같은 것으로 생각해서는 안 된다. 말하자면 예술작품에 대한 이해는 통상적 기호에 대한 이해와 다르다. 미적 기호에 대한 이해에는 특정 경험의 차원이 반드시 요구되기 때문이다. 기호와 경험이 결부되어 있다는 것은 경험이 이루어지는 국면에 기호 이해라는 국면이 단순히 부가되었다는 뜻이 아니다. 그렇다면 이 말은 무슨 의미일까? 예술 이해가 보통의 기호 이해와 다른 것은 이에 대한 경험이 이에 대한 이해와 내적으로 긴밀히 연결되어 있기 때문이다. 이 점을 설명하기 위해 예술작품이 지닌 감각적·질료적 측면을 살펴볼 필요가 있다.

모든 예술작품은 작품 특유의 감각적 경험을 가능케 한다. 클로드 드뷔시Claude Debussy의 플루트 독주곡 「시링크스Syrinx」를 통해 듣게 되는 부드러운 음색이든, 로마에 있는 기념비적 건축물인 판테온Pantheon이든, 어느 것 하나 부족함 없이 각각 특유의 감각적 경험을 안긴다. 음향이든, 음성이든, 색채이든, 표면구조이든 예술작품은 이런 것들을 통해 우리 앞에 제시된다. 그러나 예술작품을 접함으로써 결국 우리는 감각적 경험을 넘어선다. 예술작품은 이해되어야 한다. 그런데 이런 일은 어떻게 가능한 것일까? 작품 특유의 감각적·질료적 계기를 바라보면서 어떻게 작품에 대한 이해에 도달하는 것일까?

우리가 보통 이해한다고 말할 때에는 이해라는 말을 구체적인 감각 경험과 무관한 것처럼 생각한다. 이해는 의당 추상적인 작업일 것이라는 생각이 지배적이기 때문이다. 눈앞의 개 한 마리를 개로 인식할 수 있는 것은 눈앞의 '이' 개가 지닌 구체적 속성은 도외시한 채 다른 개들과 연관되는 공통점에만 주목했기 때문이라고 여긴다. 이것이 일상적으로 받아들여지는 이해이다. 언어에 대한 이해도 이런 방식으로 이루어진다. 내가 하나의 단어를 이해했다는 것은 이 단어의 개별적·감각적 형태를 이해했다는 것을 뜻하지 않는다. 오히려 하나의 단어는 음성적으로든, 문자적으로든 여러 상이한 감각적 형태들 간의 공통점에 주목함으로써 얻을 수 있는 이해의 산물이다. 말하자면 이해란 어느 경우에서나 추상적 작업에 따른 것으로 보인다. 하지만 예술작품에 대한 이해에 있어서는 이러한 생각에 제동이 걸린다. 예술작품에서 이해된 것들은 언제나 각 작품에 깃든 감각적·질료적 계기에서 포착된 것들이기 때문이다. 예술작품에서의 이해란 미적 기호로서의 작품이 지닌 특유의 감각적·질료적 속성과 무관할 수가 없다. 이것이 일상 경험에서의 이해와 다른 점이다.

예술작품에서의 이해가 어떻게 이루어지는지를 해명하기 위해서는 우선 다음과 같은 질문을 던질 필요가 있다. 예술작품에서 감각적 질료에 대한 이해가 어떻게 이루어지는가? 이 질문은 다음과 같은 질문들로 세분화된다. (1) 미적 이해는 어떤 점에서 특수한가? (2) 감각적·질료적 계기를 통해 어떻게 이해가 이루어지는가? (3) 예술에서의 이해가 가능한 지점은 어디까지인가? 그리고 무엇보다도 중요한 것으로서, (4) 이해understanding와 해석interpretation은 어떻게 같고 어떻게 다른가? 가령 예술작품을 가장 정확하게 해석하는 하나의 방법이 있는가, 아니면 어떤 하나의 해석을 할 때 이해가능한 한도를 어디까지 설정해야 하는가? 이 장은 이 순서에 따라 진행될 것이다.

1. 미적 이해

베르크의 바이올린 협주곡 「한 천사를 기리며Dem Andenken eines Engels」가 연주된다고 하자. 이 작품은 예술이 지닌 경험의 차원을 설명하기에 아주 적합하다. 이 작품을 통해 우리는 음악 특유의 분위기를 느낄 수 있다. 1악장 도입부의 평온함, '빈 왈츠Ländler'풍의 악상이 일깨우는 흥겨움, 2악장 도입부의 급작스런 긴박감, 그리고 바흐의 코랄Choral이 삽입[1]됨으로써 생겨난 음울한 위로. 이 음악은 우리에게 이에 대한 경험을 가능케 하며 이를 통해 우리는 이런 분위기들을 접할 수 있다. 여기에서 말하는 이런 분위기들은 오직 이 작품을 통해서만 접할 수 있는 경험의 결과물이다.

음악만이 선사하는 강렬함을 체험하기 위해 작품의 악곡 구성까지 세밀하게 이해하고 있어야 할 필요는 없다. 그러니까 작품이 12음조를 테마로 삼고 있되 12음조 음악의 무조성에 조성음악적 색채를 가미했다는 점을 굳이 사전에 알고 있을 필요는 없는 것이다. 2악장에 삽입된 바흐의 성가

1 이 곡의 2악장 후반부에는 바흐의 칸타타 제60번 가운데 마지막 곡 「그것으로 족하다!Es ist genug!」가 삽입되어 있다.

부분이 12음조의 테마로 시작되고 있다는 것 또한 굳이 사전에 알고 있을 필요가 없다. 물론 이런 것들을 사전에 이해하고 있었다면 베르크의 이 작품을 단지 미적 경험의 대상으로서만이 아니라 좀 더 높은 층위에 놓인 대상으로 바라볼 수도 있었을 것이다. 그러나 이 작품에 대한 미적 경험과 그러한 지식은 실상 무관하다.

미적 경험이 저러한 지식과 무관하다고 하여 순전히 미적 경험만으로는 그 어떤 이해도 생겨나지 않는다고 생각해서는 안 된다. 세부요소들에 대한 지식 없이도 이해는 이루어지기 때문이다. 베르크의 저 작품을 듣는 청중에게 어느 한순간 비할 길 없이 밝은 음색이 감지된다. 음악의 템포가 변경된다. 목관 악기에 맞추어 바흐의 성가가 바이올린 독주로 연주된다. 이 모든 것을 청중이 도달한 이해라고 할 수 있다. 지금 들리는 연주가 바흐의 코랄에서 온 것이라는 사실을 알지 못하는 청중이라도 이런 이해에 도달할 수 있다. 이런 사례들을 통해 알 수 있듯이 예술을 대면할 때 이해에 도달하는 방식은 너무나 다양하다. 그 어떤 미적 경험이든 이를 통해 도달하게 될 이해는 너무나 많다. 예술작품을 대면할 때에는 '이해함'이라는 국면이 없을 수가 없다.

예술을 접할 때 다양한 이해에 도달할 수밖에 없다는 사실은 예술 특유의 얼개를 살펴보면 충분히 납득할 수 있다. 이미 언급한 바와 같이 그저 우리에게 이미 친숙한 것들로만 이루어진 것들을 예술적 매체라고 이해할 수는 없다. 특정 언어로 쓰인, 혹은 특정 언어로 번역된 한 편의 소설을 해당 언어권의 독자가 읽었다고 할 때, 단지 그 독자가 이 작품을 읽을 수 있었다는 사실만으로 독자가 이를 이해했다고 말하지는 않는다. 물론 시와 달리 소설은 그다지 낯설지 않은 통상적 언어로 쓰여 있다. 그렇지만 해당 작품의 언어를 이해하는 독자가 이를 문제없이 읽었다는 사실만으로 이를 이해했다고 말할 수는 없다. 작품을 접한다는 것은 이 작품이 특정 언어를 다루는 방식을 접하는 일이기 때문이다. 오직 '그' 작품만의 방식을 접하면서 이 작품을 읽었기 때문에 독자는 무언가 이해에 도달할 수 있었던 것이다.

1.1 예술은 하나의 소우주이다

모든 예술작품은 각각이 지닌 특유의 얼개로 인해 모두 고유한 방식으로 이해될 수밖에 없다. 그렇기 때문에 내가 베르크의 작품 하나를 이해했다고 해서 그의 다른 작품들까지 이해했다고 말할 수는 없다. 베르크의 바이올린 협주곡 또한 의미가 매우 함축적이지만 어쨌든 이 작품이 나의 심금을 울렸다고 하자. 그렇다고 해서 가령 이보다 더욱 난해한 그의 오페라 「룰루Lulu」까지 나에게 곧바로 살갑게 다가오는 것은 아니다. 예술작품에 대한 이해는 오직 해당 작품에만 국한되는 문제이다. 예술 이해는 바로 이런 특징을 갖는다.

보통의 매체와는 달리 언어는 하나의 표현이 완전하게 독자성과 고유성을 갖지는 않는다는 특징이 있다. 즉 하나의 단어를 이해했다면 이것이 다른 맥락에서 사용될 때에도 마찬가지로 그 표현에 담긴 의미가 대부분 똑같이 적용된다. 따라서 하나의 언어적 표현을 이해했다고 말할 수 있으려면, 다른 매체와는 달리 그 표현이 다른 언어적 표현들과 어떤 연관을 맺고 있는지에 대해 말할 수 있어야 한다는 조건을 충족해야 한다. 가령 독일어 '융에젤레Jungeselle'라는 말은 '결혼하지 않은 남자'를 뜻한다. '융에젤레'라고 말하는 자가 이 언어적 표현이 뜻하는 바를 알고 있었을 때에만 이 자는 이를 이해하고 말한 것이 된다. 언어 이해와 관련해서 볼 때 이러한 입장을 전체론holism이라고 한다. 이 말은 '전체'를 뜻하는 그리스어 '홀론holon'에서 나왔다. '전체론'에 따를 때, 하나의 언어적 표현은 단지 그것만이 아니라 다른 언어적 표현들과 더불어 형성된 전체 맥락을 이해했을 때에만 이해될 수 있다.

이렇게 본다면 예술작품과 언어적 표현은 엄연히 다르다. 19세기 음악에 정통한 자라 해도 프란츠 슈베르트Franz Schubert의 작품 하나를 이해하는 데에 어려움을 겪을 때가 있다. 예술작품을 이해하는 측면에서 각 작품은 각기 철두철미 '원자'로 보인다. 이런 까닭에 예술을 미적으로 이해할 때에는 전체론이 아니라 이와 대립되는 것으로서 원자론atomism을 동원해야 한다는 생각이 대두된다. 하지만 이런 식의 대립 구도는 너무 과도해 보인다. 왜냐하면 예술작품들이 제각각 상이하긴 하지만 그럼에도 이것들 모두 예술인 까닭에 예술을 이루는 중요한 측면들이 서로 긴밀히 연관되어 있으며 작품들 간에 매체와 절차를 공유하는 경우가 많기 때문이다. 우리가 중세 영웅서사시 작품 하나를 이해한다고 할 때 유사한 다른 작품들을 이미 알고 있다든가, 중세 영웅서사시만의 인물 형상화 방식에 대한 정보가 있다면 작품에 대한 이해가 훨씬 더 수월해질 것이다. 이 점은 어떤 예술 장르이든, 어떤 예술 시대나 사조이든 마찬가지이다. 작품들 간의 긴밀한 연관은 특정 작품을 이해하는 데에 도움을 준다. 심지어 그러한 배경 지식 없이는 전혀 이해할 수 없는 작품들도 있다. 다만 그러한 연관 자체와 특정 작품에 대한 이해를 동일시해서는 안 된다는 점은 분명하다.

예술작품이 지닌 이러한 고유성을 설명한 예술철학자 가운데 예술을 하나의 '소우주microcosmos'라고 말한 베네데토 크로체Benedetto Croce를 빼놓을 수 없다.❶ [2] '소우주'라는 개념이 표방하는 바는 다음과 같다. 그 어떤 예술작품이든 다른 작품들과 중요한, 아마도 작품 이해와 직결되는 관계를 맺고 있지만 그럼에도 불구하고 모든 작품은 독자성을 유지한다. 예술작품은 일종의 '소우주'로 받아들여지는 한에서 이해가능하다. 즉 하나의 작품을 감상하는 자가 작품을 이해하려면 그는 우선 작품을 구성하는 요소들을 하나의 연관하에 두어야 한다. 어떤 작품을 이해하기 위해서는 바로 그 개별 작품에만 시선을 두어야 한다. 그러니까 예술작품은 각기 작은 하나의 세계로 간주되어야 하는 것이다. 여기에는 상반된 두 가지 측면이 있다. 한편으로 보면 작품의 세계 가운데 우리에게 열려 있는 차원에 따라 이해된 것들로서 이 작품을 통해 접할 수 있는 무궁무진한 작품의 세계가 있다. 다른 한편으로 보면 작품의 세계 가운데 우리가 만날 수 없는 것들로서 이 작품 본연의, 그러나 우리에게는 낯선 세계가 있다.❷ 예술작품을 이해하려면 바로 그 개별 작품에만 시선을 두되 상반된 두 가지 측면에 초점을 맞출 수밖에 없다. 각각의 작품을 하나의 '소우주'라고 간주할 때 예술 이해가 이루어질 수 있다.

---

2 이에 대한 크로체의 언급은 다음과 같다. "표현을 활동으로 간주하는 데서 오는 또 하나의 당연한 귀결이 예술작품의 개별성이다. 모든 표현은 하나의 단일한 표현이다. 활동이란 인상들을 하나의 유기체적 전체 속에 융합시킨다는 뜻이다. 이 생각을 드러내고 싶었기에 예술작품은 통일성을 가져야 한다거나, 달리 말하자면 다양성 속의 통일성을 가져야 한다는 주장이 늘 있어 왔다. 표현이란 다양한 것들을 하나로 종합하는 것이다"(베네데토 크로체, 『미학』, 권혁성·박정훈·이해완 옮김, 북코리아, 2017, 44쪽). 저자에 따르면 여기에서 크로체가 말하는 "유기체적 전체"는 고대 민족서사시에 대한 헤겔의 설명과 상통한다. 즉 하나의 서사시 작품에 하나의 민족 자체의 보편적 의식이 총체화되어 있는 국면에 주목한 헤겔을 통해 "유기적 전체"가 설명되고 있는 것이다.

1.2 개인어로서의 예술작품, 구조화로서의 이해

그러나 예술작품을 일종의 소우주로 보는 입장만으로는 예술작품에서 이루어지는 이해를 제대로 해명하기가 어렵다. 이 입장에 따르면 예술작품은 모두 그것 본연의 독자적인 세계이며 이렇듯 작은 하나의 우주에 대한 온전한 이해는 전혀 불가능하다. 그런데 이렇듯 '전혀 불가능함'이라는 말이 무색하게도 실제로는 이에 대한 미적 경험이 수도 없이 이루어지지 않는가. 물론 예술작품에서의 이해라는 것이 그저 일면만을 더듬어 보고 아주 불완전하게 이해했을 따름인 경우가 많다. 즉 감상자의 측면에서는 그저 단서 몇 가지를 붙들고 일부 단면만을 이해하는 데에 머물 때가 많은 것이다. 이러한 경험들이 갖는 의의를 제대로 파악하려면 미적 이해를 일종의 과정으로 여길 필요가 있다. 즉 미적 경험은 감상자에 의해 매 순간 수용되는 요소들이 지속적으로 누적되고 서로 갈등을 빚어내기도 하는 일련의 과정이다. 이를 이론적으로 설명하기 위하여 자신만의 언어, 즉 개인어Idiolect라는 개념을 소개할 것이다.

예술작품에 대해 개인어 개념을 사용한 사람으로서 기호학자이자 소설가인 움베르트 에코Umberto Eco를 꼽을 수 있다.❸ "개인어"란 (공동체의 구성원 전체가 공유하는 언어와 달리) 오직 한 개인만이 사용하는 언어, 즉 "개별자의 언어"이다. 이런 입장에 따르면 모든 예술작품은 자신만의 고유한 언어를 갖는다. 개별 작품 본연의 언어로 인해 각 작품은 주변 세계는 물론 다른 작품들과도 구분될 수 있다. 이 언어는 작품 특유의 미적 매체에 의거하며 작품 특유의 미적 절차와 밀접한 연관을 갖는다. 그러나 이 언어는 매체나 절차에 완전히 수렴되지 않고 오히려 작품의 질료나 형태(형식)[3]을 자신의 요소로 삼는다. 말하자면 특정 질료와 형태(형식)가 어우러짐으로써 빚어진 특수한 짜임새가 바로 개별 작품 본연의 언어이다. 한 편의 소설은 전적으로 기존 언어의 단어와 문법에 의존한다. 그렇지만 작품만의 고유한 문체가 있으며 이 작품에서만 선호되는 단어들이 분명 존재한다. 따라서 특정 언어권에서 통용되는 언어를 미적 매체로 하여 이에 의존한 작품이라 해도 작품에는 결국 본연의 언어라고 할 만한 그 어떤 고유성이 깃들어 있다. 각각의 예술작품은 주변 세계 및 다른 예술작품들이 지닌 형식, 구조 등과 차별화되는 고유성을 지닌다.

하지만 하나의 예술작품이 지닌 개인어는 쉽사리 습득될 만한 성질의 것이 아니다. 앞서 살펴보았듯이(IV.2.1) 미적 기호가 무한히 해석가능하다는 것은 미적 기호에 대해 거듭 새로운 독법을 적용할 수 있다는 것을 뜻한다. 하나의 작품에 대한 이해는 그 어느 지점에서든 언제나 거듭 새로이 시작된다. 그때그때 시작되는 바로 그 지점에서 언제나 새로운 관점이 생성된다. 각각의 작품이 지닌 언어에는 전체를 아우르는 구심점이 존재하지 않는다. 이 언어가 지닌 다양한 요소들이 언제나 거듭 새롭게 구성될 뿐이다. 예술작품에 대한 이해는 곧 저 요소들을 구성하는 일련의 과정인 것이다. 이러한 과정을 구조화[4]라고 말할 수 있다. 예술작품과 같은 미적 사건이 지닌 개별 요소들에 대한 접근은 구조를 토대로 해서만 가능하다.

미적 이해란 일종의 암호 해독이다. 물론 미적 이해를 위해서는 우선 해

3 형태(형식)에 대해서는 67쪽 각주 6번, 질료에 대해서는 55쪽 각주 1번 참조.

4 모든 작품은 특정 질료를 특정 절차에 따라 제작하여 특정한 형식, 형태 및 구조를 띤다. 그러나 작품의 특정 구조에 대한 감상자의 이해는 가변적이다. 그때그때의 이해에 따라 구조를 포착하는 행위를 '구조화Strukturieren'라고 부른다.

당되는 미적 매체에 친숙해져야 한다. 그러나 해독하는 작업이 거의 백지 상태에서 시작될 수밖에 없는 작품들도 적지 않다. 이 작업은 가령 '이 작품에서 기호적 요소로 여길 만한 것은 무엇인가?', '이 요소가 여타의 기호적 요소와 어떤 연관을 맺고 있는가?'와 같은 질문으로 시작된다. 작품 본연의 언어는 바로 이런 방식에 입각한 해독 작업이 이루어짐으로써 더욱 이해 가능해질 것이다. 이 언어의 고유성 및 독자성은 개별 작품에만 깃든 특유의 어휘와 문법에 따라 생겨난다.

물론 이러한 주장을 절대시할 수는 없다. 각각의 예술작품은 특유의 어휘와 문법에 따라 생겨난 것이지만 다른 매체 및 절차와 전혀 무관하다고 말할 수는 없다. 가령 작품 특유의 음이나 색채는 조성체계나 색상환 같은 것들을 연상시킨다. 음악에서의 화성법, 그리고 회화에서 (가령 종교화에서 성인들을 묘사할 때 나타나듯이) 인물과 배경의 특징을 나타내는 규범, 이런 것들은 특정 작품에서만 적용되는 것이 아니다. 그렇지만 매체나 절차에 대한 이런 지식만으로 특정 작품을 이해할 수 있을까? 하나의 작품을 처음 접하는 순간에는 이러한 지식이 어느 정도 도움을 주며 경우에 따라서는 반드시 필요할 수 있다. 그렇지만 매체가 곧 작품인 것은 아니다. 한 편의 음악작품 특유의 매체가 실제로 적용됨으로써, 가령 일반적으로 통용되는 조성체계 가운데 하나가 적용됨으로써 비로소 작품 특유의 요소 및 구조가 형성되는 것이다. 특정 조성체계를 미적 매체로 하되 이를 개별 작품 본연의 언어를 이루는 요소로 변형한다. 작품 본연의 요소를 이해한다는 것은 곧 작품의 구조에 입각해서 이 요소를 파악한다는 것을 뜻한다. 개별 작품 특유의 어휘, 그리고 그것을 구성하는 특유의 방식, 이런 것들이 그 작품 본연의 언어이다.

다만 예술작품이라는 기호에 그 작품 본연의 언어만 깃들어 있는 것은 아니다. 말하자면 본연의 언어는 예술작품을 이루는 필요조건이지 충분조건이 아니다. 가령 그때그때 달라지는 계기판의 수치 같은 것도 이 세상에 단 한 번 존재하는, 본연의 언어를 갖는 기호라고 볼 수 있지 않은가. 따라서 예술작품 본연의 언어에 대한 설명이 좀 더 필요하다. 이미 살펴본 바와 같이 굿맨의 이해에 따르면 하나의 기호가 유일무이한 무언가를 가리킬 때 이 기호를 예술작품으로 볼 수 있다. 그런데 이와 관련하여 '미적인 것의 징후'라는 굿맨의 언급(IV.2.1)을 상기할 필요가 있다. 눈앞에 있는 것에서 미적인 징후가 발견되었다 하여 이것이 반드시 예술작품이라는 결론은 나오지 않으며 또한 하나의 예술작품이 자신의 징후를 단번에 모두 보여 주지도 않는다. 미적 기호가 눈앞에 있다는 것을 알려 주는 징후는 예술작품 본연의 언어의 이해를 위한 필요조건일 뿐이다.

괴테의 『파우스트 I』[5]이 상연된다고 하자. 이 공연이 일종의 미적 기호로서 경험되고 이해된다는 것은 무슨 뜻일까? 이 작품은 독일어로 쓰였으니 이 작품의 어휘는 일단 독일어라고 할 수 있다. 하지만 이미 살펴본 바와 같이 이 어휘는 단지 일상 언어의 어휘로 이해해서는 안 된다. 극작품의 언어가 일상의 언어와 차별화되는 지점은 각 작품이 특유의 방식으로 '이미

5 독일 문학사에서 가장 중요한 작품 가운데 하나로 꼽히는 『파우스트』는 괴테가 집필하기 전부터 이어져 내려온 모티브를 소재로 한 작품이다. 여기에서 말하는 『파우스트 I *Faust I*』 혹은 『파우스트: 비극. 제1부*Faust. Der Tragödie erster Teil*』는 1808년에 나온 판본으로서 원래 『파우스트: 한 편의 비극*Faust. Eine Tragödie.*』이라는 제목으로 출간되었다. 이후 괴테는 제2부를 집필하였고, 그가 죽은 이듬해인 1833년 유고집 제1권에 『파우스트: 비극. 제2부*Faust. Der Tragödie zweiter Teil*』라는 제목으로 수록되었다. 우리가 지금 흔히 접하는 판본은 『파우스트 I』과 『파우스트 II』의 합본이다.

결정되어 있다'(IV.2.1)는 데에 있다. 가령 파우스트의 대사는 "아! 나는 이제Ach, ich habe nun …"로 시작된다. 그런데 이를 "이제, 아!Habe nun, ach …"라고 바꾼다면 어떻게 될까? 일상 언어에서야 별다른 차이가 없겠지만 대본에 따라 상연된다면 이 두 대사는 엄연히 다르다. 무대 위의 언어 표현은 질료와 결부되는 방식이 일상 언어보다 훨씬 더 복잡하다. 무대 위의 언어 표현은 무대장치, 배우의 연기, 배경음악 등 공연에 동원되는 각종 질료와 밀접한 연관을 갖는다. 이런 까닭에 한 편의 극작품이 지닌 요소들은 모두 일상 언어에 비해 언제나 더 구체적인 맥락 속에 놓여 있으며 이 작품만의 특수한 면모가 관객에게 전달된다. 말하자면 이 작품의 어휘(말, 몸짓, 공간배치 등)가 점차 더 분명해지는 것이다. 기호로서의 작품에 대한 이해란 작품을 이루는 기호 요소들을 해명하는, 그러나 결코 종결될 수 없는 일련의 과정이다.

하나의 예술작품이 지닌 본연의 언어성을 통해 다음과 같은 점을 이해할 수 있다. 어떻게 보면 예술작품과 이것이 현시하는 대상은 다르다. 예술작품의 이러한 독립성과 관련해서 "절대예술"(IV.1.4)을 언급한 바 있다. 하나의 예술작품을 이해하기 위해서는 우선 눈앞에 놓인 작품의 구조로 시선을 돌려야 한다. 이 구조 또한 작품 본연의 언어라고 볼 수 있다. 하나의 작품을 접한다는 것은 작품을 해독한다는 것이며 이를 위해서는 (일단 시작 단계에서만큼은) 예술작품에 내재한 관계들을 추적한다. 적어도 이러한 추적 단계에서 예술작품은 절대적 예술로 간주된다.

1.3 예술들의 장력장과 미적 이해

예술에서의 이해란 암호를 해독하는 과정이다. 이를 제대로 파악하기 위해서는 다음과 같은 측면도 함께 고려해야 한다. 가령 하나의 극작품을 무대에 올린다면 작품의 언어적 표현만을 따로 떼어서 고찰할 수 없다. 등장인물들, 인물들의 관계, 무대장치, 대사전달, 이러한 여러 요소들이 극작품의 언어적 표현과 함께 어우러지기 때문이다. 즉 이 요소들은 서로 영향을 미친다. 그렇기 때문에 인물들이 표현하는 언어 못지않게 대사전달이나 무대장치 같은 것들도 언어적 표현의 의미를 갖는다. 상연되는 매 국면마다 나타나는 내용적 요소들 각각이 그 자체로 이미 결정되어 있으며 또한 이러한 요소들 간에도 서로 매우 복잡하게 얽혀 있다. 이러한 복잡성의 정도는 예술들마다 다르다. 가령 보통의 서사 문학보다는 상연되는 연극에 내용적 요소들이 훨씬 더 복잡하게 얽혀 있다. 또한 목탄 데생보다는 보통의 회화가 더 복잡하기 마련이다. 단지 배색만이 아니라 더 나아가 채색, 표면의 질감, 게다가 화폭과 색의 상응관계 같은 것들도 회화를 일종의 기호 형태로 만드는 데에 일조하는 반면, 목탄화에서는 그저 선의 구분밖에 없기 때문이다.

II장에서 우리는 예술이 '예술들의 장력장'이라는 개념에 따라 이해될 필요가 있다는 점을 언급한 바 있다. 이 장력장을 이제 다양하게 형성된 구조들의 장력장으로 파악해야 한다. 개별 작품 특유의 미적 매체에서의 이해는 곧 구조를 형성하는 일이라고 할 수 있는데 이러한 구조형성은 매우 복잡다단하게 이루어진다. 발레의 요소는 구조적으로 복잡한 형식을 갖춘 요소들이 활용된다는 점에서 소설의 그것과는 다르다. 구조적 복잡성을 가진 형식들은 매 국면마다 감각적·물질적으로 각기 상이한 의의를 갖는다. 즉 서사 문학에서보다 현대 무용극dance theatre에서 저런 형식들이 차지하는 비중이 훨씬 더 높다. 현대 무용극에서는 '몸'이라는 질료가 훨씬 더 부각되며 이로써 몸 특유의 감각적 요소에 대해 경험하게 된다. 몸의 긴장함과 강건함을, 근육들이 팽창했다가 수축하는 광경을 목격하게 되는 것이다. 몸이라는 질료가 형성하는 감각적 구조들로 인해 몸에 대한 저런 경험이 가능한 것이다. 물론 서사 문학에서도 말이 지닌 음성적 요소가 부각되는 경우가 있지만 말의 언어적 구조 자체에 비하면 이 요소는 부차적이다. 예술 이해에서 관건이 되는 구조화에 따라 미적 매체들은 다종다양하게 구분된다. 미적 이해의 장력장에 놓인 미적 매체들은 다종다양할 수밖에 없다.

그러나 미적 매체의 다양함이 미적 이해의 장력장에서 최종 심급을 이루지는 않는다. 궁극적으로 가장 중요한 국면은 개별 작품이 하나의 소우주라는 점이다. 각각의 미적 매체가 지닌 특유의 구조화, 혹은 그러한 '본연의' 예술이라는 국면이 어떠하든 상관없이 모든 개별 예술은 그 자체로 하나의 소우주이다. 특히 공연예술에서 이런 측면이 두드러지게 나타난다. 가령 로버트 윌슨Robert Wilson의 작품은 여러 측면에서 발레 및 제례무용과 닮아 있다. 또한 굴드는 바흐의 「골트베르크 변주곡」을 연주할 때 이를 언어의 구성물로 해석하였다. 즉 굴드는 바흐의 악보를 마치 논증이 수행되는 무대인 것처럼 연주했다. 그의 연주를 들으면 소리 높여 주장하고, 곰곰이 생각한 후에 논평을 하며, 나지막하게 반박하는 듯하다. 이러한 사례들을 통해 알 수 있듯이, 예술은 어떤 특정한 틀로 고정되어 있지 않으며 II장에서 강조한 바와 같이 작품 특유의 매체와 절차가 이루는 장력장에 놓인다. 결론적으로 말하자면 개별 작품 특유의 구조화를 통해 비로소 그 작품에 대한 이해가 가능해진다.

2. 질료적 이해

그러나 소우주라는 얼개만으로 미적 이해가 이루어지지는 않는다. 아니, 사실은 이러한 얼개가 미적 이해의 최종 심급이었던 적은 없었을 것이다. 이미 살펴본 바와 같이 예술작품에 대한 이해에서, 그리고 예술작품이 기호의 기능을 갖는 측면에서 감각적 질료는 매우 중요한 역할을 한다. 헤겔에 따르면 예술작품은 기호이며, 이 기호의 구체적·감각적 형태에 이것의 내용이 깃들어 있다(II.2.1). 감각적 형태가 지닌 모든 면모가 그것의 내용과 무관하지 않다.

우리가 지금까지 논의한 내용을 바탕으로 하여 예술작품이 일종의 기호 상태에 놓여 있다는 통찰을 좀 더 면밀히 살펴볼 필요가 있다. 예술작품이 일종의 기호이되 이 기호가 감상자의 경험과 긴밀히 결부된다는 점은 이미 언급한 바 있다. 이렇게 본다면 예술작품은 특정한 기호로 이미 결정되어 있으며 이미 특정한 방식을 갖춘 소우주다. 즉 각각의 기호는 본연의 언어를 갖추고 있으며 이 언어의 의미를 더듬어 가기 위해서는 이것의 구조에 대한, 그것도 무한한 해석과정으로 이루어진 미적 경험이 필요하다. 이 언어가 지닌 감각적 형태의 면모 하나하나가 중요하다. 무엇보다도 언어의 내적 요소가 그때그때 그 어떤 것이든 특정한 규정을 지녀야 한다는 점에서 그러하다. 이렇듯 특정한 규정을 지니려면 이것이 작품의 질료 형태와 어우러져 있어야 한다. 색채, 소리와 같은 감각적 질료들은 그것 본연의 면모대로 지각되어야 한다. 예술에서 이해가 이루어질 때에는 질료 자체도 온전히 이해되지 않을 수 없다. 이것이 예술에서의 이해가 갖는 본연의 특징이다. 이제 질료와 이해가 맺는 연관이 정확히 어떠한 것인지 살펴보자.

2.1 발레리: 소리와 의미 사이를 왔다갔다 한다

문학이 여타 일상적 언어 표현과 어떻게 다른지 발레리는 다음과 같이 말한 바 있다. 문학은 "진자pendule"가 운동하듯이 "소리와 의미 사이를 왔다갔다 한다."[4] 양자가 상호 교차하는 이러한 규정은 예술 전반에 두루 적용될 수 있는 그의 다음과 같은 통찰에 따른 것이었다. 즉 미적 경험의 감각적·질료적 측면은 이해라는 경험과 무관하지 않다. 소리라는 질료, 그리고 이해의 경험에서 나오는 의미, 이 양자 사이에는 장력이 감돈다. 이해하는 일에, 그리고 이를 통해 이해된 것들에 시선을 두어야만 비로소 감각적 질료가 미적 경험의 한 측면으로 고려될 수 있다. 이해의 경험이 미적 경험이라면 이해의 감각적·질료적 측면이 시선에 들어온다. "왔다 갔다 한다"라는 말을 통해 알 수 있듯이 미적 경험을 통해 무조건 무언가가 이해되는 것은 아니겠지만, 미적 경험을 통해 감각적 질료성 자체가 이해될 가능성이 언제나 상존하고 있는 것 또한 분명하다. 감각적 질료와 하나의 이해사건 사이에 감도는 장력을 나타내는 말이 바로 저 '왔다 갔다 함'이다.

베르크의 「한 천사를 기리며」를 통해 이 점을 살펴보자. 작품 특유의 강약, 리듬, 속도 등에 따라 표현된 음열과 선율이 저 "소리"에 해당한다. 발레리에 따르면 음악을 듣는 이가 도달한 이해와 소리 사이에 장력이 감도는 때에만 소리가 미적으로 경험된다. 이때 도달된 이해란 앞서 언급한 바와 같이 순전히 템포의 변경, 음색, 특정 리듬 등에 대한 것을 뜻한다. 음악의 감각적 질료는 바로 이러한 이해에 조응한다. 이러한 조응을 통해 작품 특유의 질료가 부각되는 정황을 보다 구체적으로 살피기 위해 하이데거의 예술론을 다시 언급해 보자.

2.2 하이데거: 대지와 세계

「예술작품의 근원」에서 하이데거는 철학자에게 어울리지 않을 법한 개념인 "대지Erde"와 "세계Welt"를 도입했다. 하이데거에 따르면 모든 예술작품에서 "대지와 세계의 투쟁"이라는 특징이 목격된다. 예술작품은 한편으로는 "대지를 불러 세움Herstellen", 즉 대지가 나타나게 함이지만, 다른 한편으로는 "세계를 열어 세움Aufstellen"이다.[5] 이 말들은 무엇을 뜻하는가? 하이데거는 "대지"와 "세계" 개념은 통상적인 맥락과는 다르게 사용하고 있다. 하이데거의 논의를 유추해 보면 대지는 감각적으로 접근 가능한 질료를, 세계는 하나의 작품을 통해 이해된 것을 나타낸다고 볼 수 있다.

하이데거의 이 개념들은 질료와 이해 사이의 장력이 어떤 정황에 놓여 있는지를 좀 더 분명하게 해 준다. 그가 말하는 대지는 단지 감각적으로 접근 가능한 모든 것이라기보다 특정한 방식의 질료를 뜻한다. 즉 대지는 아직 일정하게 형상화되지 않은, 아직 손길이 닿지 않은 질료이다. 그러니까 하이데거의 "대지"에 대해 미적 경험이 이루어질 때 이 경험의 질료는 아직 하나의 형태를 갖추지 못한 차원에 놓여 있다. 손길이 닿지 않은, 형상을 갖추지 못한 질료성, 나중에 어떤 형태를 갖추든 혹은 그렇지 않든, 이러한 질료성을 띤 것을 하이데거는 "대지"라고 말한다.

하이데거의 예술론에서 대지와 대비되는 개념이 "세계"이다. 세계는 예술작품을 통해 제시되는, 이해가능한 질서를 뜻한다. 이렇듯 이해가능한 질서가 단지 예술작품에만 해당하는 것은 아니라는 점이 중요하다. 이를 통해 도달되는 이해는 예술 외적인 사안과 결부되어 있다. 세계라는 개념을 통해 하이데거는 예술에서의 이해가 그 어떤 것이든 결국 궁극적으로 자기이해라는 점을 밝히고자 한다. 가령 베르크의 「한 천사를 기리며」를 통해 몇 가지 소소한 것들에 대해서만 이해할 수 있었다 해도 이것들은 모두 세계, 그리고 우리 자신을 조망한 결과물이다. 이 작품의 음색과 리듬이 이해가능하다면, 그 까닭은 이 음색과 리듬이 어떤 식으로든 세계를 가리키고 있기 때문이다. 음악에 담긴 이렇듯 이해가능한 질서는 음악 밖 사물의 질서에 참여해 있으며 음악을 통해 이 사물의 질서가 이해가능한 것이 되었다. 하이데거의 세계 개념은 바로 '참여해 있음'의 의미가 어떠한 것인지를 잘 보여 준다. 특정한 하나의 세계는 특정 시간에 전개된, 어떤 이해가능한 질서의 총체이다.

이러한 설명을 바탕으로 하여 하이데거가 든 사례들이 지닌 의미를 파악해 보자. 하이데거는 그리스 신전을 예로 들면서 "대지를 불러 세움"에 대해 다음과 같이 말한다. "신전이라는 그 작품은 … 하나의 세계를 열어 세우면서도 소재가 사라지지 않도록 하며 오히려 처음으로, 그것도 작품의 세계가 열려 있는 곳에 소재가 나타나게 한다. 돌덩이들은 '조용하게 지탱함'이 되고 그럼으로써 비로소 돌덩이가 된다. 금속은 '번쩍임'이 되고, 색은 '빛남'이 되며, 소리는 '울림'이 되고 단어는 '말함'이 된다. 이 모든 것이 나타날 수 있었던 것은, 작품이 자신을 육중한 무게의 돌로, 구부러진 단단한 나무로, 광채를 지닌 강인한 청동으로, 명암을 지닌 색채로, 울려 퍼지는 소리로, 명명하는 힘을 지닌 단어로 되돌려 세웠기 때문이다."[6]

신전의 사례는 대지와 세계의 연관을 설명해 준다. 하나의 예술작품은 하나의 세계를 제시한다. 세계가 제시됨으로써 대지 자체도 나타날 수 있게 된다. 예술작품의 질료는 광학적인, 음성학적인, 그리고 촉각적인 고유성을 나타낸다. 예술에서의 이해는 질료 본연의 면모를 경험할 수 있는지 여부가 관건이다. 그런데 번뜩이는 금속과 무거운 돌에 대한 감각적 경험 자체가 이미 일종의 이해이다. 여기에 하이데거 사상의 남다름이 있다. 질료가 그저 이해와 동떨어진 것으로 머무르지 않는다. 오히려 질료는 질료만의 논리를 지니고 있으며 예술 이해에서 중요한 축을 이룬다.

이해를 동반하는 질료성의 차원이 모든 미적 경험에 수반된다는 점에서 하이데거의 이러한 용법은 독특하면서 또한 매우 정교하다. 예술에서의 이해는 질료 특유의 이해가능성과 결부된다는 특징을 갖는다. 질료 특유의 이러한 이해가능성을 두고 하이데거는 '섬광', '육중함' 등을 말했던 것이다. 이제 베르크의 작품에서 이 점을 살펴보자. 이 작품을 듣노라면 클라리넷의 깊은 숨결과 날카로운 고음이, 그리고 현악의 그윽함과 따스함이 전해진다. 건축에서든, 음악에서든, 그 밖의 어떤 장르에서든 이러한 미적 질료성을 나타내기 위한 제 나름의 시도가 이루어진다. 각각의 질료성이 특유의 구조를 통해 전해짐으로써 여기에 나름의 이해가 수반된다. 날카로운 고음 특유의 성격이 있다. 이 특유의 성격이 특유의 구조를 통해 전해짐으로써 이것이 지닌 특유성이 이해가능해진다. 이를 질료적 이해라고 부를 수 있을 것이다.

미적 이해에서 세계에 대한 이해와 질료에 대한 이해가 상호 긴밀히 연결된다는 점을 우리는 하이데거의 논의를 통해 확인하였다. '예술작품에서 대지와 세계의 투쟁이 이루어진다'는 그의 언급은 바로 이 점을 염두에 두고 있었던 것이다. 이러한 설명을 통해 우리는 '소리와 의미 사이를 왔다 갔다 함'이라는 지평을 넘어선다. 하이데거의 이해에 따르면, 예술작품은 이해와는 무관한 질료성과 이해가능한 질서 중 어딘가에 놓여 있는 것이 아니다. 예술작품은 언제나 이해가능한 질서 속에서 제시되지만, 그러면서도 이러한 이해 및 구조 형식은 작품에 사용된 질료와는 전혀 다르다.

예술을 이해할 때에는 언제나 거기에 일종의 장력이 감돌기 마련이다. 세계에 대한 이해와 질료 그 자체에 대한 이해 사이에는 장력이 작동한다. 이런 맥락에서 '왔다 갔다 함'에 대한 발레리의 언급을 하이데거의 언급을 빌려 수정한다면, '장력이 감도는 합주'가 시야에 들어올 것이다. 예술에 대한 이해에서는 언제나 세계의 계기와 대지 혹은 질료의 계기가 함께 서로에게 장력을 행사한다. 이때 예술작품의 질료성 특유의 이해와 질서가 확보된다.

2.3 이해와 자기연관

작품에 대한 질료적 이해가 추상예술에서는 매우 일반화되어 있다. 가령 이브 클라인Yves Klein의 유명한 오브제를 통해 강렬한 청색을 볼 수 있고, 올리비에 메시앙Olivier Messiaen의 「시대의 종말을 위한 사중주Quatuor pour la fin du temps」를 통해 클라리넷의 날카로운 고음을 들을 수 있다. 이런 작품들에서는 질료가 두드러진다. 질료의 이러한 드러남은 작품 본연의 언어가 형성되도록 하는 기능을 수행한다. 질료가 지닌 이런 특별한 기능 때문에 예술작품에서 이루어지는 질료적 이해는 기호발생의 한 계기가 된다. 즉 질료적 이해와 기호발생의 형식 사이에는 매우 밀접한 연관이 있다. 이제 굿맨의 논의를 통해 예술이라는 기호가 발생하는 이 형식이 '자기연관'이라는 개념으로 설명될 수 있다는 점을 살펴볼 것이다.

굿맨은 '견본sample'이라는 개념을 통해 자기연관 현상을 설명한다. 방을 새로 도배할 때, 일단 도배공이 건넨 견본집을 훑어본 후 그 가운데 하나를 정해서 도배해 달라고 요청했다고 하자. 그런데 도배하러 오는 날 도배공이 그 견본 하나만 달랑 들고 온다면 화를 낼 것이다. '견본집에서 견본 하나를 정했을 때에는 그 종류의 벽지로 방 전체를 도배해 달라는 뜻이었다!' 라고 도배공에게 따지면서 말이다. 이러한 사례에서 우리는 견본이라고 말하는 것의 기능이 무엇인지 알 수 있다. 견본이란 어떤 사물이 지닌 속성들을 지닌 하나의 사례이다. 예컨대 하나의 벽지 견본은 벽지의 색이라든가 표면의 질감을 "예시한다exemplify(색이나 질감에 대한 사례를 든다)".[7] 즉 이 견본을 보면서 벽지의 규격이라든가, 혹은 (이 견본집을 튼튼하게 만들기 위해 다른 소재가 덧대어졌을 경우도 있으니) 벽지가 얼마나 질긴 소재로 만들어졌는가의 여부는 중요한 게 아니다.

벽지 견본에서 질료성이 차지하는 위상은 예술작품에서도 마찬가지다. 그러니까 어떤 작품의 질료를 보면서 이와 똑같은 질료를 지닌 다른 사물을 떠올리고는 저 작품과 이 사물이 같은 질료적 특성을 갖추고 있다 여길 수 있다. 그렇지만 보통 견본이라고 말하는 것과 예술작품 사이에는 중요한 차이가 있다. 견본이라고 할 때에는 보통 그러한 얼개를 갖춘 사물들이 더 존재한다. 어떤 사물이 목격되는 것은 바로 그 사물의 질료적 속성 때문인데 이 속성은 보통 다른 사물에서도, 가령 동일한 공정으로 제작된 벽지들에서도 발견된다. 반면 예술에서 작품의 질료적 얼개를 보여 주는 견본은 오직 자기 자신만을 가리킨다. 예술작품에서는 (설사 질료적으로 완전히 똑같은 얼개를 지닌 사물이 우연히 존재한다 해도) 견본이 다른 사물을 가리키는 경우는 있을 수 없다. 예술작품이라는 기호가 지닌 고유성, 즉 본연의 언어를 갖는다는 측면이 여기에서도 관철되고 있는 것이다. 예술작품이 지닌 질료적 얼개가 오직 자기 연관만을 갖는다는 점에서 작품 본연의 언어라는 요소가 개진된다. 이 요소는 다른 그 어떤 사물과도 공유되지 않는다.

질료적 이해와 견본의 관계가 굿맨을 통해 해명되었다. 미적 이해에서 질료적 계기가 목격될 때, 이 작품은 특유의 질료적 얼개를 가리킨다. 예술의 이러한 기호질료성을 살펴보기 위해 괴테의 『파우스트 I』을 다시 한 번 떠올려 보자. 이 작품은 다양한 방식으로 기호화되어 자기 자신의 견본이 된다. 가령 이 작품의 대사들은 각각 특유의 질료적 속성을 지니고 있으며 이것이 대화 장면을 통해 확인된다. 이때 각기 특수한 얼개를 갖춘 음성들이 다양하게 출현한다. 이는 특히 서정시에서 자주 발견되는 현상인데, 가령 입모양을 둥글게 하는 모음["o"]들이 동원될 수도 있고 입모양을 길게 하는 모음["e"]들이 동원될 수도 있다. 그러니까 작품 특유의 질료적 요소들이 다양하게 드러남으로써 그때그때 특수한 분위기가 연출된다. 무대 위에서 펼쳐지는 의상 및 여러 무대장치들 또한 각각 특유의 견본을 제공한다. 가령 특유의 색감이, 좁고 남루한 공간이 안기는 답답함이, 아니면 퇴장한 배우로 인해 생기는 상실감이 두드러질 수 있다. 이러한 요소들 모두 질료적 형상화의 측면들로 나타나게 되며 이러한 질료적 형상화 자체가 기호이다.

따라서 질료적 이해는 하나의 작품에서 나타나는 기호과정의 측면으로 볼 수 있다. 눈앞에 나타난 질료가 질료적 이해의 대상이 되기 위해서는 질료의 구조화 방식이 작품에 속하는 다른 요소들에 의해 구조화된 방식과 차별화되어야 한다. 한 편의 그림을 통해 드러나는 파란색 색면은 그 자체로 고유하기 때문에 가령 파란색 옷의 컬러 톤과는 전적으로 구별된다. 선율이나 화성 같은 것들과 무관하게 그저 클라리넷의 소리 하나가 그 자체로 의미를 갖기도 한다. 미적 경험을 통해 예술작품의 계기들이 지닌 구조를 더듬어 가는 이해는 바로 이런 식으로 일종의 확장을, 즉 다른 것과 차별화되는 고유한 방식의 구조화를 경험한다. 구조를 더듬어 간다는 것은 가령 그림의 색면을 옷의 컬러 톤과 연관 짓듯이 타자와 연관 짓는 일이 아니다. 계기들의 구조화가 이루어지면 개별 요소들은 다른 요소들에 의해 멸실되는 일 없이 오직 자기연관을 통해 제각기 작품에서 중요한 의미를 획득한다.

2.4 미적 경험에서 이루어지는 이해의 차원

미적 경험은 장력이 감도는 이해의 경험이다. 이때 중요한 것은 미적 경험이란 언제나 이해에 대한 경험이라는 점이다. 이러한 통찰은 예술학자 막스 임달Max Imdahl이 도입한 개념 구분에 주목할 때 더욱 분명해질 수 있다. 임달은 예술작품의 미적 차원을 예술학적으로 주제화했다. 이러한 차원을 시각적으로 표현하기 위해 임달은 "봄"이라는 행위에서 "재인식하는" 국면과 "보고 있는" 국면을 구분한다.[8] '재인식하는 봄'를 통해 예술작품이 지닌 이해가능한 질서가 확보되는데, 이 질서는 '세계와 연관된' 이해를 위한 질서이다. '보고 있는 봄'은 광학적인 심상과 연관되며, 이 심상이 안기는 색이나 형식은 철저히 광학적으로 이해되어야 한다.

미적 경험에서의 이해의 차원을 재구성하기 위해 임달의 구분을 좀 더 일반화해 보자. 미적 경험에서는 재인식하는 이해와 지각을 지향하는 이해가 상충한다고 볼 수 있다. 재인식하는 이해(하이데거의 "세계")에 따르면 예술작품은 세계에 대한 이해에 부합하는, 이해가능한 질서를 갖춘 대상이 된다. 재인식하는 이해에서는 이해된 것들끼리의 긴밀한 연결 방식을 통해 작품의 구조가 해명된다. 반면 지각을 지향하는 이해(하이데거의 "대지")는 해당 작품에 제시된 질료 본연의 논리를 따른다. 이러한 논리는 세계에 대한 통상적 이해와 쉽사리 통합되지 않는다. 통상적 이해와 통합되지 않는 이러한 요소들을 통해 한 작품 본연의 구조에 깃든 질료(돌덩이, 소리, 단어)가 드러난다. 지각을 지향하는 이해를 통해 저 분열적 요소들이 하나의 작품으로 구조화된다. 작품 본연의 언어로부터 이러한 이해가 나온 것이다. 덧칠된 색이라든가 녹슨 철 덩어리 같은 것들이 목격된다는 것은 바로 하나의 작품에 대한 독해가 이루어진다는 것을 뜻한다. 재인식하는 이해와 지각을 지향하는 이해 사이에는 통합과 분열의 상호작용이 이루어진다. 이러한 상호작용 가운데 한 작품만이 지닌 그 언어가 해명된다.

미적 경험에서 이루어지는 이해와 통상적인 경험에서 이루어지는 이해 사이에는 이렇듯 장력이 감돈다. 미적 경험이라는 것이 신문에 난 기사나 사진을 읽고 보는 일과 다른 이유도 바로 여기에 있다. 통상적인 경험과 미적 경험의 차이는 세계와 연관된 이해와 질료적인 이해가 갖는 대립에서 나오는 것이기도 하다. 그렇다고 해서 미적 경험이 이해의 차원을 넘어서는 데까지 나아가지는 않는다. 다만 미적 경험으로 인해 일종의 장력이 감돌게 된다는 것이다. 이 장력에 주목할 수밖에 없는 이유는 이로 인해 예술작품의 이해가 결코 종결되지 않기 때문이다. 단지 하나의 작품을 두고 이에 대한 이해를 완전무결하게 끝내려 해도 이 작품의 아귀가 결코 완벽하게 들어맞을 리 없다. 질료의 계기와 이해가능한 질서의 계기가 분열되어 이리저리 뒤섞여 있는 현상만이 있을 뿐이다. 바로 이 장력이 예술에서의 이해와 여타 경험을 통한 이해 사이의 차이를 낳는다.

3. 예술 기호에 대한 이해의 한계

예술작품의 질료는 우리에게 어떻게 목격되는가? 어떤 것이 그러하다는 것과 그것이 어떻게 그러한지 아는 것은 분명 다르다. II장에서 이미 논의한 바 있듯이, 예술에서 다양한 미적 매체와 미적 절차 사이에는 장력이 감돈다. 이것이 예술을 바라볼 때 가장 핵심이 되어야 할 관점이다. 언어, 색채, 석재, 금속재 등과 같은 미적 매체들은 우리에게 이해를 일깨울 뿐만 아니라 더 나아가 매체들 각각이 지닌 특유의 질료적 측면이 우리에게 목격된다. 예술 이해를 가능케 하는 이 다양한 매체들은 각기 특유의 질료적 측면을 지니고 있다. 헤겔 미학의 맥락에서 이 점을 설명한다면 다음과 같다. 하나의 미적 매체와 더불어 특정한 이해사건이 전개됨으로써 그 매체의 질료성이 드러난다.

이 답변을 통해 우리는 예술이라는 사건에 대해 충분히 납득할 수 있다. 이러한 답변만으로도 이를 해명하기 충분하지만, 하나의 개별 작품에서 이루어지는 바를 설명하기에는 불충분하다. 각각의 작품을 바라볼 때에는 이해해야 할 측면이 더 많을 수밖에 없기 때문이다. 예술작품에 대한 이해에서 노출되는 한계를 경험하는 일이 중요하다. 미적 이해에서 노출되는 이해의 한계를 경험할 때 비로소 작품의 질료를 온전히 목격할 수 있다. 이미 언급한 바와 같이 예술에서는 언제나 통상적 이해과정이 중단된다는 특징이 발견된다. 이렇듯 이해가 중단될 때 미적 이해가 시작되는데 다름 아닌 질료가 미적 이해에서 중추적 역할을 한다. 예술에 대한 질료적 이해는 예술 이해의 한계에 대한 경험과 연관되어 있다. 이제 예술작품과 대면했을 때 경험되는 이해의 한계 두 가지를 설명할 것이다. 하나는 미적 기호가 조망불가능하다는 점이며, 다른 하나는 미적 기호가 '기호의 전주'라는 점이다.

3.1 미적 기호의 조망불가능성(숭고함)

예술을 조망불가능한 기호로 바라보는 관념은 오래되었다. 예술철학에서 이 주제는 숭고라는 이름으로 집약되었다. 숭고함sublimity이라는 현상에 대한 본격적인 작업은 18세기 에드먼드 버크Edmund Burke에 의해서 (즉 그가 롱기누스Longinus가 쓴 것으로 알려진 고대의 문헌을 연구하면서) 시작되었다. 칸트는 버크로부터 많은 영향을 받았는데 예술철학에서도 이런 점이 발견된다. 숭고함은 무엇보다도 자연과 관련하여 설명된다. 장대한 산맥과 폭풍우 치는 바다가 바로 숭고한 자연의 사례들이다. 이러한 자연에 대한 조망이 일개 주관에게는 불가능하며, 따라서 칸트의 해석에 따르면 이러한 주관은 자기 자신으로 시선을 돌린다. 자연의 압도적 크기는 인간의 포착능력을 능가하며 따라서 이러한 능력 자체가 어떻게 구성되는 것인지 되돌아보게 한다.[9] 칸트의 숭고론을 통해서는 아직 숭고함(조망불가능성)이 한 작품의 구조화에 대한 이해를 중단하는 측면을 갖는다는 점이 명확하게 나타나지 않는다. 숭고함과 관련한 관점의 변경은 숭고함에 대한 새로운 정식이 발견됨으로써 가능해졌다.

1960년대 미국에서는 뉴먼의 작품을 통해, 특히 「누가 빨강, 노랑 그리고 파랑을 두려워하는가」라는 대형 연작들을 통해 숭고함에 대한 담론이 이론적으로는 물론 실천적으로 다시 활기를 띠게 되었다. 제목에서 드러나듯이 이 연작들은 빨갛고 노랗고 파란 선들로 이루어져 있다. 이러한 기념비적 작업물이 전시되었을 때, 관람자들은 그림 전체를 한 번에 조망하기가 어렵도록 작품이 배치되어 있었다고 한다. 즉 관람자들은 작품 전체를 조망할 수 있을 만큼 충분한 간격을 두고 서 있을 수가 없었고, 그러다 보니 관람자들에게 그 그림은 결코 한눈에 들어오지 않는 기호 같은 것이

되고 말았다고 한다. 조망불가능성, 그리고 이해의 지체, 이 양자 사이에는 연관성이 있다. 이 점을 살펴보기 전에 뉴먼이 선사한 이러한 자극이 성과를 거두게 된 배경에 예술철학적인 뒷받침이 있었다는 점을 밝히고자 한다. 특히 프랑스 철학자 장 프랑수아 리오타르Jean-François Lyotard가 뉴먼의 자극을 숭고함이라는 개념으로 설명하였다. 조망불가능성을 모던 예술 혹은 포스트모던 예술의 본질적인 측면으로 여긴 리오타르는 자신의 논의를 칸트의 숭고론과 연결시켰다.[10]

지금까지의 논의를 통해 우리는 예술에서의 조망불가능성Unüberschaubarkeit이라는 현상을 파악하기 위한 좋은 도구를 손에 넣었다. 엄밀히 말하자면 조망불가능성은 이러한 두 가지 상반된 현상들이 하나로 수렴된 결과이다. 첫 번째는 관람자에게 작품이 조망불가능한 것으로 경험되는 현상이다. 지속적으로 한 작품의 언어가 파편화된 것으로 나타날 때 그 작품은 실제로 조망불가능하다. 설사 한 작품이 지닌 구조들의 특정 연관이 개시되어 있었다 해도, 이 연관에 대한 이해가 더 이상 한 발짝도 진전될 수 없는 상태에 봉착한다. 하나의 작품을 대면할 때 이 작품의 언어는 언제나 단절된다. 이런 상황에서 작품의 언어는 결코 완성 단계에 도달할 수 없다.

두 번째는 작품이 과잉규정성Überbestimmtheit을 지니고 있는 현상이다. 마르셀 프루스트Marcel Proust의 『잃어버린 시간을 찾아서*A la recherche du temps perdu*』가 이런 점에서 숭고한 작품으로 꼽힌다. 이 작품의 독자 또한 세부요소들을 하나의 전체로 개관하지 못한다. 프루스트의 작품이 보여 주는 기념비적인 위대함은 바로 저 과잉규정성이다. 이 작품의 세부요소들은 너무 많아서 조망불가능하다. 이로 인해 감상자에게는 작품 전체에 대한 조망이 생기지 않는다. 결과적으로 본다면 조망불가능성과 유사하다. 즉 작품의 언어에 대한 해명은 언제나 그것의 단면들에 대한 해명으로 머물 뿐이다. 과잉규정성으로 인해 아주 작은 부분만 떼어 놓고 보려 해도 이것 자체가 이미 엄청난 복잡성을 지닌 까닭에 다른 문맥들과의 연관에 대한 그 어떤 조망도 불가능하다. 이 두 번째 현상에서도 작품의 언어는 완성 단계에 도달하지 못하며, 하나의 작품 전체를 염두에 두지 않은 채 작품의 언어를 해명하는 일은 불가능하다.

예술의 조망불가능성 및 과잉규정성은 다음과 같이 일반화될 수 있을 것이다. 각각의 작품은 이 계기들을 특별한 방식으로 드러내며 감상자는 작품의 언어가 지닌 얼개 가운데 그저 단면만을 얼핏 볼 수 있을 따름이다. 이해를 통해 작품을 구조화하려는 감상자에게 그저 작품의 단면만 보일 때에는 감상자가 이미 더 이상 나아갈 수 없는 지점에 봉착했다는 것을 뜻한다. 한 작품의 언어는 언제나 작품 전체를 통해서만 해명된다. 작품에 등장하는 특정 어휘는 작품에 등장하는 다른 어휘들과 하나의 긴밀한 연관을 이루는 부분으로 간주되어야 하며 이럴 때에만 비로소 이 어휘에 대한 올바른 이해가 가능한 것이다. 가령 앞서 언급한 파우스트의 "이제, 아! …"와 같은 대사는 『파우스트』 전체의 언어 구사를 이해할 수 있게 해 주는 말투이다. 작품을 감상하는 자에게 이 작품이 언어의 단편들로만 나타난다면, 결국 감상자는 작품의 각 부분을 하나의 연관 하에 둘 기회조차 갖지 못한다. 즉 감상자가 작품의 부분들을 붙잡고 이것들 간의 연관을 발견하지만 감상자가 이해한 이 연관 또한 작품 전체로 보면 일부분에 불과할 뿐이다. 하지만 우리가 작품의 단면들만을 볼 수 있다는 것은 결국 작품 가운데 우리에게 조망되지 않은 다른 부분들이 있다는 것을 뜻한다. 다시 말해 작품의 언어 가운데 이해된 요소들이 결과적으로는 아직 이해된 것이 아니었다.

원래 존재하던, 즉 이해를 가능케 했던 연관이 사라짐으로써 이제 이 언어 요소들에 대한 이해가 불가능해진 것이다. 이렇듯 조망불가능성을 드러내 주는 작품들을 감상하고자 할 때 감상자의 이해가 지닌 한계가 노출될 수 밖에 없다.

'어떤 예술작품이든 우리는 그것의 특정 단면에만 접근할 수 있을 뿐이지 않은가?' 하는 의문이 들기도 한다. 뒤러의 동판화 한 점을 본다고 할 때에도, 결국 우리는 한정된 부분만을 바라볼 수 있을 따름이지 않은가? 작품의 단면만을 수용할 수밖에 없다는 점은 시간예술에서 더욱 두드러진다. 슈베르트의 가곡집 「겨울나그네Die Winterreise」 가운데 한 곡을 들었다고 하자. 비교적 짧고 간단한 노래 한 곡을 들을 때에도 우리는 흘러가는 시간에서 작은 창을 열어 볼 수 있을 따름이다. 가곡 전체를 모두 들었다고 해도 우리는 이 작품의 일부에만 접근했을 뿐이다. 하지만 그렇다고 해서 이 작품의 언어에 대해 언제나 일부 단면들에만 접근할 수 있을 따름이라고 결론 내려서는 안 된다. 작품의 언어 가운데 일부 단면들에만 접근하긴 하지만 이렇게 접근된 단면들이 모여 하나의 조합을 이루기 때문이다. 슈베르트의 이 작품은 이러한 조합을 방해하기보다는 오히려 이를 요구하고 촉진하면서 온전한 작품 하나를 형성해 나간다. 반면 숭고한 작품은 이 조합을 방해한다. 예술작품을 대면할 때 나타나는 조망불가능성 내지 과잉 규정성의 의미는 다음과 같이 요약될 수 있다. 어떤 예술작품이든 작품 본연의 언어성이 지닌 복잡성으로 인해 조망불가능성의 계기를 내포하고 있으며, 이 계기가 특히나 두드러져서 예술의 조망불가능성 현상을 나타내 보이는 특정 작품들이 있다.

조망불가능성의 계기를 드러내는 작품이 우리의 예술경험 전반에 시사하는 바가 있다. 조망불가능성 내지 과잉규정성 현상이 분명하게 나타나지 않는 예술작품들도 적지 않지만, 이러한 작품을 감상할 때에도 저 현상은 분명히 나타나며 이로 인해 작품에 대한 우리의 이해는 결코 종결되지 않는다. 예술에 대한 이해가 언제나 가변적[6]이라는 점은 특히 숭고한 예술에서 두드러지기는 하지만 결국 모든 예술작품에서 나타난다. 예술작품들은 결국 각각 하나의 소우주이기 때문이다. 모든 작품은 각각 자신만의 고유한 언어를 갖는다. 그런 까닭에 작품 밖의 그 어떤 것도 작품에 대한 이해의 방향을 특정해 줄 척도가 될 수 없으며 그렇기 때문에 어떤 예술이든 이에 대한 이해가 중단되는 일이 발생한다. 작품의 언어를 해석할 때 이것들이 잘 조합되지 않거나 심지어는 그 어떤 통일성도 발견되지 않는 일이 언제나 일어날 수 있다.

3.2 미적 기호는 기호의 전주다

이해를 방해하는 또 다른 현상에 대해 세잔의 그림으로 설명해 보자. 세잔은 색면을 넓게 칠한 작품들을 많이 남겼는데, 우리는 이 색면을 조합하여 이 작품이 현시하는 바를 찾아낸다. 이 색면은 이중적 성격을 갖는다. 한편으로 색면은 그 자체로 아무것도 가리키는 바가 없기 때문에 무언가를 현시하기 전 단계에 놓여 있을 뿐이다. 즉 청색 선은 그 자체로 아직 바위에 드리워진 음영이 아니다. 다른 한편으로 하나의 색면은 다른 색면들과의 연관을 이루면서 무언가를 현시하는 까닭에 그 자체로 무언가를 현시하고 있다. 즉 청색 선은 그것이 그림 속에 존재하는 한 이미 그 자체로

---

6 92쪽 각주 19번 참조.

생 빅투아르 산 http://www.philamuseum.org/collections/permanent/102997.html?mulR=2013332446|22

바위의 음영을 이룬다. '세잔의 그림은 이미 기호다'라고 언급할 때에는 색면이 지닌 이런 이중적 성격을 이미 염두에 두고 있어야 한다. 세잔의 그림에서는 색면들의 연관을 통해 대상의 형식이 갖추어진다. 그의 그림 특유의 '색채 사이공간interspace'이 우리의 시선을 붙잡는다. 세잔의 그림은 어떤 식으로든 색면들의 연관 속에서 존립한다. 색면들 사이에서 색의 대비와 이행이 이루어지며, 또한 어떤 색면은 바위가 되고 어떤 색면은 하늘이 되는 식으로 특정 색과 대상의 관계가 지정된다. 세잔의 그림을 통해 감상자는 이해의 전단계에 직면하는데, 이를 통해 감상자는 이해의 한계를 경험한다.

이해의 한계에 대한 경험을 '기호의 전주prelude'라는 개념으로 파악하고자 한다. 미적 기호는 예술작품을 감상하는 자에게 하나의 기호사건이 도래했다는 것을 알려 준다. 미적 기호를 통해 이해 이전의 상황이 양산되며 이런 상황에서 이해가 시작된다. 예술작품이라는 기호는 자신만의 언어로 구성되기 때문에 이 기호상태에는 그 어떤 이해도 전제되어 있지 않다. 바로 이 상황에서 비로소 이해가 시작되어야 한다. 따라서 예술은 자신만의 언어를 구성하는 일에 매진하게 된다. 본연의 언어를 스스로 구성하는 까닭에 미적 기호는 기호의 전주라 부를 수 있다.

미적 경험을 통해 기호의 전주라는 개념을 규정하는 시도는 특히 자크 데리다Jacques Derrida의 작업에 힘입은 바 크다. 데리다는 이해의 문지방을 넘기 직전에 놓인 다수의 작품을 소개하였다. 데리다에 따르면 이런 작품들은 이해의 문지방에 서 있되 동시에 이해로 향하는 시각을 열어 보인다. 기호의 전주곡인 한에서 예술작품은 모든 이해에 깃든 '비非이해'의 순간을 가리키는데, 이 순간은 바로 사물들이 이해가능해지기 직전을 뜻한다. 데리다가 생각하기에 미적 사건은 도달되지 않은 미지의 영역이다. 회화에서 '색채들의 사이공간'이, 문학에서 '단어들의 사이공간'이, 그리고 음악에서 한 음이 멈추고 다른 음으로 이행하는 시점[사이시간]이 이에 속한다.

데리다의 분석을 통해 알 수 있는 점은 다음과 같다. 예술작품에 대한 이해가 이루어지고 있음에도 이해가 이루어지기 이전에 머물러 있다는 것을 목격하는 순간, 예술작품은 우리를 이해의 한계지점으로 이끈다. 이렇게 본다면 작품은 이해의 '비이해'적 측면을 다루기 때문에 결국 작품은 이해를 거부하게 된다. 이런 방식으로 예술은 감상자에게 모든 이해에 깃든, 그 자체로는 그 어떤 이해도 불가능한 지점으로 이끈다. 데리다는 이 점을 설명하기 위해 하이데거 예술철학에서 특별한 의미를 갖는 반 고흐의 그림(I.3.3)을 예로 든다.[11] 물론 세잔의 「생 빅투아르 산」도 이 점을 잘 보여 준다. 이 그림의 테마는 생 빅투아르 산의 광학적인 모습의 현시로 볼 수 있다. 이 그림에는 다양한 음영을 지닌 색면들이 뒤섞여 있다. 이런 뒤섞임이 생 빅투아르 산을 가리킨다. 이 산은 바위, 나무, 능선, 하늘 등으로부터 분리된다. 밝은 청색으로부터 분리된 밝은 회색빛이 어두운 녹색 위에 드리워져 있다. 이러한 과정을 통해 무언가가 현시되는 방식이 어떠한지, 세잔의 회화는 잘 보여 준다. 그렇게 본다면 회화는 이미지적 이해의 구성을 다룬다고 볼 수 있다.

데리다의 시각에서 보면 이러한 구성은 일종의 분화differentiation이다. 색, 선, 면 등이 다종다양하게 나타날 때 이러한 분화가 일어난다. 그 어떤 그림이든 그것이 식별가능하다면 거기에는 어떤 식으로든 이러한 분화가 이루어졌다고 할 수 있다. 데리다에 따르면 세잔의 그림 같은 것들을 통해 우리는 이러한 분화과정에 주목하게 된다. 이런 그림들을 이해할 때 분화가 전제되어 있다는 것을 염두에 두어야 하는 이유는, 심상 이해에서 전제되는 분화가 바로 이해되어야 할 바로 그 작품 특유의 언어에서 비롯한 것이기 때문이다. 그러니까 통상적인 심상 이해에서는 이러한 전제가 성립하지 않는다. 미적 이해를 통해 미지의 영역이 드러나며 이를 통해 분화가 이루어진다. 미적 이해는 바로 이러한 특징을 갖는다. 예술작품에서 바로 이러한 분화의 순간이 나타난다.

예술작품을 통해 일종의 화학 반응이 일어나기 시작하는, 이른바 발생기의in statu nascendi 이해가 시작된다. 예술작품을 이해할 때 기호와 경험 사이에 감도는 장력이 미치는 영향이 바로 이 지점에서 확인된다. 예술작품에 대한 이해는 근본적으로 언제나 일종의 생성 과정에 있다. 예술작품의 얼개를 기호로 볼 때 노달되는 결과가 바로 이것이다. 작품 특유의 언어성으로 인해 예술이라는 기호는 언제나 근본적으로 이해의 한계에 봉착한다. 헤겔과 굿맨에 따라 예술을 일종의 기호로 볼 경우, 데리다의 분석은 설득력이 있다. 예술작품이 기호의 전주가 되어야 한다는 것에 주목하지 않는다 해도 결국 예술작품은 기호의 전주다. 작품의 개인어로 인해 이 작품을 대면한 감상자는 언제나 기호생성의 과정을 거친다. 감상자가 미적 기호의 개인어를 해명하는 경험은 기호에 깃든 비이해의 계기에 대한 경험이기도 하다. 즉 모든 예술작품은 각각 자신만의 그 얼개로 인해 이에 대한 이해의 한계가 노출된다. 예술 이해는 바로 이러한 한계에서 시작한다.

4. 이해와 해석

예술을 접할 때에는 일종의 구조화가 이루어진다(V.1.2). 즉 작품의 요소들이 이루는 구조를 더듬어 감으로써 예술 이해가 이루어진다. 이 요소들의 위상은 작품 전체의 연관을 통해 밝혀진다. 미적 경험의 이러한 구조화 작업이란 작품의 언어가 지닌 요소들이 하나의 균질한 연관을 갖는 사건일 수 없다. 질료적 계기들, 그리고 구조화를 지체시키는 계기들에서도 이러한 구조화는 이루어진다. 미적 이해는 복잡한, 비균질적인 사건이다.

이제 미적 경험의 이러한 구조화가 구체적으로 어떻게 이루어지는지를 살펴볼 차례다. 즉 예술작품에 대한 해석에 대해 살펴보자. 예술 경험을 통해서는 이미 친숙하되 아직 언어화되지 않는 국면을 확인하는 일이기 때문에 어찌 보면 간단하고 어찌 보면 복잡한 일이다. 예술작품을 접한다는 일은 감각적이든 지적이든 대상을 묵묵히 바라보고 듣는 행위가 아니다. 예술작품을 접할 때에는 이에 대한 해석이 이루어진다. 그렇기 때문에 우리는 하나의 작품이 현시하는 바에 대한, 그러니까 이 작품의 골자가 어떠한지, 그리고 이 작품이 어떤 특질을 지니고 있는지에 대한 제반 담론들을 알게 된다. 친구들과 함께 미술관에 갔다고 할 때, 사람들은 서로 상대방에게 그림을 가리키면서 그것이 어떤 의미를 지니는지, 어떤 측면에서 그것이 성공적인지 등을 서로서로 이야기한다. 예술을 접하는 데 있어서 해석은 중요하다.

4.1 예술은 해석되어야 한다

한 작품의 요소들이 서로 밀접한 연관 속에서 구조화될 때, 각각의 요소들 본연의 구조가 사라질 위험이 없지 않다. 개별 요소 특유의 구조가 사라지게 된다면 이 요소들은 그저 감각적으로 촉발된 인상 이상의 것이 될 수 없다. 이러한 요소들만으로는 그 어떤 이해도 생기지 않는다. 미적 경험에서 요구되는 구조는 예술작품의 영역 밖에서도 존립 가능한 것이어야 한다. 이러한 구조만이 지속성을 견지하면서 미적 구조화를 가능케 한다. 이러한 구조는 우리에게 매우 친숙하다. 우리가 일상적으로 사용하는 언어가 바로 그러하기 때문이다.[12] 미적 경험 가운데 철저히 비언어적으로 수행되는 것도 있긴 하지만 이런 경험조차 언어와 무관하지 않다. 언어는 미적 구조를 표명할 매체를 준비하여 미적 경험이 이루어질 때 작품의 요소들이 곧바로 시선에서 사라지는 일이 없게끔 한다. 작품의 개별 요소들이 지닌 연관 자체가 언어적 연관은 아니지만 미적 경험에서 언어 구조는 일종의 체류지 역할을 하면서 미적 경험에 반드시 필요한 연관을 이루게 해 준다. 이러한 연관은 의미를 분명하게 표명하는 언어의 기능이 작동할 때, 이해가 이루어질 때 생겨난다.

예술작품을 언어적으로 접할 때 일종의 논증이 이루어지는데, 이 논증은 일종의 해석이다. 논증이란 구조에 대한 언어적 해명이다. 논증에서는 다음과 같은 일이 벌어진다. 어떤 그림이 대각선 구도를 취하고 있다는 점이 관찰되었다는 것은 곧 그림 안의 요소들이 수평선상에 나란히 놓여 있을 수 없다는 점을 당연히 전제하는 것이기 때문에, 그림의 요소들이 수평선상에 배열되어 있다면 앞서 언급한 논증의 타당성은 사라진다. 논증은 구조를 명시화하지만 근본적으로 언제나 논박될 수 있다. 이러한 문제제기는 자의적으로 이루어질 수 없고 언제나 타당한 근거가 뒷받침되어야 한다. 근거가 충분히 확보된다면 기존의 논증은 언제라도 수정될 여지가 있다. 예술을 접할 때에 이러한 일은 언제나 일어난다. 어떤 논증이 제아무리 구속력이 있다 한들 구속력 있는 또 다른 근거에 의해 틀렸다고, 혹은 적어도 불완전하다고 판명이 날 가능성을 피할 수 없다.

미적 경험의 구조화 작업은 해석적 토론을 통해 더욱 분명하게 드러난다. 이러한 토론은 예술작품을 접하는 이에게 예술이 언어를 통해 표명된다는 점을 잘 보여 준다. 따라서 예술에 대한 해석은 필요하다. 다만 주의할 점이 있다. 침묵 상태에서, 해석에 대한 그 어떤 열망 없이도 작품에 대한 이해가 이루어진다. 이러한 예술 이해는 흔히 이루어진다. 미적 이해를 위해 해석이 필요한 경우도 있고 해석 없이 이해가 이루어지는 경우도 있다. 그러니까 이해에는 언제라도 해석이 결부될 가능성이 있다는 말을 하고자 하는 것일 뿐, 어떤 작품을 이해했을 때 반드시 어떤 해석을 수행했어야 할 필연성이 있다는 것은 아니다. 한 편의 영화를 본 후 이 영화를 이해한 과정을 정확히 말할 수는 없을지라도 어쨌든 이 영화에 대해 무언가를 이해하고 있는 경우가 있다. 이 영화의 여러 세부요소들 간의 연관을 옆에 있는 친구가 언급할 때, "그래, 맞아. 나도 그렇게 생각하고 있었어!"라고 맞장구칠 때가 있다. 정작 본인은 그 세부요소들을 정확하게 언어화할 수는 없었을지라도 말이다.

미적 이해가 말없이 이루어질 수 있으나 이러한 이해에도 해석은 결부된다. 그림이든, 영화든 하나의 작품에 대한 미적 이해에는 해석의 가능성이 열려 있다. 해석은 예술 이해에서 이미 은연중에 취하고 있는 구조화를 해명한다. 해석을 통해 이 구조화에 대한 논쟁이 이루어진다. 즉 이와는 다른 구조화가 대두되고 이에 대한 찬반이 명시화됨으로써 논쟁이 촉발된다. 이런 식으로 해석적 토론이 이루어지며 이해된 것들의 진위 여부를 따진다. 해석은 미적 경험에 하나의 기준을 제공한다. 이 기준은 논증의 기준이다. 논증은 타당할 수도 있고 그렇지 않을 수도 있다. 즉 반론에 대응하는 논거를 지니고 있을 수도 있고 충분한 숙고 없이 이루어진 것일 수도 있다.

논증이라는 언어적 실천은 예술 해석의 기준이 된다. 이 기준은 예술작품 자체에서 발견되는 것이 아니다. 예술이란 인간 특유의 자기소통을 위한 실천이다. 그런데 예술과 자기소통이 긴밀한 연관을 갖게 된다면 반대로 예술 해석의 기준이란 것이 존재할 이유가 없다고 여길 수도 있다. 즉 예술작품이 어떤 말을 건네는가의 문제는 오직 그 말을 건네받은 자에게만 해당되는 것이라는 생각이 들 만하다. 에코의 생각도 이러했다. 그에 따르면 모든 예술작품은 각각 특유의 얼개를 지니고 있을 뿐이며, 그렇기 때문에 작품 이해를 제한하는 그 어떤 해석의 기준도 있어서는 안 된다고 보았다. 그런데 그의 이러한 주장은 나중에 다소 약화되어 몇 가지 제한 조건을 언급하였다.⑬

해석에 대한 에코의 입장이 변경된 것은 애초에 그가 해석을 잘못 생각한 데에서 비롯한 결과이다. 그는 예술에 대한 해석의 최종적 기준이 작품 자체에 깃들어 있다고 생각했는데 이는 잘못된 생각이다. 예술작품 속에서 그러한 기준을 확립할 수는 없다. 오히려 논증이라는 실천의 장으로 나아가야 한다. 해석의 기준은 바로 이러한 실천을 통해 생겨난다. 논증이라는 실천을 통해 예술작품의 내재적 연관이 토론에 부쳐지면서 이 점에 대해 확증을 해 주든 그렇지 않든 이런 연관 자체에 대한 해석이 가능해진다. 토론을 통해 이 연관들에 대해 논쟁이 촉발되기도 하고 이 연관들이, 그리고 이 연관들의 진위 여부가 분명하게 확인되기도 한다. 따라서 구체적으로 해석이 수행될 때 해석이라는 이 실천에 비로소 기준이 확립된다. 예술에 대한 해석의 기준은 결코 고정불변의 것일 수 없다. 해석의 기준이란 예술을 통해 자기 자신과 교섭하는 가운데 벌어지는 사건의 일부인 것이다.

4.2 예술 해석의 난점

예술작품을 해석하기 위한 논증의 실천은 일정한 기준을 마련하게 되지만 그렇다고 해서 이러한 기준을 토대로 이루어지는 해석이라는 것이 결코 확고부동한 것이 될 수는 없다. 이 점만큼은 에코가 적절히 파악했다고 볼 수 있다. 미적 이해는 작품 특유의 얼개에서 출발해야 하는 까닭에 논증을 통한 해석이 확고부동함을 지닐 수는 없는 것이다. 이렇듯 예술을 해석하는 작업에는 부득불 난점이 뒤따른다. 예술을 해석하는 작업이 지닌 또 다른 난점이 있다. 해석이란 결국 기술description하는 일일 수밖에 없다는 점이 그것이다. 각각의 예술작품에 대한 이해는 해당 작품이 지닌 특유의 감각적·질료적 속성과 긴밀히 연관되어 있는 반면, 해석은 대상에 대한 외적인 관찰과 이를 토대로 한 기술로 이루어진다. 해석을 위해서는 감각적·질료적 측면을 관찰하고 기술할 수밖에 없다. 하지만 이렇게 관찰되고 기술된 것에 대한 토론이 작품 자체에 긴밀히 결합된 요소들을 다루고 있다는 장담은 할 수 없다.

예술 이해가 작품 특유의 얼개와 관련된다는 사실을 고려한다면, 예술 해석의 기준을 부정한 에코의 입장도 일견 타당하다. 작품의 고유성은 해석의 장애 요소일 수밖에 없다. 각 예술마다 양상은 다양하다. 조형예술이나 문학처럼 무언가를 현시하는 예술은 작품이 말하고자 하는 바를 확인하려는 경향이 강한 반면, 음악을 비롯하여 비현시적인 경향을 띤 예술은 이해된 것들이 각기 너무나 달라서 서로 충돌하는 일이 잦을 것이다. 이해와 해석을 둘러싼 정황은 이렇듯 복잡하고 간단치 않다. 그렇다면 앞서 설명한 논증의 기준 같은 것들이 과연 제 기능을 다할 수 있을까? 모든 장애 요소를 극복하여 설득력 있는 논증적 해석에 도달할 수 있을까?

이제, 예술에서 이해와 '비이해'를 결합하는 일에 대해 생각해 보자. 어떤 작품이든 거기에는 명시적이든 암시적이든 비이해의 측면이 결부되긴 하지만, 이 측면이 어떤 방식으로 결부되는지에 대한 논증은 반드시 필요하다. 앞서 세잔의 그림에 대한 하나의 해석을 시도한 바 있는데 이러한 해석 역시 당연히 반박될 여지가 있다. 색면들의 합주를 각각 분할된 것들의 합주로 보지 않았다면, 즉 색면들의 '사이공간'을 이해하지 않았다면 앞서 수행된 해석은 견지될 수 없게 된다. 어떤 논증이 해석의 기준으로 통용될 수 있는지에 대해 무조건 의심하는 일은 그다지 바람직하지 않지만 (실제로 의문의 여지가 없는 기준도 있다) 어쨌든 하나의 해석이 언제나 반박될 여지가 있다는 점만큼은 분명한 사실이다.

예술 이해의 장애물이라고 하는 작품 특유의 질료성조차 작품에 대한 해석적 접근을 가로막을 수는 없다. 이러한 장애물을 극복함으로써 오히려 작품 해석이 지닌 근본 특징들이 더 부각될 수 있다. 작품 해석에는 질료적 이해가 반드시 동반된다. 미적 경험을 위해 반드시 수행되어야 할 질료적 이해는 언제라도 해석의 타당성을 방해하는 요소가 될 수 있다. 물론 감상자마다 미적 경험 과정이 모두 제각각이라는 전제 하에서 구속력 있는 해석의 기준점을 확보할 수 없다고 생각하는 이도 있을 것이다. 하지만 이는 잘못된 생각이다. 설사 모든 질료적 이해가 제각각이라 해도 이러한 이해 하나하나에 대한 논의는 분명 가능하다. 이러한 논의는 바로 기술을 통해 가능하다. 가령 감상자는 반 고흐의 그림이 어떤 색채를 띠는지에 대해 기술할 수 있다. 이 작품의 채색이 지닌 성격에 대해 다른 감상자들과 동일한 견해를 갖지 못한다 해도, 감상자의 기술을 통해 채색이 반 고흐의 그림에 대한 이해에서 어떤 역할을 하는지에 대해 다른 감상자들과 충분히 논쟁할 수 있다. 기술됨으로써 예술작품에 대한 이해가 언제나 질료에서 출발한다는 정황을 떠올릴 수 있으며, 기술됨으로써 작품을 접할 때 질료적 이해가 이루어지고 있다는 것을 알 수 있다. 설사 구체적인 질료적 이해에 대해서 합의에 도달하지 못한다 해도, 작품 해석에 질료적 이해가 결부되는 것은 분명한 사실이다. 기술됨으로써 작품에 대한 올바른 해석 여부에 대한 논쟁도 비로소 가능하다.

해석의 타당성을 확보하는 데에 장애 요소가 되는 또 다른 것으로 예술

언어의 고유성이 있다. 모든 작품은 제 나름의 고유한 언어를 갖는다. 다만 언제 이 언어가 제대로 드러날지 알 수 없는 일이다. 해석이 기준을 새롭게 정립한다고 해도 이런 상황을 근본적으로 해결할 수는 없다. 어떤 해석이 그 작품의 언어를 정확하게 드러냈는지 확실하게 보증할 길은 없다. 어떤 해석이든 작품과 무관한 것은 없다. 한 작품에 대해 이루어지는 해석은 그 무엇이든 이에 대한 다른 해석들과 연결되는 문맥을 갖고 있다. 이 해석들 가운데 그 어떤 것도 작품과 무관하지 않다. 특별히 작품에 주목하지 않으면서 미술관을 거닐 때라고 해도 우리는 무언가를 해석하고 있으며 나름대로 이에 대한 확신을 갖는다.

한스 게오르크 가다머Hans-Georg Gadamer는 해석들 사이에 이루어지는 연관을 "영향사history of effect"라는 개념으로 설명하였다. 한 편의 작품에 대한 해석들은 서로 긴밀히 연결된다는 점에서 모든 작품은 제 나름의 역사를 갖는다.⑭ 오늘날 모차르트의 「피아노 협주곡 제22번 내림마장조(작품번호 482)Klavierkonzert in Es-Dur(KV482)」에 대한 해석은 단지 이 작품 자체에 대해서만 이루어지는 것이 아니라 이 작품을 둘러싼 기존 해석들과도 관련되어 있다. 음악에서 이 점은 특히 두드러진다. 하나의 작품을 실제 연주하는 음악적 실행이 거듭 반복적으로 이루어지기 때문이다. 브루크너 음악의 해석자로 잘 알려진 지휘자 귄터 반트Günter Wand가 브루크너의 악보에만 충실하려 해도 이 악보에 대한 기존 해석을 완전히 배제할 수는 없다. 이미 기존의 해석에 대한 지식이 머릿속에 들어 있기 때문이다. 한 작품에 대한 여러 해석들이 존재할 경우 작품의 언어에 대해 숙지할 때 이러한 기존 해석들을 배제할 수가 없다. "영향사"라고 부를 수 있는 이 과정을 통해 기존 해석의 척도들이 서로 긴밀히 결합되면서 해석의 기준으로 자리매김한다.

하나의 작품을 해명하려는 이러한 일련의 해석들이 해당 작품하고만 관계 맺는 것도 아니다. 오히려 한 작품을 둘러싼 해석들 간의 복잡한 연관에 주목해야 한다. 어떤 해석이 내려졌다는 것은 지금까지의 해석 과정에서 가장 설득력 있는 잠정적 결론이 내려졌다는 뜻이다. 한 작품의 언어를 해석할 때에는 기존의 이러한 해석을 바탕으로 해야 하고 그랬을 때 비로소 이 해석에 대한 변경도 설득력을 얻을 수 있다.

해석들의 영향사로 인해 한 작품의 언어에 대한 해명이 점진적으로 이루어진다. 즉 각 작품마다 지닌 본연의 언어 특유의 얼개로 인해 해석되기 어려운 난점들이 이러한 영향사로 인해 조금씩 해소된다. 영향사의 측면에서 볼 때 해석은 결코 자의적으로 이루어질 수 없다. 작품 특유의 언어에 대해 도달된 기존의 이해가 해석에 영향을 주기 때문이다. 따라서 모든 예술작품에 대한 해석에는 예술 이해 및 예술 해석이 지닌 이러한 특징이 언제나 반영되기 마련이다. 강조해서 말하자면 이러한 특징은 반드시 반영되어야 한다.

4.3 이해와 자기소통

예술작품에 대한 이해를 통해 다음과 같은 점이 드러난다. (1) 예술작품은 각기 고유한 언어를 지니고 있으며 이 언어에 입각해서 이해되어야 할 기호이다. (2) 예술작품의 질료는 해당 작품의 언어가 지닌 특유의 계기이다. 미적 이해에는 질료적 이해가 언제나 동반된다. 이 점이 매우 중요하다. 예술작품에 대한 이해가 우선 작품의 감각적·질료적 요소를 접함으로써 이루질 수 있기 때문이며 또한 이해되어야 할 내용이 작품의 질료 자체에 깃들어 있기 때문이다. (3) 예술작품은 특유의 방식으로 이해의 한계를 드러내 보여 주는 기호이다. 바로 이러한 한계에 대한 작업을 통해서만 이해될 수 있는 작품들도 있다.

미적 이해가 지닌 이러한 특징들을 살펴보면 미적 자기소통의 요소들이 어떻게 서로 합주하는지 잘 드러난다. III장에서 미적 자기소통이 지닌 계기 세 가지, 즉 문제제기, 확증 및 변경을 비교 분석한 바 있다. 예술이라는 특수한 형식에서 이루어지는 이해를 살펴보면 이러한 이해 과정에서 저 세 가지 계기들이 합주하기 시작한다는 것을 알 수 있다. 예술이란 일종의 이해사건이다. 예술에서 우리는 이해의 한계에 직면하며 이해의 감각적·질료적 측면에 따라 특수한 이해에 도달한다. 이 점에서 예술 이해는 근본적으로 문제제기의 성격을 띤다고 할 수 있다. 이러한 문제제기를 거침으로써 비로소 긍정적인 이해가 나올 수 있다. 그렇기 때문에 이해된 것에 대한 확증과 변경은 동일한 지반에서 이루어진다. 미적 경험이란 언제나 문제제기가 동반되는 이해 과정이다.

하지만 미적 자기소통을 통해 결국 이해에 도달하게 된다. 미적 자기소통은 예술작품 본연의 언어를 통해 성립한다는 특징을 잘 보여 준다. 미적 경험에서 이해에 대해 문제제기가 이루어질 때 작품의 언어를 해독하는 과정이 시작된다. 이미 살펴본 바와 같이 예술작품을 미적으로 경험한다는 것은 작품의 구조를 더듬어 간다는 것을 뜻한다. 이때 각종의 계기들은 서로 구분되면서도 동시에 서로 긴밀히 결합된다. 이런 식으로 감상자는 작품의 형식 및 구조를 추적해 나간다. 작품 본연의 언어에 대한 경험을 통해 자기소통이 이루어진다. 작품의 언어를 통한 자기소통은 미적 경험을 떠나서는 결코 이루어질 수 없다. I장에서 논의한 바 있는 미적 경험의 자기목적성은 미적 경험이 바로 작품 본연의 언어와 연관된다는 점을 나타낸다. 작품 본연의 언어에 대한 경험이 곧 자기소통의 과정이기 때문에 이 과정은 자기목적성을 갖는다. 미적 경험은 이해의 한계지점에 다다른 이해에 대한 경험이며, 그렇기 때문에 우리의 통상적 이해를 확증하면서 또한 동시에 이를 변경한다. 작품을 대면한다는 것은 단순히 작품에 몰두하는 것이라기보다는 작품이라는 형식을 통해 자기소통을 확증하는 것으로 보아야 한다. 이때 작품 본연의 언어는 작품 본연의 이해에 대한 지평을 온전히 포괄하는 언어가 될 수 있으며 그런 언어로 경험될 수 있다.

이해에 대한 문제제기가 있다는 것은 곧 이해 과정에 부응했다는 것을 뜻한다. 지금까지 서술한 내용을 토대로 한다면, 이해의 한계야말로 예술 이해에 감도는 장력을 잘 보여 준다. 이해에 대한 문제제기가 이루어질 때마다 언제나 또한 하나의 이해를 낳는다. 미적 경험은 정말로 이렇게 이루어지는가? 미적 경험은 언제나 거듭 이해의 임계지점을 나타내 보인다. 예술작품을 대면할 때 비이해의, 혹은 이해 중단의 계기가 부각된다. 이러한 현상을 이론적으로 적절히 설명할 수 있으려면, 미적 경험의 한 축을 이루는 문제제기가 어떻게 이해의 한계에 대한 경험이 될 수 있는지, 미적 경험이 결국 이해와 다르지 않은 까닭이 무엇인지 등에 대해 납득할 수 있어야 한다. 미적 경험이라는 차원을 이렇게 바라볼 때에만 아도르노가 역설한 예술의 부정성(III.3.2)이 무엇을 뜻하는지 알 수 있다. 예술 경험에서 문제제기는 일단 이해로부터 멀어지는 측면이 있다. 이 점에 대해서는 다음 장에서 다룰 것이다. VI장에서는 미적 경험이 미적 이해에서 이루어지는 것이 아니라는 점이 설명될 것이다.

미주

❶ Croce, *Aesthetik als Wissenschaft vom Ausdruck*, 22쪽. 크로체는 헤겔의 예술 개념과의 연관 속에서 자신의 이러한 이해를 표명했다. 크로체가 염두에 둔 헤겔의 예술 개념에 대해서는 다음을 참조. Hegel, *Vorlesungen über die Ästhetik III*, 331쪽.

❷ 이런 맥락에서 아도르노는 예술작품을 고트프리트 빌헬름 라이프니츠Gottfried Wilhelm Leibniz의 모나드 개념과 연관 짓는다. Adorno, *Ästhetische Theorie*, 268쪽 이하.

❸ Eco, *Einführung in die Semiotik*, 151쪽 이하.

❹ Valéry, "Rede über die Dichtkunst", 26쪽. 발레리가 "왔다 갔다 한다"라고 말한 것의 의미에 대해서는 다음을 참조. Jakobson, "Linguistik und Poetik", 106쪽.

❺ Heidegger, "Der Ursprung des Kunstwerkes", 33쪽.

❻ Heidegger, "Der Ursprung des Kunstwerkes", 31쪽.

❼ Goodman, *Sprachen der Kunst*, 59쪽 이하.

❽ Imdahl, "Cézanne—Braque—Picasso. Zum Verhältnis zwischen Bildautonomie und Gegenstandssehen."

❾ Kant, *Kritik der Urteilskraft*, B96 이하.

❿ Lyotard, *Die Analytik des Erhabenene*.

⓫ Derrida, *Die Wahrheit in der Malerei*, 301-442쪽.

⓬ 물론 예술에서의 이해가 단지 언어에만 국한된 것은 아니다. 이 점에 대해서는 다음을 참조. Bertram, *Kunst als menschliche Praxis*, 121쪽 이하.

⓭ 에코의 다양한 입장에 대해서는 다음을 참조. Eco, *Das offene Kunstwerk*; Eco, *Die Grenzen der Interpretation*.

⓮ Gadamer, *Wahrheit und Methode*, 305쪽 이하.

VI

질료와 과정

예술작품을 접할 때마다 우리는 작품의 형식 및 구조가 파악되지 않는다거나, 작품 내의 연관 가운데 전혀 이해되지 않는 부분이 있다거나, 심지어는 도대체가 그 어떤 연관도 발견되지 않는 경험을 한다. 예술 이해에서의 한계 경험 자체가 이해의 계기를 이룬다는 점을 V장에서 이미 논의한 바 있다. 이 장에서는 바로 이 점을 좀 더 자세히 설명하고자 한다. 예술 이해에서 한계를 경험할 때 종종 그 어떤 이해에도 도달하지 못할 수도 있다는 것, 즉 이해의 과정이란 가변적이며 언제나 임계상태에 놓여 있다는 것을 구체적으로 살펴보고자 한다. 미적 경험을 할 때 예술작품의 언어에 대한 해독이 전혀 이루어지지 않을 수도 있다는 점을 어떻게 바라보아야 할까?

이 문제에 답을 내리기 위해 예술철학의 개념 두 개를 언급하겠다. '(순전한) 질료'와 '(순전한) 과정'이 바로 그것이다. 양자는 서로 합치되는 측면도 있고 배치되는 측면도 있다. (순전한) 질료와 (순전한) 과정이 상호 수렴됨으로써 곤혹스러운 경험을 안기는 작품들이 있다. 이는 현대예술에서 아주 두드러진다. 브루스 나우만Bruce Nauman의 미디어 아트 「Anthro-Socio」가 그 대표적인 사례이다. 이 설치작품은 (가령 「제9회 도큐멘타전documenta IX (1992)」에 전시되었던 작업) 소리치는 사람의 머리를 네 개의 모니터에 담고 있다. 모니터들은 정방형으로 배치되어 있으며, 각각 서로 다른 방향에서 머리를 보여 준다. 내지르는 소리가 너무 강렬해서 멀리 떨어져 있는 관람객조차 이 소리에서 헤어날 수 없다. 이 목소리의 질료성을 견디기가 매우 어렵다. 그런데 이보다 좀 더 괴로운 것은 이 작품이 한시도 쉬지 않고 계속 소리를 내지르고 있다는 사실이다. 소리를 지르는 행위는 헤겔이라면 '악무한惡無限'이라고 말했을 법한 지경에 이른다. 즉 이 작업은 질료성면에서든 과정성면에서든 곤혹스러운 경험을 안긴다.

질료성과 과정성이 합치하는 나우만의 작업과는 반대되는 사례로서 대미언 허스트Damien Hirst의 「천년Thousand Years(sensation, Royal Academy of Arts, London, 1997)」이라는 설치작품을 들 수 있다. 이 작품은 두 칸으로 나뉜 하나의 거대한 유리용기로 이루어져 있다. 한쪽 칸에는 파리와 구더기로 가득하다. 그 옆 칸에는 죽은 소의 머리 하나가 일종의 미끼처럼 이 파리들을 꾀어 들인다. 그런데 이 미끼 바로 위에는 업소용 전자 파리퇴치기가 설치되어 있다. 이렇다보니 소머리 주위에는 죽은 파리들이 즐비하다. 관람객은 이런 식으로 파리의 일생을 목도한다. 설치물의 한편에서는 파리의 탄생을, 다른 한편에서는 파리의 죽음을 보게 된다. 사실은 썩어 가는 소머리가 압권이다. 요컨대 이 작품은 '생성과 소멸'이라는, 결코 새롭지 않은 주제를 다루되 이렇듯 영원한 변천의 장구한 지속을 '천년'이라는 제목을 통해 반어적으로 나타내고 있다. 관람객들은 이 설치물을 보는 일이 빨리 끝났으면 하는 바람을 갖는다. (아직) 살아 있는 것까지 질료로 삼은 설치물을 경험하는 일이든, 아직 현재진행형인 이 작업의 과정을 경험하는 일이든, 불쾌하기는 모두 마찬가지이다. 이 작품의 질료성과 과정성은 모두 엄청나게 당혹스럽다.

현대예술의 이러한 사례들을 통해 우리가 성찰하게 되는 측면 또한 분명 예술의 일부이다. 질료성면이든 과정성면이든 예술작품이 지닌 측면 가운데 거부감을 일으키는 요소가 경험될 수 있는 것이다. 작품을 통해 무언가를 이해하는 일 자체가 중단되는 경우도 있다. 질료와 과정이 조응하면서 중단을 야기하는 경우도 있고, 질료와 과정은 서로 대립함으로써 중단을 야기하는 경우도 있다. 질료의 부동不動성이 과정의 유동流動성을 압도할 수도 있고 그 반대일 수도 있다. 허스트의 작품을 통해 바로 질료와 과정의 이러한 대립을 성찰할 수 있다. 허스트의 작품에서는 과정에 의해 질료가 사라진다. 그의 작품은 질료가 변경의 과정에 내맡겨져 있는 경향의 현대예술을 대변한다. 이러한 원리가 극단화될 경우 작품의 질료는 언제나 축출되고 만다. 가령 해프닝, 퍼포먼스, 플럭서스 및 미디어아트들은 순전한 '비질료적인 과정성'을 선사하는 유형에 속한다. 이렇게 부르는 까닭은 질료가 형성되기도 전에 사라져 버리기 때문이다. 말하자면 이런 유형에 속하는 작품은 과정 속에 있는 것의 비질료성을 보여 준다. 이와 정반대되는 원리인 '질료의 견고함'을 보여 주는 사례로서는 조형예술을 들 수 있다. 대리석으로 된 조형물에는 세월의 흔적이 없진 않으나 그럼에도 불구하고 적지 않은 시간 동안 그 질료성은 무상함에 내몰리지 않는다.

요컨대 질료와 과정은 서로 충돌하되 그러면서도 또한 서로 합치하는 계기들로 이해될 수 있다. 서로 충돌하든 합치하든 이때 질료와 과정은 미적 경험에서 이해를 불가능하게 만드는 계기로 작용한다. 이 계기가 구체적으로 어떠한지에 대해 이제 살펴볼 것이다. 질료성이든 과정성이든 이것들 모두 일단은 미적 경험의 부정적 계기이다. 이에 따라 양자의 합치와 충돌은 미적 경험의 두 측면들로 파악된다.

1. 예술의 질료성

석조 건축, 철골 조형물, 채색된 캔버스 등 대부분의 예술작품은 질료적 사물로 이루어져 있다. 예술의 질료를 다루는 것이야말로 미적 이해를 위해 필수불가결한 계기가 된다는 점을 지금까지 강조해 왔다. 그런데 미적 질료는 그 어떤 이해도 용납하지 않곤 한다. 그저 순전한 돌, 순전한 색채로서만 경험될 뿐인 경우가 적지 않다. 질료로 인해 미적 경험에 감각적 강도가 확보되지만, 이러한 강도 자체가 이해과정의 계기가 되는 것은 아니다. 예술작품의 질료는 그저 감각적으로 경험되는 무언가일 따름이다. 예술작품이라는 형식이 지닌 이러한 질료는 작품을 접하는 데 있어 핵심적인 요소이다. 이 요소를 파악하기 위해 다음과 같은 두 개념을 살펴볼 것이다. '잔존Surplus', 그리고 '무상함Transience의 알레고리'가 그것이다.

1.1 헤겔과 아도르노: 질료는 잔존한다

『미학 강의』에서 헤겔은 예술의 철학적 역사를 서술했다. 예술의 철학적 역사는 (헤겔의 이해에 따른다면) 예술 개념에 부합하는 대상들의 역사적 실현에 대한 보고이다. 이 역사는 예술들의 체계(II.2.1)와 유사한 방식으로 구성되고 진행된다. 이에 대한 헤겔의 생각은 다음과 같다. 처음에는 예술의 개념에 뒤처져 있던 대상이 이 개념에 도달한 후에는 이를 넘어선다. 헤겔은 이 역사를 이렇듯 세 단계로 나누어 세 가지 예술형식(상징적, 고전적, 낭만적 예술형식)[1]을 논한다. 질료의 저항을 보여 주는 첫 번째 형식이 바로 상징적 예술형식이다. 상징적 예술형식은 예술 개념을 실현해야 하는 도정에 놓여 있다. 이 형식하에서 예술은 아직 "이념의 감각적 현현"(II.2.1.1)

이 아니다. 이집트의 피라미드는 이점을 잘 보여 주는 사례가 된다. 헤겔이 보기에 피라미드의 감각적 질료는 피라미드의 규정을 제대로 구현하지 못한다. 피라미드의 규정 가운데 한 가지 예를 들자면, 피라미드는 죽은 자들의 거처로서 죽음에 대한 이집트인 특유의 생각을 반영해야 한다는 사명을 갖는다. 그런데 이러한 규정이 피라미드의 질료를 통해 그저 암시되어 있을 뿐 구체적으로 실현되어 있지는 않다. 피라미드의 질료는 작품에 대해 무언가를 이해할 동기를 제공하는 데에 그칠 뿐이다.

상징적 예술형식에서 특기할 만한 점이 있다. 이해에 도달되었을 때, 말하자면 감상자가 작품을 이해했을 때 질료가 어떤 식으로든 남아 있게 된다는 점이 그것이다. 그러니까 상징적 예술형식에서는 질료가 작품 이해 속에 제대로 통합되지 못한다. 헤겔은 이 점을 상징적 예술형식의 결함으로 간주한다. 그런데 바로 이 점에서 헤겔은 본의 아니게 예술의 질료성을 해석하는 데에 있어 큰 기여를 했다고 볼 수 있다. 헤겔이 기여한 점은 아도르노의 텍스트에 등장하는 이른바 "잔존Überschuss"❷ 개념을 통해 좀 더 잘 드러난다. 이 개념은 예술 경험에서 질료가 어떻게 이해에 저항하는지를 적확하게 설명해 준다.

예술에서의 잔존 현상에 대한 사례로서 「이젠하임 제단화Isenheimer Alter」를 들 수 있다. 독일 화가 마티아스 그뤼네발트Mathias Grünewald의 그림이 현시하는 십자가형crucifixion은 적나라하고 강렬하게 보는 이를 사로잡는다. 그런데 그림 속 십자가 왼편에 무릎을 꿇고 있는 마리아 막달레나의 모습에 놀라운 점이 있다. 이 여성이 지닌 아름다운 금발의 곱슬머리는 머릿수건 밑으로 풍성하게 흘러나와 있다. 길게 늘어진 이 머리카락을 눈으로 따라가다 보면 이 머리카락은 자신의 기능을 넘어선다. 즉 이 머리카락은 단

이젠하임 제단화 https://en.wikipedia.org/wiki/Isenheim_Altarpiece

지 그녀의 머리카락이 아니라 그 자체로 독자적인 것이 된다. 이렇게 되면 이 그림은 그녀의 머리카락이 아니라 지극히 아름답게 형상화된 금발 곱슬머리 자체를 가리킨다. 이 머리카락은 남아 있다. 관찰자가 이 그림을 통해 도달하게 될 이해 속으로 완전히 융합되지 않는 것으로 남아 있다.

이러한 잔존은 음악을 들을 때 자주 확인된다. 가령 말러의 교향곡이나 슈베르트의 사중주를 들을 때 우리는 악곡의 테마와 선율을 따라간다. 그런데 음악을 듣다 보면 구조, 테마 및 선율의 전개와는 무관한 계기가, 그러니까 거의 들리지 않던 악기의 선율과 음색 같은 것이 갑자기 들리기 시작하면서 아주 놀라운 전환이 일어난다. 바로 이러한 계기를 질료의 잔존이라고 이해할 수 있는데, 방금 언급한 악기의 음색처럼 작품 속에 온전히 통합되지 않는, 그저 순전한 질료로 남는 것이 바로 이에 해당한다. 질료의 잔존에 대한 이런 경험은 비단 음악에서만 생기는 것이 아니다. 가령 시어 하나가 전체 작품과 무관하게 그 자체로 남아 있기도 하며 소설 속의 문장 하나가 다소 불필요한 부연설명처럼 읽힐 때도 있다.

아도르노의 입장을 따른다면 잔존이라는 계기는 결코 제거되지 않는다. 잔존이란 작품 자체를 이루는 요소와 무관한, 오히려 작품과는 별도로 주어지는 덤과 같은 것이다. 잔존이란 이것이 대변할 의미가 별도로 없는 질료이다. 이러한 잔존을 경험한다는 것은 '완성된 하나의 작품 너머의 형상화'라는 아주 특별한 가치를 경험한다는 것을 뜻한다. 「이젠하임 제단화」에 그려진 머리카락의 사례를 통해 알 수 있듯이 잔존하는 질료 자체도 온전하게 형상화될 수는 있다. 그렇지만 잔존에 대한 경험은 하나의 작품을 통해 도달되는 이해의 차원을 넘어선다. 여기에서 넘어섰다는 것은 이해의 임계점을 넘어섰다는 말이 아니며, 질료적 이해(V.2)처럼 질료가 이해에 통합된 상황을 말하는 것도 아니다. 이해의 차원을 '넘어섬'이란 이해의 '종말'에 대한 경험을 뜻한다. 이해가 끝나 버린 바로 이곳에서 이해로부터 자유로운 예술 유희가 시작된다. 이 유희는 일종의 '장식'의 성격을, 혹은 '낭비' 내지 '의미 없는 일'이 될 수 있다. 순전한 질료는 잔존한다.

따라서 미적 경험과 관련해서 볼 때 잔존하는 질료는 일종의 '원천 부정'이다. 잔존하는 것을 단순히 이해의 임계점 내지 이해에 대한 비판의 산물로 보아서는 안 된다. 한 사건의 임계점을 논할 때에는 알게 모르게 그 임계점이 해당 사건과 통합되어 있다는 점을 염두에 두고 있다. 즉 한 사건의 임계점을 생각하는 순간 해당 사건에 대한 통찰이 결부되기 마련이다. 반면 잔존하는 질료에 대해서는 이러한 통찰이 생겨날 여지가 없다. 잔존은 작품 속에 무언가를 가리키거나 무언가를 명확하게 해 주는 일과는 무관하다. 예술의 잔존에는 이해의 가능성과 한계를 가리키는 표지가 들어 있지 않다. 잔존은 그저 바깥에 머물 뿐이다. 그렇기 때문에 잔존하는 질료 자체가 장식이나 호사와 같은 것일 수 있지만 이는 엄연히 이해의 중단이며 말하자면 일종의 막간극이다. 잔존하는 질료를 통해 예술이라는 소우주(V.1.1)의 윤곽이 드러난다.

작품 밖에 잔존하는 질료에 대한 경험을 통해 그 어떤 것도 명확해지는 것은 없겠지만, 이런 경험은 작품의 얼개를 에둘러 가리킨다. 소우주인 작품의 얼개가 있어야 거기에 통합된 질료든 그렇지 않은 질료든 이에 대해 논의할 수 있게 된다. 물론 잔존하는 질료의 언어 속에 통합되지 않는다. 하나의 작품에 다양한 감각적·질료적 계기가 속해 있다고 말하는 순간 이 계기들을 그 작품 본연의 언어의 요소로 이해하고 있는 것이기 때문에, 어떤 작품이든 자신이 지닌 계기들을 통합하려는 경향을 지니고 있다. 이러한 경향을 고려할 때, 작품의 언어 속에 통합되지 않는 계기가 있다는 것은 더욱 특별해 보인다. 질료가 잔존할 때, 바로 이 질료로 인해 미적 사건이 벌어진다.

1.2 벤야민: 질료는 '창조되어 있음'에 대한 알레고리다

미적 경험에서 마주치는 질료의 저항성에 대한 고찰은 벤야민을 통해서도 이루어졌다.[3] 벤야민은 잔존의 저항성보다 한층 더 구체적으로 질료의 저항성을 기술한다. 이런 맥락에서 그는 헤겔이 서술한 예술사에 따른다면 상징적 예술과 정반대에 위치할 작품들을 살펴보았다. 예술사의 끝에 놓인 이것들은 '폐허Ruine' 혹은 '파편Fragment'이다. 물론 이것들 또한 상징적 예술처럼 한 작품이 실현하는 규정을 그저 암시만 한다. 다만 이것들의 암시성은 작품의 질료가 작품 이해를 일깨우는 규정과 불일치하는 상징적 예술과는 다르다. 폐허나 파편은 오히려 질료가 불완전하다는 것을 가리킨다. 질료의 불완전성으로 인해 그저 암시만 존재한다. 이런 형식의 암시에서도 질료가 잔존하는데, 이러한 질료가 바로 폐허, 파편이다. 앞서 언급한 잔존과 달리 폐허나 파편으로서의 질료는 하나의 역설적 형태를 띤다. 폐허나 파편으로서의 질료는 형상화되지 않은 것으로, 다시 말해 창조과정이 전혀 포착되지 않는, 혹은 거의 포착되지 않는 것으로 다가온다. 벤야민에 따르면 예술에서의 파편화된 질료는 '창조되어 있음Geschaffensein'의 알레고리며 보다 일반화한다면 '무상함Vergänglichkeit'의 알레고리다.

이 역시 적절한 사례를 드는 것이 좋겠다. 어떤 예술작품에서든 완전히 가공되지 않은 질료를 접하게 된다. 가령 낭만주의라든가 모더니즘 같은 특정 양식에서 이용되는 수단이 이에 속한다. 브루크너의 교향곡은 음악적 질료가 가공되지 않은 채 연주된다는 특징을 갖는다. 그의 작품에 나타난 오케스트라 협연을 살펴보면 특정한 모티브나 테마가 형상화되거나 가공되는 일 없이, 그러한 특정한 형식이 제시되지 않은 채 대체로 단순하게 연주가 진행된다. 오귀스트 로댕Auguste Rodin의 조형물에서는 아직 특정한 형상화가 이루어지지 않은, 혹은 아예 형태가 없는 질료가 제시된다. 로댕의 작품에는 인물들이 아직 형상화되지 않은 채 돌덩어리로 머물러 있는 모습이 다양하게 나타나 있다. 인물의 가장자리라든가 발끝 부분의 돌덩어리는 아직 형상화되지 않은 채 남아 있다. (가령 「다나이드La danaïde」가 그러하다.) 로댕의 작품들은 그 어떤 창조과정도 거치지 않은 질료를 현시한다.

다나이드 http://www.musee-rodin.fr/en/collections/sculptures/danaid

이 작품들은 완성된 형태를 갖추고 있음에도 일종의 파편으로 다가올 뿐이다. 이런 작품을 이루는 질료는 해당 작품에 대한 이해의 연관으로부터 떨어져 나온 잔존으로서의 질료와 그 방식이 다르긴 하지만, 로댕의 조형물에도 돌덩이의 잔존의 계기가 일부 남아 있다. 가령 브루크너가 날것 그대로의 모티브나 테마를 온전히 작품으로 형상화하지 않았기 때문에 그의 음악에는 작품에 조응하지 않는 질료가 남아 있는 것이다.

이런 식으로 파편적 계기를 간직한 작품들은 이제는 창조과정을 포착할 수 없는 질료를 드러낸다. 말하자면 이런 예술작품들에서는 질료 가운데 일부가 작품의 언어로부터 해방되어 있다는 특징이 나타난다. 질료는 작품 이해의 연관으로부터 이탈되어 있으며, 벤야민의 고찰에 따른다면 작품 특유의 시간성을 고유한 방식과 관점에 따라 보여 준다. 폐허는 가령 바로크 시대에 두드러졌던 예술 장르이지만, 벤야민은 이를 무상함의 알레고리로 해석한다. 예술작품에서 나타나는 파편적인 질료 또한 이와 유사한 방식으로 해석 가능하다. 이에 따르면 예술작품에서 무상함을 말할 때에는 우선 작품이 특정한 문화적 맥락에 결부되어 있으며 이로부터 작품에 대한 이해가 가능하다는 것을 전제한다. 작품 생산에서든 작품 수용에서든 모든 예술은 나름의 문화적 맥락에 입각해 있을 수밖에 없다. 어떤 작품이든 고유한 언어성을 갖지만, 문화적 맥락 밖에서 해당 작품이 이해될 가능성은 없다. 문화적 맥락 밖에서 그 작품은 침묵할 것이기 때문이다. 이러한 침묵의 의미는 예술작품에서 파편적 질료를 통해 나타난다. 파편적 질료는 예술작품에 결부된 모든 이해들의 무상함을 가리키는 알레고리다. 작품에서 가공되지 않은 질료가 있다는 것은 예술 스스로 침묵할 수 있다는 것을 뜻한다. 이 점은 한 작품이 자신의 언어만으로는 결코 말하지 못한다는 것을 잘 보여 준다.

브루크너와 로댕의 작품들을 통해 다음과 같은 점이 확인된다. 작품의 무상함에 대한 알레고리라고 할 수 있을 그러한 질료가 미적 경험의 계기에 포함된다. 이때 무상함이란 특히 해당 작품이 창조된 것이라는 사실을 나타낸다. 한 작품의 질료가 다듬어지는 그만큼 그 질료는 작품과 융합되지 않고 떨어져 나온다. 이것이 바로 '창조되어 있음'의 변증법이다. 횔덜린의 시에는 작품 전체와의 연관을 끊어 내는 시어가 등장하며, 브람스의 음악에는 아직 형상화되지 않은 음정이 나타난다. 미적 경험에서는 질료가 예술작품이 창조된 것이라는 사실에 대한 알레고리가 되지만, 알레고리적 질료를 통해 질료 가운데 창조되지 않은 측면이 부각된다. 미적 경험에서는 질료가 이런 식으로 부각되기 마련이다. 그럼으로써 이 질료는 말하자면 사연 그대로의 질료 자체로 있게 된다.

무상함에 대한, 혹은 작품이 창조된 것이라는 사실에 대한 알레고리로서의 질료는 잔존으로서의 질료와 마찬가지로 일종의 부정성으로 작동한다. 알레고리적으로 이해되는 질료는 작품 본연의 언어에서 벗어나 있다. 즉 한 작품의 알레고리적 질료는 해당 작품의 언어에 속하지 않는 계기이다. 이러한 계기를 지니는 한에서만 그 질료는 폐허나 파편의 위상을 얻는다. 알레고리적 질료는 작품이 창조된 것이자 무상한 것이라는 사실을 암시한다. 잔존으로서의 질료처럼 알레고리로서의 질료 또한 작품의 중단을 현시한다. 알레고리적 질료에서는 통합과 분열의 상호작용이 이루어지지 않는다. 통합과 분열의 이러한 상호작용은 질료가 이해의 범위 내에 있을 때에 이루어지지만, 폐허나 파편으로서의 질료를 통해 그 어떤 이해에도 도달되지 않기 때문이다. 이러한 질료는 작품 이해를 위한 언어적 맥락 밖에 머문다.

이런 방식의 중단을 통해 '창조되어 있음', 그리고 무상함이 표현된다. 하지만 이러한 중단은 미적 경험에서의 중단과 다르다. 알레고리적 질료에서 이루어지는 중단은 하나의 충돌을 통해 답을 구할 수 없는 낯선 상황에 처함으로써 일종의 이해 상실에 이른다. 미적 경험을 할 때 알레고리적 질료가 침묵하는 경험을 하게 된다. 이러한 경험은 잔존으로서의 질료에서보다 폐허 혹은 파편으로서의 질료에서 더욱 빈번히 이루어진다. 이 경험을 미적 경험이라고 부른다면 이는 이해함에 대한 전면적인 문제제기의 경험이다.

2. 예술의 과정성

예술작품에 대한 지금까지의 논의에서 질료성에 비해 시간성에 대해서는 상대적으로 덜 주목해 왔다. 물론 공간예술과 시간예술을 구분한 레싱의 입장(II.1.1)을 언급한 바는 있으나, 미적 경험에 근본적으로 깃들어 있는 시간적 차원 자체에 대한 고려는 충분치 않았다. 그럴 만한 이유가 없지는 않다. 예술작품에 대한 이해사건에서는 작품의 시간적 차원이 그다지 돋보이지는 않기 때문이다. 예술작품의 언어를 해독하는 일, 즉 작품의 요소들을 구조화하는 일은 물론 시간적 과정을 필요로 하지만 이 과정 자체가 독립적으로 전면에 드러날 수는 없다. 가령 영화관에 가서 영화 한 편을 관람할 때처럼 예술작품을 대면하여 이를 이해하는 경우 이러한 시간적 과정이 별도로 눈에 띄지는 않는다.

하지만 미적 경험에서 이해과정에 대한 저항이 일어날 경우 이러한 과정성은 특별히 돋보인다. 과정성이 이해사건에 통합되지 않은 채 이에 맞서는 계기로 작용할 때가 바로 이런 경우에 해당한다. 사실 미적 경험 자체는 언제나 일종의 공회전 과정이다. 즉 특별히 끝나는 시점도 없이 흘러가기만 하는 시간과 같으며 아무런 결과에도 이르지 않는 순전한 유희와도 같다. 질료성과 마찬가지로 과정성 또한 예술 이해를 중단시키는 측면으로 작용할 수 있다. 중단의 계기로 작용하는 과정성은 미적 경험에서 특별한 지위를 획득한다. 이제껏 예술철학은 이렇듯 특수한 저항성을 제대로 규명하지 못했다. 이제 서로 다른 두 가지 목소리를 소개할 것이다. 이른바 '퍼포먼스적인 것의 미학' 혹은 '일어남Ereignis의 미학'이라고 불리는 최신 경향을 살펴보면서 과정성이 하나의 작품을 미적으로 성립하는 데에 방해가 될 수 있다는 평가를 내릴 것이다. 반면 과정성 자체가 부정성을 갖는다는 설명을 낭만주의를 통해 살펴볼 것이다. 낭만주의 작품 속에는 무한한 생산성의 이념이 들어 있다. 이렇듯 무한한 생산성으로 말미암아 작품은 결코 완결된 대상으로 경험될 수 없게 된다.

2.1 수행성으로서의 과정성: 작품 대 공연

어떤 예술작품이든 넓게 보면 모두 공연을 필요로 한다. 이는 특별히 놀라운 일이 아니다. 그림은 걸려야 하고 조형물은 세워져야 한다. 문학 작품은 (침묵의 공연이라 할) 독서를, 음악 작품은 연주를, 그리고 연극 작품은 상연을 필요로 한다. 하지만 공연이 예술에서 특별한 성격을 지니고 있다는 것을 우리가 확인하게 될 때, 어떤 예술 장르이든 모두 공연이 요구된다는 이러한 사실은 특별한 일로 다가온다. 어떤 작품이 공연된다고 할 때 이 공연은 작품과는 차별화되는 고유한 논리를 펼친다. 현대 예술론 및 현대 예술철학의 담론에서 이 생각은 이른바 '수행성Performativität'이라는 개념을 중심으로 논의된다. (영어로는 수행하다perform 혹은 퍼포먼스performance에 해당하는) 퍼포먼스Performanz란 바로 상연 내지 공연을 뜻한다. 수행성이라는 말을 사용할 때에는 과정성이 미적 경험에서 작품 내지 작품 이해의 성립을 방해한다는 생각을 염두에 두고 있다. 바로 이러한 과정성에 대해 이제 살펴보자.

콘서트홀이나 극장에서 공연을 본 후 그것이 하나의 통일적인 작품으로 인지되지 않을 때가 종종 있다. 이 가운데 특히나 재미가 없는 공연은 하나의 작품이라고 볼 수 없을 만큼 완전히 실패작이라는 평가를 받기도 한다. 그런 공연을 심심찮게 볼 수 있지만 그렇다고 그런 공연을 우리가 말하는 예술 개념에 해당하는 사례로 여길 수는 없다. 예술 개념을 배울 수 있게 해 줄 만한 공연이란 공연되는 그 순간 고유하게 제시되는 유일무이한 작품이며, 하나의 작품이 아닌 듯하면서도 아주 흥미로운 해석에 입각한 하나의 작품이다. 이 해석은 일종의 "강한 오독strong misreading"[4]이다. 순순히 작품이 되지 않는, 보통의 작품이 지니는 요소에 순응하지 않는, 하지만 그럼으로써 오히려 하나의 작품이 되도록 하는 해석을 "강한 오독"이라고 할 수 있다. 다만 강한 오독과 과장된 해석을 구분하는 기준은 그때그때 다를 수밖에 없다.

강한 오독은 미적인 상연을 위한 일반 원칙에 속한다. 미적인 상연 자체가 독립적인 하나의 작품일 수 있다. 이 경우 상연 자체가 미적 이해를 형성하는 기반이 된다. 단 이 기반은 취약하다. 이렇듯 취약한 기반으로 인해 예술의 과정성에 대한 특유의 경험이 시작된다. 이 경험을 설명하기 전에 20세기 후반 아방가르드 예술에서 가히 '강한 공연'이라고 할 수 있을 법한 새로운 예술 형식들이 등장했던 상황을 언급할 필요가 있을 것 같다. 해프닝, 퍼포먼스 및 플럭서스가 대표적이다. 이로써 더 이상 작품의 성사 여부에 구애받지 않는 공연이 예술의 주종을 이루게 되었다. 이러한 상연들 특유의 관점을 통해 이제 언급할 내용들이 부각되었다.[5] 그렇지만 이렇듯 곤혹스러운 과정성은 아방가르드 예술에서만 경험되는 것은 아니다.

과정성 자체에 대한 경험은 곧 '어떻게 진행되고 있는가?'라는 문제에 대한 경험이다. 오직 상연을 통해서만 미적 이해가 가능하면 '무언가가 진행되고 있기는 한가, 어떻게 진행되고 있는가?'의 문제에 대해 더 이상 확실하지 않은 순간이 다가올 수 있다. 리오타르에 따르면 이러한 순간은 "일어나고 있는가?Arrive-t-il?"라는 질문으로 집약된다.[6] 이 질문은 공연을 통해 시간의 불확실성이 체험될 수 있다는 점을 가리킨다. 다만 이 질문은 무슨 일이 일어나고 있기는 한 것인지에 대해 확신할 수 없는 시점에만 던져진다. 이때 관건은 언제 진행되는지를 확인하는 데에 있지 않다. 공연 중에 무언가가 진행되고 있다는 것이 확실하다면 공연의 진행을 보장하는 작품 같은 것이 공연을 뒷받침하고 있다는 뜻이 된다. 공연이 작품으로부터 벗어났을 때에 비로소 "일어나고 있는가?"의 문제에 대한 경험이 가능해진다. 이런 식으로 시간이 전면에 나서는 바로 그 순간에는 시간이 그저 흘러가고 있을 뿐이다. 바로 이 순간 순전한 과정성에 대한 경험이 이루어진다. 이 경험 자체는 결코 미적 이해과정에 속하지 않는다. 순전한 과정성은 이 과정에 통합되지 않는다. 순전한 과정성으로 인해 이해과정이 잠시나마 단절된다. "일어나고 있는가?"라는 순간이 지난 후 이해과정을 재개하는 공연이 진행된다 해도, 이 경우 이해과정은 이미 근본적으로 교란되었다. 순전한 과정성을 경험하게 되면 이해과정이 종결될 수 있는 것인지, 혹 이 과정이 별안간 중단된 채 끝나고 말 것인지가 불확실해진다.

미적으로 경험되는 시간성이 이해에 통합되지 않는다면 작품을 미적 경험의 범주로 간주하는 일에 다소 문제가 생긴다. 일단 이해과정에 혼란이 야기된 후에는 이 과정이 결코 하나의 통일체가 될 수 없고 그저 과정으로서만 수행된다. 이러한 과정에 방향을 설정해 줄 외부의 척도는 있을 수 없다. 중단의 순간을 넘어 과정이 지속된다 해도 그저 과정 자체에 대한 경험만이 있을 뿐이다. 공연에 대한 예술적 평가에서 (앞서 언급한 아방가르드 예술에 대한 평가들이 으레 그러했듯이) 왜 항상 작품이라는 범주 자체에 대한 비판이 동반되었는지 이해할 수 있을 것이다. 어떤 공연이 미적으로 경험될 때 순전한 과정성이 경험된다면, 이 공연은 다른 예술들이 갖추고 있는, 미적 이해에 걸맞은 그러한 틀을 안정적으로 지닐 수 없게 된다. 이러한 공연에서는 임계점에 놓인 과정을 통해 형성되는, 결코 특정한 틀을 제공하지 않는 이해의 현상들이 나타난다.

2.2 무한한 생산으로서의 예술

과정성으로 인해 미적 경험이 중단하는 또 다른 방식이 있다. 또 다른 방식의 중단은 특히 독일의 낭만주의 문학에서 주제화되었다. 노발리스나 슐레겔 등이 보기에 예술은 미적인 '피조물Schöpfung'이 아니라 미적으로 '창조하기Schaffen'였다. 그들의 눈에 예술은 이른바 '에네르게이아energeia', 다시 말해 순전히 창조적인 생성Werden이었다. 이러한 낭만주의적 예술개념에서 우리는 종결되지 않는 갈등의 시간이라고 칭할 만한 과정성의 이념을 도출할 수 있다.[7] 예술에 대한 미적 경험 자체가 종결되지 않는 갈등의 '과정'이라면, 이는 곧 이 경험을 통한 이해의 과정이 시나브로 시작되었다는 것을 뜻한다.

바흐의 「요한수난곡Johannespassion」을 한번 살펴보자. 이 곡은 「요한복음」에 기록된 예수의 죽음을 음악으로 극화한 것이다. 이 곡은 첫 음부터 텍스트에 적힌 종교적 내용을 따라간다. 이 작품을 통해 바흐가 텍스트, 그리고 텍스트가 전하는 복음의 차원을 얼마나 제대로 입체화했는지 이해할 수 있다. 이 음악의 전반부에서는 한 기독교인의 우울과 비애를, 후반부에서는 고행길에서 느껴지는 갖가지 정조를 듣게 된다. 이런 식으로 이 음악은 텍스트의 내용을 구조화하며 바로 이러한 구조화로 이해되기를 원한다. 그럼에도 불구하고 음악을 듣는 도중 감상자는 음악의 아름다움에 매료된 나머지 자신이 무엇을 듣고 있는지조차 갑자기 잊어버리는 순간이 있다. 심한 경우엔 음악에 빠져 시간이 어떻게 지나갔는지도 모를 만큼 아주 기꺼운 체험을 할 수도 있다. 이렇듯 극단적인 경우가 아니더라도 감상자는 음악의 테마, 화성진행 및 여타 형식들에 주목하곤 한다. 이러한 방식의 듣기에 하염없이 머무르게 될 수도 있다. 또한 특별히 감상에 생채기가 나는 일 없이 바흐 음악에 대한 오랜 '내용적' 감상 방식으로 되돌아가는 경우도 생각해 볼 수 있다. 그렇지만 흥미를 끄는 것은 다음과 같은 세 번째 경우이다. 즉 감상자가 이 음악을 이제 어떻게 들어야 할지, 그러니까 특정한 내용을 담은 작품으로 감상해야 할지, 아니면 단순히 아름다운 음악으로 감상해야 할지에 대해 고민할 때가 있다. 바로 이때 감상자는 바흐의 이 작품이 더 이상 분명하게 다가오지 않는다는 점을 경험한다. 감상자는 일종의 갈등을 경험한다. 요컨대 감상자가 음악을 통해 얻는 갖가지 이해들 사이에 갈등이 생겨난다. 이러한 이해들 가운데에는 내용적인 것도 있고 형식적인 것도 있다. 더 정확히 말하자면 서로 다른 여러 내용들 사이에서 생기는 갈등이라고 해야 할 것이다. 앞서 살펴본 것처럼 음악을 아무리 형식적으로 해석하려 해도 거기에는 내용적인 계기들이 포함되기 마련이다. 감상자에게 생겨나는 이러한 갈등으로 인해 미적 경험은 갈기갈기 찢긴 넝마와도 같은 말들을 맥락 없이 그저 나란히 늘어놓는 일이 된다. 이렇게 미적 경험은 무한히 계속되지만 언제라도 중단될 수 있는, 단적으로 '열린' 경험이 된다.

이때 감상자가 경험하는 것은 낭만주의자들의 범주로 말하자면 '끝없는 생산'이다. 갈등을 겪는 미적 경험을 통해 저렇듯 다양한 이해방식들에 따라 어떻게 작품이 생겨나는지가 드러난다. 이 경험을 통해 작품 속의 다양한 계기들 가운데 어떤 것이 특정한 미적 경험의 발생 계기가 될 수 있을지

가늠해 본다. 이때 특정 방식의 이해가 시작되었다가 이것이 또 다른 이해 방식에 의해 중단되고, 그럼으로써 기존 이해의 완성이 (즉 긴밀한 연관을 지닌 언어성에 대한 이해가) 저지된다. 이에 따라 이해방식들의 갈등이 빚어지는 작품은 언제나 발생하는 상태에 있는 것으로서 경험된다. 이러한 경험에서는 미적 경험의 과정성이 언제나 열린 과정성이라는 점이 부각된다. 갈등에 대한 이러한 경험에서는 그 어떤 특정 구조도 열리지 않음으로써 구조 자체가 부인되고 만다. 그렇기 때문에 미적으로 경험되는 것은 결국 아무런 지향성도 없는 과정 자체일 뿐이다. 여기서 미적 경험의 시간은 곧 그저 흘러가는 시간, 즉 "지속durée"❽임이 드러난다. 그저 흘러감이라는 것도 순전한 과정성의 한 형식이다. 이 형식은 곧 이해과정과 대립되며 이에 통합될 수 없는 과정성을 뜻한다.

미적 경험은 언제나 끝없는 생산에 대한 경험이다. 이러한 경험의 장에서 한 작품의 언어성이 지닐 수 있는 다양한 단면들을 하나하나 살피게 된다. 이런 경험에서는 그 어떤 구조도 생겨나지 않으며 부분들을 아우르는 하나의 연관에 대한 이해도 불가능하다. 이렇듯 과정성이 '지속'으로 경험되는 순간, 작품에 대한 이해사건이 시나브로 시작되었다고 볼 수 있다. 이 경우 미적 경험은 미적 이해의 계기들과 벌이는 목적 없는 유희이다. 이러한 유희는 지속으로서의 과정성에 대한 예술적 경험이 지닌 특징을 가장 잘 보여 준다. 이런 까닭에 미적 경험의 이해과정이 내부에서 시나브로 시작되는 것이다. 순전한 과정성은 "일어나고 있는가?"(VI.2.1)처럼 보통의 미적 경험 수단들과 대립되지 않으며 오히려 그것들과 목적 없는 유희가 된다.

지금까지 살펴본 순전한 과정성의 두 경우 모두 미적 이해과정이라는 맥락에서만 일어날 수 있다. 순전한 과정성에 대한 이해는 오직 미적 이해 과정 및 그것 특유의 얼개 하에서만 가능하다. 따라서 순전한 과정성에 비중이 주어지는 순간, 이 과정성 자체가 미적 경험을 이루는 요소가 된다. 이 순간에 미적 이해에 대한 심대한 문제제기가 이루어진다. 아방가르드적 예술기획을 통해 가끔은 기발한 방식으로 미적 이해에 대한 문제제기가 이루어지곤 했다. 그렇다고 해서 이러한 기획을 일반적인 미학의 틀 안에서는 이해할 수 없는 아주 특별한 것으로 생각해서는 안 된다.[9] 이 기획 또한 예술 일반이 지닌 본연의 성격에 따른다. 즉 예술에 잠재해 있는 특유의 원리를 수 세기 동안 점진적으로 개발해 온 과정과 궤를 같이한다. 무언가를 현시하지 않는 추상예술, 퍼포먼스적인 예술 등도 바로 이러한 과정에 속하는 예술이다.

3. 질료성과 과정성의 대립

앞선 두 개의 절(VI.1-2)에서는 질료성과 과정성이 미적 경험에서 부합하는 면을 살펴보았다. 질료성과 과정성은 미적 이해과정을 언제나 거듭 중단하는 계기이다. 이러한 중단의 순간에 순전한 질료성 및 순전한 과정성이 시선에 들어온다. 미적 경험에서 이러한 질료성과 과정성은 무언가를 이해하는 구조형성 과정, 그리고 이해의 혼란 과정을 불현듯 일어나게 한다는 특징을 갖는다. 이때 질료성 및 과정성은 예술과 관련해서 부정적 잠재력을 갖는다. 여기에서 말하는 '부정'이란 원천 부정이 아니다. 이해의 혼란이 빚어지는 부정적인 경험을 할 때 질료와 과정이라는 계기가 부합하지 않는 다른 것을 경험한다는 뜻이다. 앞서 언급된 '중단'과 여기에서 말하는 '부정'은 다르다. 따라서 이해의 혼란에 대한 경험을 순전한 질료성 및 과정성 자체에 대한 경험과 혼동해서는 안 된다. 미적 이해과정 내에 속하면서 이 계기들이 상호 부합하지 않는 중단 내지 정지의 순간이 있다. 이런 의미에서 볼 때 미적 이해에 깃든 중단은 앞서 언급한 중단과는 차별화되는 자신만의 논리를 갖는다고도 할 수 있다. 예술을 경험하는 유희의 큰 틀 안에 속한 이러한 중단은 고유한 규칙에 따라 자신만의 작은 유희를 펼친다.

미적 사건을 중단케 하는 계기들인 질료성과 과정성이 부합한다는 사실로부터 예술에서 질료와 과정이 반드시 서로 대립되는 것만은 아니라는 점이 확인된 바 있다. 직관적으로는 양자가 완전한 대립 상태에 있을 것 같은 느낌이 강하게 든다 해도 실제로는 그렇지 않다. 이러한 직감에 따르면 대립의 한편에는 확고부동한 질료가, 다른 편에는 유동적이고 비물질적인 공연 내지 해석의 과정이 있다. 그러나 이런 방식으로는 예술에서 이루어지는 질료와 과정의 대립에 대해 제대로 이해할 수 없다. 미적 기호의 질료가 과정성과 충돌할 경우는 이 기호가 철두철미 고착화된 질료가 되었을 때뿐이다.

3.1 기호규정성과 해석과정

데리다는 예술철학에 관한 한 편의 글[10]에서 예술가인 제라르 티튀스-카르멜Gérard Titus-Carmel의 작품을 언급한 바 있다. 이 작품은 「거대한 문화적 바나나 밭La Grande Bananeraie Culturelle」이라는 기묘한 제목을 달고 있다. 이 작품은 가히 바나나로 이루어진 부조라고 할 수 있다. 거대한 평면에 바나나들이 규칙적인 간격으로 매달려 있는데, 그중 단 한 개만 진짜 바나나이고 나머지 59개는 플라스틱 바나나이다. 진짜 바나나는 시간적 존재로서의 규정에 따를 수밖에 없기 때문에, 이 작품은 전시가 진행되는 중에 변경된다. 얼마간의 시간이 흐른 후 관객이 맞닥뜨리는 것은 정말로 바나나처럼 보이는 플라스틱 바나나 59개, 그리고 한때는 플라스틱 바나나와 비슷해 보였던, 지금은 갈변해서 말라 버린 사물 한 개이다.

이 작품은 예술작품 전반의 과정성에 대한 성찰을 담고 있다. 이 작품은 한편으로는 어떤 작품이든 변경될 수밖에 없다는 점을 가리키며, 다른 한편으로는 그럼으로써 야기되는 작품의 정체성[1] 문제를 조명한다. 티튀스-카르멜의 이 작품에서 정체성은 인공적인 것임이 드러난다. 아이러니하게도 이 작품의 정체성을 확립하는 것은 플라스틱 바나나이다. 작품 속에서 정체성을 만들어 내고 있는 바나나가 인공적인 만큼 정체성 자체도 인공적인 것이 된다. 이 작품이 가리키는 바를 보다 일반화한다면 다음과 같이 표현할 수 있다. 예술작품의 정체성은 단순히 그것이 어떻게 존립하고 있는가의 문제가 아니다. 오히려 수용과 해석(V.4.2)을 통해서 정체성이 형성된다. 따라서 작품이 변경된다는 점과 작품이 정체성을 갖는다는 점은 전혀 상충하지 않는다. 예술작품은 질료적 측면에 고착화된 것을 뜻하지 않는다. 예술작품이 수용 및 해석과의 연관을 통해 존립한다는 것은 회화나 조형예술에도 적용되는 사실이다. 이삿짐센터 직원이 운반하는 물품은 확고부동한 물건이지만 그렇다고 그것이 예술작품은 아니다.

티튀스-카르멜의 작품은 질료와 과정이 연루된 정황을 반영하고 있다. 이를 통해 예술작품을 접할 때 질료와 과정이 어떻게 상충하는지를 보여

1 130쪽 각주 8번 참조.

준다. 이 작품에서 질료는 확고부동한 인공물이다. 예술작품을 고착화된 기호로 경험하게 되면, 이러한 기호질료성은 해석과정에 저항한다. 이 점을 이해하기 위해 헤겔의 논의를 살펴보자.

헤겔은 낭만적 예술을 해석하면서 예술에서 질료와 과정이 상충하는 면에 대해 논한다. 그는 낭만적 예술에 대해 우호적이지 않았다. 이는 그의 전기적인 사실을 염두에 두고 하는 말이 아니니다. 그가 파악한 예술규정(II.2.1)이 낭만주의에서는 더 이상 견지되지 않는다는 것이 헤겔의 생각이었다. 그에 따르면 예술을 '정신화'한다는 낭만주의는 결국 어떤 식으로든 예술에 일종의 난점을 야기한다. 이 가운데 하나는 낭만주의에서 질료와 과정이 상호 대립한다는 것이다. 헤겔의 이러한 진단은 낭만주의의 예술 이해가 지닌 결함을 지적하기 위한 것이었다. 우리가 주목해야 할 것은 그의 이러한 평가보다는 이런 평가를 도출하게 된 그의 해석이다. 낭만적 예술에 대한 헤겔의 기술 자체는 매우 성공적이었으며 예술에 대한 보편적인 통찰들을 제공하기도 했는데, 저 진단도 마찬가지다.

'예술이란 자기소통의 사건이다'라는 주장에서 출발한 헤겔은 낭만적 예술이라는 자기소통 사건이 작품의 질료와 소원해진다고 생각했다.[11] 어떤 예술작품의 질료가 지극히 정밀하고 독자적으로 형상화되었을 때 이런 일이 일어난다. 이에 대한 해석을 통해 미적 기호의 구체적 풍부함이 고착화된다. 미적 기호가 이렇게 고착화되는 만큼 작품을 접할 때 일어나는 이해과정이 질료와 유리된다. 그렇게 되면 수용자에게 미적 기호는 이와 별도의 세계에 놓인 복잡한 이해로 침잠하게 만드는 동기 그 이상의 것이 될 수 없다. 수용자는 작품의 형태가 지닌 이러저러한 세부요소들에 머물러 있으면서도 새로운 이해와 상상력의 여지를 찾아 나선다. 이런 식으로 기호

형태와 수용과정은 분리되고 만다. 그렇게 되면 예술에서 질료를 얼마나 적절히 통제하는가의 여부는 그저 기술적 숙련성의 차원에 머문 것이 되고 만다. 그 결과 "점차 정신이 사라져가는 형상화"[12]가 진행된다고 헤겔은 말한다. 헤겔에 따르면 예술에서 외적 기호는 더욱 완결성을 갖는 반면 정신은 오히려 사라져 간다.

헤겔은 여기에서 참된 예술규정이 몰락하는 현상을 기술하고 있다고 생각했겠지만, 사실 그는 미적 경험의 핵심적인 요소를 아주 정확하게 간파하였다. 헤겔이 낭만적 예술에서 주목한 '질료성과 과정성의 대립'은 미적 기호 전반에 걸쳐 나타나는 현실이다. 헤겔의 논의와 상관 없이 이 대립을 설명한다면 다음과 같다. 우리는 미적 기호가 지닌 구체적·질료적 형태의 의미를 이른바 '최종적으로 결정된 규정', 즉 '이미 결정되어 있음(IV.2.1)'이라는 개념으로 파악한 바 있다. 예술작품은 이해를 위해 구체적·질료적 형태를 띤 기호이다. 미적 기호의 이른바 '결정된 규정성'이 고착화되는 경향을 지닌다. 하나의 작품이 조망할 수 없을 만큼 구체적이고 풍부하게 형상화되어 있든, 아니면 오히려 간소하게 형상화되어 있든 상관없이 저러한 경향은 항상 존재하기 마련이다. 파울 클레Paul Klee의 소소한 드로잉이든 주세페 베르디Giuseppe Verdi의 웅장한 오페라이든 모든 예술기호는 '초정밀성Überpräzision'을 갖는다. 작품이 지닌 초정밀성으로 인해 오히려 이에 대한 수용과정은 독립된다. 작품 가운데 어느 부분이든 하나를 떼어 놓고 보면 그것은 감상자에게 이해의 세계 전체를 환기해 줄 만큼 구체적이고 풍부하다. 이때 감상자는 작품 전체의 형태와는 관계없이 하나의 세부요소에서 생겨난 이해를 추적한다. 이 순간 작품의 질료성이 고착화되어 있는 까닭에 이러한 질료성은 감상자는 생생하고 풍부한 이해를 방해한다. 이해과정의 유동성과 미적 기호의 부동성은 서로 대립각을 세운다. 미적 경험의 견지에서 이러한 대립은 언제고 갑자기 생겨날 수 있다. 미적 기호의 특수성으로 인해 미적 기호를 접할 때에는 기호질료성과 수용과정이 언제고 분리될 수 있다.

그러나 이러한 분리가 일어날 때 순전한 질료성으로서 이해과정과 대립하는 것은 구체적 기호형태이지 작품 자체가 아니라는 점을 유념할 필요가 있다. 미적 경험에서 일어나는 고착화는 이해과정의 계기들 가운데 하나이다. 일단 기호로 간주되는 한에서 예술작품은 그 세부요소들 하나하나조차 고정불변의 것으로 여겨진다. 기호가 고정불변의 것인 반면 수용과 이해의 과정은 말 그대로 과정이 된다. 수용을 통해 작품의 또 다른 면을 추적해 나간다면, 이해와 관련한 과정성이 경험된다는 사실이 명백해진다. 수용자는 작품의 세부요소 하나, 가령 음악의 테마 하나에서 출발하면서 해당 작품의 또 다른 세부요소를 계속해서 찾아 나가는데, 이러한 수용은 해석의 성격을 띤다. 이는 하나의 세부요소를 상상의 차원에서 추적하는 행위가 아니다. 수용과정의 목적은 미적인 방식에 부응하여 그 세부요소를 낱낱이 살피는 데 있기 때문이다. 이해과정 자체가 작품형태에 대한 일종의 비판 과정이다. 이러한 과정이 있다는 것은 해당 작품이 지금과는 다른 과정에 놓일 수도 있었다는 뜻이다. 작품의 세부요소들 각각은 이러한 잠재력을 지니고 있는 반면에 작품 자체의 구체적인 기호형태는 경직된 것으로 경험된다.

이러한 고찰을 토대로 예술작품의 정체성에 대한 성찰을 해석한 데리다의 작품 분석으로 되돌아가 보자. 예술작품의 정체성이 인공적이라는 점은 이미 언급한 바 있다. 이 정체성은 하나의 작품을 접하면서 이해하고 해석하는 순간을 현시한다. 반면에 작품이 고착화되면 작품의 정체성도 고정된다. 하나의 작품을 이해하고 해석하는 과정에서 디듬이 살펴가는 정체성, 그리고 기호질료성으로 간주되는 작품의 정체성, 이 양자는 상충한다. 그러니까 질료성과 과정성 사이에 대립이 있다면 그것은 작품의 정체성과 관련된 대립이다.

3.2 생산과 즉흥 창작

예술을 생산하는 입장에서 볼 때에도 질료성과 과정성의 대립은 감지된다. 예술가들이 남긴 작업 일지들을 살펴보면 이러한 대립이 잘 기록되어 있다. 가령 미켈란젤로의 말에 따르면 대리석 덩어리가 자신의 내부에 갇힌 형상을 구제할 것을 명했다고 한다. 이러한 명령은 곧 예술가가 미적 경험을 할 때 질료의 고착성에서 시작한다는 것을 알려 준다. 예술가가 창조한 기호형태의 규정성은 특유의 논리를 전개한다. 기호의 구체적 세부요소들이 완성되기 전이라 해도 해당 예술기호 본연의 논리는 작동한다. 예술가는 자신이 형상화한 기호를 접하면서 이해과정을 경험한다. 이러한 이해과정을 통해 이 기호의 고정불변성과 대립되는 과정성이 확보된다. 예술가가 지닌 질료만으로는 자신이 원하는 바를 달성할 수 없는 것이다. 결국 예술적 창조과정에 대한 예술가 자신의 기술만으로는 결국 아무런 단서도 확보할 수 없다. 이러한 기술들에는 대부분 작가의 개성이 강하게 배어 있으며 예술규정 자체보다는 예술가의 사회적 위상의 문제를 다루고 있는 경우가 대부분이다.

질료성과 과정성의 대립이 오히려 작품의 생산production과 관련해서 중요한 역할을 담당하는 영역으로서 즉흥적 예술형식을 들 수 있다. 즉흥 창작

improvisation은 질료성과 과정성의 대립을 극복하려는 미적 사건으로 이해될 수 있다. 재즈의 즉흥 연주라든가, 즉흥 연극이라든가, 즉흥 무용 등이 지닌 미학적 의미는 바로 이러한 즉흥성에 있다. 이때 미적 기호가 지닌 이른바 '결정된 규정성', 그리고 미적 이해과정의 유동성, 이 양자가 상호 조응한다. 즉흥적 예술에서는 기호규정성이 변경된다. 이러한 변경은 창조과정에서 즉흥적 예술가가 기호규정성에 대해 갖게 된 이해들이 변경되는 그만큼 이루어진다. 이때 기호질료는 근본적으로 즉흥 창작이 이루어지는 양상에 내맡겨지게 되어 있다. 물론 즉흥 창작이라 해도 질료 자체의 요구를 완전히 무마할 수는 없다. 그러나 즉흥 창작을 통해 질료의 이러한 요구는 단순히 저지되는 것이 아니라 미적 기호가 즉흥적으로 형상화될 때 과도한 즉흥성을 교정하는 역할을 맡게 된다. 즉흥 창작에서는 무엇이든 언제든 새로이 시작되며, 또한 다른 요청들의 가능성을 열어 줄 세부요소의 실현도 가능하다. 미적 기호의 규정성을 즉흥의 맥락에서 생각해 본다면 이 규정성은 곧 공연 도중에 해석자가 경험하는 이해과정 자체의 개방성을 뜻한다.

다만 재즈처럼 즉흥 창작의 결과가 레코딩을 통해 고정된다면, 이렇듯 고정된 작품을 접하는 미적 경험에서는 질료성과 과정성의 대립이 다시 부각된다. 미적 경험에는 이러한 대립이 부각될 가능성이 내재되어 있다. 헤겔의 어법을 빌려 이를 표현하자면 다음과 같다. 기호로서의 예술작품을 통한 자기소통에 '참여해 있음'(I.3.1)에도 불구하고 예술작품의 구체적 형태는 언제나 고착화된 것으로 경험된다.

4. 미적 이해의 중단

미적 자기소통의 특별함은 이 차원을 통해 예술작품들 내지 미적 사건들이 자신만의 언어를 개진한다는 데에 있다. 이 언어로 인해 미적 사건은 미학 외부의 일상들로부터, 혹은 다른 예술작품들로부터 독립된다. 필자는 앞서 예술작품을 '소우주'라는 관념적 어휘로 표현한 바 있다. 예술작품의 이러한 얼개는 작품을 기호로 간주할 때에만 파악할 수 있게 된다. 예술작품이라는 기호의 특징은, 이 기호를 이루는 요소들은 어떤 이해를 가능케 하기 위해서는 바로 이 기호가 지닌 다른 요소들과의 맥락을 통해서 이해되어야만 한다는 데에 있다. 모든 예술작품은 그것이 지닌 요소들이 어우러져 어떤 특정한 구조를 구축한다는 특징을 지닌다. 미적 경험에 있어서 근본적으로 중요한 점은, 이러한 구조가 그 작품의 언어라는 점을 해명하는 것이다.

이러한 해명 과정은 곧 경험의 과정이다. 예술작품의 감각적 질료는 작품 본연의 언어를 이루는 요소로 이해될 수 있으며 이러한 질료마다 각기 특유의 얼개를 갖추고 있다. 그런 까닭에 미적 경험은 특수한 이해의 경험이다. 그러나 미적 경험의 결과가 모두 이해로 나아가는 것은 아니다. 예술작품의 완결성과 결부되는 점은, 이해의 경험은 언제나 이해 못 함의 경험과도 연결될 수 있다는 사실이다. 예술작품은 질료와 과정으로서 끊임없이 어떤 계기들을 가리키는데, 이것들은 언어의 요소에 속한다고 할 수도 없고, 질료적 이해에 속한다고 할 수도 없는, 그러니까 이해의 중단을 나타내는 계기들이다. 미적 경험이 단순히 이해의 경험이기만 한 것은 아니다. 모든 예술작품은 자신만의 독자적 언어성을 지니기 때문이다.

순전한 질료성 혹은 순전한 과정성은 이해가 중단되는 경험에서 그 모습을 드러낸다. 이러한 재구성은 예술작품과의 대면과 관련해서 현재 통용되는 관점이 틀렸다는 것을 명료하게 보여 준다. 사람들은 미적 경험을 할 때 감각적 요소들에서 출발하려는 경향이 있다. 그렇게 되면 예술 경험은 어떤 작품의 질료적 요소들과 감각적으로 상호작용하는 과정이 되는 셈이다. 이러한 견해와는 달리 지금까지의 고찰들은 순전히 감각적인 질료와 순전한 과정이 미적 경험의 계기들이라고 생각하는 것이 얼마나 어려운지를 보여 준다. 예술 이해는 우선 감각적 질료에서 출발한다고 보아야 한다. 이 점을 전제한 후에야 일련의 단계적 사고를 거쳐 순전한 질료성과 순전한 과정성이라는 개념을 획득할 수 있게 된다. 순전한 질료성과 순전한 과정성은 결코 단순하지 않은, 극도로 복잡한 현상이다. 이것들은 예술을 접하기 시작하는 지점에서 부각되지 않는다. 이것들이 이해될 수 있기 위해서는 상당한 전개 과정을 필요로 하는 것이다.

이해의 경험이 미적 경험의 전부일 수 없다는 점은 미적 자기소통의 마지막 차원에서 명료하게 드러난다. 미적 자기소통의 한 차원인 문제제기는 질료성과 과정성에 따른 중단들을 토대로 할 때에만 자신만의 독자적인 성격을 보여 준다. 미적 경험 가운데 이해하지 못하는 경험, 단절의 경험이 특히 더 문제가 된다. 다만 질료성과 과정성을 통한 중단들은 이해의 계기들과 대조될 때 비로소 파악 가능하다. 미적 사건이 철저하게 이해 사건으로 해석될 때에만 미적 사건이 이해와 거리가 먼 공회전을 하게 된다고 말할 수 있다. 이렇듯, 바로 이해를 중단시키는 계기들에서 미적 경험들의 긴장감 넘치는 통일체가 모습을 드러낸다.

미주

❶ Hegel, *Vorlesungen über die Ästhetik I*, 389쪽 이하.

❷ Adorno, *Negative Dialektik*, 164쪽.

❸ Benjamin, *Ursprung des deutschen Trauerspiels*, Frankfurt a. M. 1972, 197쪽 이하.

❹ Rorty, "Nineteenth-Century Idealism and Twentieth-Century Textualism", 151쪽 이하.

❺ 이에 대해서는 다음을 참조. *Mersch, Ereignis und Aura*.

❻ Lyotard, "Das Erhabene und die Avantgarde", 152쪽.

❼ 이 점에 대해서는 다음 책을 근거로 삼았다. Sonderegger, *Für eine Ästhetik des Spiels*.

❽ Bergson, *Zeit und Freiheit*, 84쪽.

❾ Fischer-Lichte, *Ästhetik des Performativen*, 9-30쪽.

❿ Derrida, "Kartuschen", in: J. D., *Die Wahrheit in der Malerei*, 258쪽 이하.

⓫ Hegel, *Vorlesungen über die Ästhetik II*, 136쪽 이하.

⓬ Hegel, *Vorlesungen über die Ästhetik II*, 197쪽.

VII

취미판단과 예술비평

「문학 사중주Das Literarische Quartett」는 1988년부터 2001년까지 이어진 (그리고 2015년에 새로운 포맷으로 부활된) 유명한 독일 텔레비전 프로그램이다. 진행자는 문학비평계의 대부로 잘 알려진 마르셀 라이히-라니키Marcel Reich-Ranicki였고 지크리트 뢰플러Sigrid Löffler, 헬무트 카라제크Hellmuth Karasek 등 유수의 문학비평가들이 패널로 함께했다. 이 방송이 유명했던 (혹은 사랑받았던) 이유에는 비평가들 간에 뜨거운 설전도 한몫했다. 언제나 날카로운 비판이 오갔으며 때로는 인신공격도 불사했다.

일종의 버라이어티 프로그램 같은 이 방송에서는 (최근의 재개된 방송 포맷 또한 마찬가지인데) 시청자들의 감정에 호소하려는 의도가 지나쳐서 눈살을 찌푸리게 하는 장면이 연출되기도 했다. 너무 적나라하다는 평가가 내려진다 해도 할 말이 없을 정도이다. 하지만 비평가들 간의 격렬한 언쟁이 이 방송의 하이라이트는 아니다. 이 방송은 I장에서 밝혔던 사실, 즉 예술이 논쟁적이라는 사실을 여실히 보여 준다. 무엇이 예술이고 무엇이 예술이 아닌지, 이 점 자체가 불분명하다. 예술을 통해 우리가 무엇을 이해하는지, 어떤 작품이 우리에게 말을 건네고 어떤 작품이 침묵을 지키는지 또한 불분명하다.

매우 적나라한 볼거리를 제공하는 이 토론 프로그램은 사실 예술의 본질적 측면을 가리키고 있다. 예술은 인간의 자기소통을 위한 매체인 까닭에, 우리는 언제나 예술작품이 우리에게 어떤 의미를 갖는지, 우리의 이해 가운데 어떤 것을 촉구하고 있는지, 혹은 예술작품이 그런 일을 하기는 하는 것인지와 같은 근본적인 문제를 던질 수밖에 없다. 예술작품은 언제든 새로운 논쟁거리를 제공한다. 「문학 사중주」를 보았다면 알 수 있겠지만, 논쟁의 화살이 사실 예술작품 자체보다는 도리어 논쟁하는 자, 즉 특정 시각과 경험을 통해 특정한 평가를 내리는 당사자를 향한다. 그러다 보니 인신공격이 난무한다.

예술에 대한 논쟁에서 가장 핵심이 되는 사안은 예술작품을 접하는 자가 표명한 판단 자체에 대한 평가다. 여기에서 '가치를 평가하다'에 해당하는 독일어 'werten'은 프랑스어 'évaluer'에서 왔다. 예술작품에 대한 판단을 평가적evalutiv 판단이라고 부른다. 예술작품에 대한 평가는 이것이 작품으로서의 가치를 지니고 있는지에 대한 판정이다. 전통적으로 예술에 대한 판단은 이 대상이 아름다운지의 여부에 대한 판단으로 이해되었다. 이를 '취미판단judgement of taste'이라고 불러 왔다. 아름다운 것이 우리의 마음에 들 때, 판정하는 우리는 이것을 아름답다고 말한다. 그러나 우리가 정말로 대상의 아름다움에 대해 판정한 것일까? 무슨 근거로 그러한 판정이 제대로 이루어졌다고 말하는가? 그 근거의 구속력이 제대로 확보될 수 있는 것일까?

미 이론의 역사를 살펴보면 취미판단의 근거가 객관적으로 정초될 수 있을 것이라는 바람은 언제나 팽배했다. 하지만 취미라는 사안이 마치 바깥 공기의 온도를 느낌으로 측정하는 경우와 마찬가지로 그다지 객관적일 수 없다는 생각 또한 팽배했다. 그렇다면 예술작품에 대한 우리의 판단은 어떻게 이루어지는가?

VII장에서는 18세기 이래 이에 관한 담론이 어떻게 전개되었는지를 살펴볼 것이다. 18세기 취미론의 정점에 놓였던 두 입장(데이비드 흄David Hume, 칸트)에서 출발하여 이 두 입장의 대립이 재연되고 있는 상황(노엘 캐럴Noël Carroll, 크리스토프 멩케Christoph Menke)까지 나아갈 것이다. 이를 통해 우리는 취미판단이 통상적 경험에 따른 인식판단과는 완전히 다른 토대를 갖추고 있다는 점을 확인하게 될 것이다. 사람들이 제 나름의 자기이해에 따라 상대방과 벌이는 논쟁, 이를 통해 취미판단이 이루어진다. 예술에 대한 논쟁은 우리가 '예술비평art criticism'이라고 부르는 실천의 장에서 벌어진다.

이 책에서는 예술비평이라는 말을 광범위한 맥락에서 사용한다. 즉 신문 문예란이나 여타 매체에서 이루어지는 실천에 국한된 개념으로 보지 않을 것이다. 예술비평을 보다 정확하게 이해한다면 이것의 외연은 훨씬 더 확장된다. 즉 영화의 한 장면에서 관객들이 일제히 웃었을 때, 재즈 즉흥연주가 감상자의 마음을 사로잡았을 때, 심지어는 소설을 낭독하던 자가 내용에 대해 청중과 대화를 나누었을 때나 인터넷 포탈에 전시 비평이 실렸을 때에도 예술비평 행위는 이루어지고 있다.

따라서 개별 작품의 고유성에 대한 판단이 어떻게 이루어지는지를 이해하려면 우리는 예술비평이 어떻게 이루어지는지, 예술비평에서는 무엇이 다루어지는지에 대해 살펴봐야 한다. 예술비평에 대해 철학적 지평에서 제대로 이해하려면 적지 않은 예술철학적 입장들이 그동안 예술비평의 가치를 제대로 반영하지 못한 원인을, 심지어는 예술과 전혀 무관한 예술비평을 실천에 옮기는 데 머문 원인을 따져봐야 한다. 예술철학은 예술에 대한 논쟁을 제대로 담아내야 하기 때문이다.

1. 취미판단

일찍이 근대의 예술 담론에서 '취미' 개념은 도입되었다. 17세기 프랑스 살롱 문화를 통해 처음 부각된 취미판단이 화두가 되어 18세기 예술론에 큰 영향을 미쳤다. 18세기 예술론에서 이해된 취미판단은 대상을 아름답다고 판정하는 판단이었다. 이때에는 취미판단의 토대가 결코 객관적이지 않다는 생각이 지배적이었다. 아름다움을 평가하는 일은 철저히 주관적인 사안으로 보였던 것이다. 이 생각을 받아들인다면, 취미판단이 주관성에 토대를 두고 있음에도 불구하고 이 판단이 어떻게 확고한 토대를 확보할 수 있을 것인지에 대한 문제가 제기될 수밖에 없다.

1.1 흄: 취미판단의 주관성

이러한 문제를 제기한 인물로서 흄이 가장 대표적이다. 「취미의 기준에 관하여Of the Standard of Taste」에서 흄은 취미판단의 기준이 있는지 여부에 대해 질문을 던진다. 여기에는 '취미판단은 주관적 사안이다'라는 그의 주장이, 그리고 '아름다운 것을 바라보는 마음 속에 있다'[1]는 유명한 언급이 들어 있다. 취미판단이 철두철미 상대적인 성격의 것은 아니다. 다만 미를 판정하기 위해 반드시 주관이 필요하다는 점이야말로 취미판단의 자유를 설명하는 중요한 계기라는 것을 흄은 정확히 알고 있었다. 인간이 자신의 천성적 소질에 해당하는 취미를 통해 판단을 내리는 법을 알게 됨으로써 대상이 촉발하는 직접적 인상으로부터 자유로워질 수 있다.

인간의 취미는 훈육을 통해서 도달 가능하다는 것이 흄의 주장이다. 인간의 판정능력이 이러한 훈육의 결과를 보여 준다. 대상을 판정할 때 주관

Anicet Charles Gabriel Lemonnier, 「조프랭 부인의 살롱(Une soirée chez Madame Geoffrin)」, 1812
https://en.wikipedia.org/wiki/Lumi%C3%A8res

은 이로부터 벗어나 거리를 두어야 한다. 이렇게 할 때 취미의 고유성이 견지될 수 있다. 다소 추상적으로 들리는 이런 생각을 설명하기 위해 와인을 일례로 들어 보겠다. 와인을 자신의 취미에 따라 평가하려는 자에게는 우선 취미의 도야가 필요하다. 와인의 풍미에 대한 취미능력 및 판정능력을 길러야만 하는 것이다. 그러한 학습과정을 거치면 비로소 와인 전문가가 될 수 있다. 흄이 보기에 대상의 아름다움을 판정하는 실천이 이루어짐으로써 이에 대한 전문가가 양성된다. 결국 취미는 전문가의 사안이다. 취미를 도야한 이런 전문가들이 바로 미 판정의 이상적 기준이 된다.

취미의 양상에 대한 흄의 설명에서 다음과 같은 사상이 감지된다. 공동체의 구성원인 한 개인의 취미는 다른 개인들에 의해 판정된다. 즉 한 개인의 취미판단에는 다른 이의 인정이 필요하다. 따라서 과연 누가 취미의 전문가인지가 관건이 된다. 전문가들의 예술적 감식능력은 결국 공동체의 차원에서 가늠되어야만 한다. 이런 맥락에서 흄은 다음과 같이 말한다. "그 어느 누구도 이론을 제기하지 않을 만큼 남다른 선별능력을 지닌 사람(물론 그럼 사람이 누구인지 지목하기는 쉽지 않겠지만)이 있다."❷ 요컨대 취미는 주관의 소질에서 출발한 것이되 세련되어야 하며 한 주관에 의해 발현된 판단능력에 대해 다른 주관들이 공감하는 일련의 과정에 입각해서 평가되는 것이라 할 수 있다.

흄이 던진 화두는 예술작품과 관련해서 실천되는 판단이 지닌 가장 중요한 계기 가운데 하나를 분명하게 보여 준다. 대상의 아름다움에 대한 판단은 바로 주관에 의해 내려지는 판단이라는 점이 바로 그것이다. 취미판단의 토대는 바로 주관의 판단능력이다. 그렇지만 판단의 주관은 고립되어 있지 않고 다른 주관들과 상호 교류하는 까닭에 언제나 자신의 판단능력에 대해 다른 이의 판정이 내려진다. 판단능력이 타인의 시선을 통해 보증될 때 비로소 이 능력이 굳건해진다는 통찰은 예술비평과 관련해서 아주 중요하다.

하지만 흄의 이러한 통찰은 동시에 문제점을 내포하고 있다. 그 이유는 다음과 같이 두 가지로 나누어 설명할 수 있다.

첫째, 취미판단의 능력이 주관의 측면에서 갖는 의미에 대해 흄은 어떠한 설명도 내놓지 못했다. 그에 따르면 취미는 전문적 식견을 통해서만 증명되며 취미판단을 내리는 자는 자신이 그러한 판단력을 지니고 있다는 것을 입증해야만 한다. 그렇다 보니 좋은 취미와 나쁜 취미를 분별하는 문제가 공동체에 속한 몇몇의 특정 주관들이 지닌 능력에 달린 것처럼 보인다. 물론 취미의 구속력이 주관에 달려 있다는 흄의 주장이 여기에서도 확인된다. 그러나 취미의 문제에서 판단능력이 주관들에게 갖는 의미가 정확히 무엇인지는 이것만으로는 불분명하다. 취미의 문제를 주관이 다루어야 하는 이유가 있는가? 이 문제는 공동체를 통해 작동하는 것일 뿐인가?

둘째, 흄의 언급만으로는 취미 특유의 미적 차원이 드러나지 않는다. 그가 생각하기에 취미나 판단력은 각자의 전문적 식견을 서로 인정한 자들 사이에서 성립한다. 그런데 판단이 중요한 역할을 담당하는 다른 분야들(정치, 법, 교양문화, 학문)에서도 취미의 정황과 유사한 구조가 나타난다. 그렇게 본다면 흄의 분석만으로는 예술에 대한 판단만이 갖는 특유성이 설명되지 않는다.

1.2 칸트: 취미판단의 객관성

칸트 철학에는 흄의 색채가 들어 있다. 『학문으로 출현하게 될 미래의 모든 형이상학을 위한 서설 *Prolegomena zu einer jeden künftigen Metaphysik, die als Wissenschaft wird auftreten können*』에서 칸트는 자신의 비판철학 전체에 흄의 영향이 강하게 투영되어 있다는 점을 분명하게 밝힌 바 있다.[2] 비록 『판단력 비판』에 흄에 대한 언급이 발견되지는 않지만 흄의 영향은 칸트의 미적 판단 이론에서도 감지된다. 미적 판단을 해명하면서 칸트는 흄의 입장에 내재한 문제들에 대해 해법을 찾고자 했다.

칸트는 앞서 언급한 비판 지점 가운데 우선 두 번째 문제에서 출발했다. 칸트의 생각에 따른다면, 흄은 미적 판단을 단지 주관적인 능력의 사안으

2 이에 관해서는 임마누엘 칸트, 『형이상학 서설』, 백종현 옮김, 아카넷, 2012, 113쪽 이하 참조.

로만 본 까닭에 취미판단의 고유성을 포착하지 못했다. 단지 주관적인 능력의 사안은 개별 주관에게만 의미 있는 사안, 즉 해당 주관만의 특성, 선호, 능력 등에 국한된 사안일 뿐이다. 칸트의 말에 따른다면 우리에게 쾌적하거나 아니면 유용한 것이 이에 해당한다.

쾌적한 것, 그리고 유용한 것에 대한 판단은 칸트에 따르면 미에 대한 판단에 속하지 않는다. 미 판단에는 이로부터 그 어떤 개인적인 선호나 주관적 애착 관계가 나타나지 않는다. 미 판단에 따르면 '이것은 나에게 아름답다'가 아니라 '이것은 아름답다.' 미의 특성을 고려할 때 취미판단을 객관적 판단[3]으로 이해할 수 있는 근거가 바로 여기에 있다.❸

물론 칸트 또한 취미판단을 단순히 객관에 대한 판단으로 여기지는 않았다. 미는 (우리가 보통 대상의 형식 혹은 대상의 색채가 어떠하다고 말할 때 상정하고 있는) 객관의 속성이라기보다는 이 객관이 주관에게 행사하는 영향이라

---

3 사실 『판단력 비판』에 나타난 칸트의 언급을 토대로 한다면 미 판단을 객관적 판단이라고 말해서는 안 된다. 칸트에 따르면 쾌적함에 대한 판단은 순전히 주관적인, 따라서 그 어떤 보편성도 도출할 수 없는 판단이다. 도덕적 좋음에 대한 판단 및 감각적으로 경험 가능한 대상에 대한 인식 판단은 칸트의 말에 따르면 '객관적 보편타당성'을 갖는다. (도구적 좋음[유용함]에 대한 판단은 단지 감각적 측면만이 아니라 수단과 목적 간의 관계에 대한 인지적 측면이, 즉 개념이 결부된 까닭에 쾌적함과 달리 유용함은 객관성과 어떤 식으로는 연관성을 갖는다.) 반면 미에 대한 판단은 그 근거가 주관적(이 점에서는 흄의 미학과 긴밀히 연결되어 있다)임에도 보편타당성을 갖는다. 이른바 '주관적 보편타당성'이 칸트가 말하는 미 판단의 특징이다. 이러한 정황에도 불구하고 이 책의 저자는 칸트의 취미판단론을 흄의 입장과 대비시키면서 의도적으로 저 "보편타당성"을 "객관성"으로 치환하고 있다. 칸트가 말하는 보편타당성이 모든 주관에게 적용되는 타당성을 뜻한다는 점을 고려하여 저자는 객관성이라는 말을 적극적으로 사용하고 있는 것으로 보인다. 나중에 캐럴의 예술비평론을 언급하면서 저자는 칸트가 여전히 "주관주의"에 머물러 있다는 것을 분명히 밝힌다. 저자 또한 칸트가 취미판단을 단지 객관적인 판단이 아니라 "객관적이면서 주관적"인 판단으로 생각하고 있음을 밝힌다. 칸트의 취미판단론에 대해서는 다음을 참조. 박정훈, 『미와 판단: 칸트의 〈판단력 비판〉 "미 분석" 강의』, 세창출판사, 2017.

고 볼 수 있다.

그러나 이런 영향이 미에서는 객관적이다. 미는 개별자들 각각의 특성에 깃든 것으로 볼 수 없다. 그러니까 미는 흄이 생각한 것처럼 특정 주관들이 지닌 능력의 사안이라기보다는, 모든 주관에 공통된(III.1) 능력의 사안이다. 요컨대 취미판단의 대상은 '객관에 대한, 객관적이면서 주관적인 반응'이다.

객관적이면서 주관적인 이러한 반응을 고려한다면, 한 주관 혹은 공동체가 어떤 대상을 아름답다고 판정하는 일은 결코 특정 주관 혹은 공동체가 자의적으로 벌인 일이 아니다. 그 대상이 아름답다면, 모든 이가 이런 평가를 공유할 것이라는 기대가 동반된다. 이런 맥락에서 칸트는 다음과 같이 말한다. 우리가 어떤 대상을 아름답다고 판정했다면 우리는 언제나 다른 이들이 동의할 것이라 요구한다.[4] 이 말을 미 판단을 내릴 때 언제나 우리가 다른 이들의 동의를 실제로 구하려 한다는 뜻으로 받아들여서는 안 된다. 오히려 미에 대한 판단을 내릴 때에 모든 이가 동의하리라는 것을 전제하고 있다는 것으로 보아야 한다. 그러니까 단지 주관적인 기대가 아니라 객관적으로 정초된 요구와 관련된 사안이다.

칸트의 이러한 분석은 취미판단이 단지 주관적 능력의 사안으로 매몰되지 않으면서 어떻게 주관이 제 역할을 담당하는지를 이해할 수 있게 해 준다. 칸트가 취미판단에 일종의 객관적 성격을 부여한 까닭에 취미판단이 모든 주관에게 공히 적용된다고 말할 수 있었다. 따라서 취미판단은 특정 주관의 개별적 평가가 아니다. 오히려 취미판단은 우리의 주관(칸트의 시각에서 보면 '모든 인간의 주관 일반')이 대상에 반응하는 방식이다.

그래서 취미판단은 모든 이에 해당하는 감각에 의해 산출된다. 칸트는

'공통감common sense'이라는 전통적 용어를 이 판단과 연관 짓는다.[5] 칸트에 따르면 공통감은 특정 공동체의 감각이 아니라 모든 인간에 공통적인 감각이다. 그러니까 칸트는 흄이 말하고자 했던 바를 보다 더 설득력 있게 말한 셈이다. 물론 성공한 취미판단은 전문적 식견의 표명이다. 그러나 이러한 식견은 특정 공동체에서 다른 이들의 인정을 통해 도달된 것이 아니라, 감성적이면서도 또한 이성적인 존재인 인간의 본성과 관련된 것이다.

이런 분석에 입각할 때, 취미판단의 작동방식이 특정 공동체의 법, 정치, 학문 등에 대한 판단과 전혀 다르다는 점이 분명하게 드러난다. 예술을 감식하는 일은 칸트가 보기에 특정 판단 공동체에서 관건이 되는 대상을 감식하는 일과는 전혀 다르다. 오히려 이것은 인간의 본성과 관련된 것에 대해 감식하는 일이라고 할 수 있다. 칸트의 설명을 통해 취미판단의 공통적 성격이 곧 취미판단의 고유성이라는 점을 납득할 수 있다.

하지만 칸트의 이러한 설명은 일종의 대가를 지불한 결과물이다. 칸트의 논의에서 객관과의 접촉이 사라지고 말았기 때문이다. 그에 따르면 취미판단은 다음과 같은 점을 말해 준다. 감성을 통해서만 대상과 소통할 수 있는 존재인 우리가 이른바 '인식 일반'의 측면에서 세계와 관계 맺는 한에서만 객관은 우리 주관에게 무언가 만족을 불러일으킨다. 이것이 칸트의 최종 주장이라면 다음과 같은 문제가 발생한다. 그처럼 다종다양한 예술을 일일이 대면할 이유는 도대체 무엇인가? 하나의 작품에 대한 판정만 잘 내려지면 더 이상 취미판단은 없어도 되는 것인가? 객관이 우리의 반응을 적절히 이끌어 내는 사례를 하나만 들 수 있으면 아름다움에 대한 경험을 언제든 반복할 수 있는 것 아닌가? 다종다양한 대상을 접하면서 지속적으로 취미판단을 내려야 하는 이유가 칸트의 분석만으로는 이해되지 않는다.[6]

2. 작품 판정의 근거

칸트 또한 취미판단을 여전히 주관에 입각해서 생각하고 있다는 점은 부정할 수 없는 사실이다. 이제 판정 대상에 좀 더 천착한 취미판단이 가능한지에 대해 살펴보자.

이를 위해 예술작품의 고유성 문제에서 출발해 보자. 즉 취미판단을 작품의 고유성에 대한 판단으로 생각해 보자. 이렇게 보면 우리 주관의 반응은 특정한 예술작품의 고유성의 반영이다. 이로써 칸트의 분석에서 해결되지 않은 문제점들을 극복할 여지가 생긴다. 이제 주관적 반응만이 아니라 이러한 반응을 촉발한 대상의 속성이 중요해진다.

이러한 전제를 지닌 입장은 매우 다양하다. 여기에서는 현대 예술철학을 대표하는 전형적인 두 해법을 언급할 것이다. 취미판단이 대상에 천착해야 한다는 입장은 크게 다음과 같은 두 가지 상반된 방향으로 전개되었다. 취미판단의 대상은 (1) 한편으로 판단의 구체적 토대로 이해되지만, (2) 다른 한편으로 이러한 판단사건이 가변성을 갖는다는 점을 경험케 한다.

2.1 캐럴: 예술의 기준을 토대로 한 판정

미국의 예술철학자 캐럴은 칸트의 취미판단론이 지닌 문제를 일견 설득력 있게 해결하였다. 캐럴은 예술비평을 위한 판단에 주목했다. 칸트의 전통에 따라 캐럴은 취미판단을 통해 대상의 속성 자체가 확인되는 일은 없다고 보았다. 그가 보기에 취미판단은 대상이 얼마나 성공적인지를 평가하는 판단이다. 이때 말하는 성공은 대상이 (칸트에 따른다면 미적인 쾌의 감정에 해당하는) 특정 반응을 얼마나 잘 촉발했는가에 따라 이해되어서는 안 된다. 여기에서 말하는 성공은 예술 장르별로 확립된 전통에 입각한 기준을 얼마나 충족했는가에 따라 가늠된다.[7]

한 편의 소설 작품이 소설 장르의 기준에 제대로 부응했을 때, 이 작품은 성공적인 작품으로 평가된다. 물론 캐럴도 예술작품의 이런 기준을 틀에 박힌 진부한 것으로 여기지는 않았다. 귀스타브 플로베르Gustav Flaubert의 문체가 괴테의 문체나 도스토옙스키의 문체와 같을 수는 없기 때문이다. 따라서 취미판단은 특정 작품이 해당 장르의 기준을 얼마나 흥미롭게 잘 실현했는지를 가늠하는 일이라고 할 수 있다. 하나의 작품은 해당 장르를 통해 실현된 일반적 기준에 따라 평가되며 이 기준이 해당 작품에 실현된 정도에 따라 이 작품의 가치가 매겨진다.

캐럴은 예술사를 통해 예술의 장르가 다양하게 분화되었다는 전제에서 출발한다. 예술가는 그렇게 형성된 장르와 관계를 맺으면서 최소한 하나의 장르에 입각해 작품을 만든다. 이렇게 산출된 작품은 해당 장르의 기준을 충족한다. 충족 여부가 곧 작품의 수용 여부를 결정한다. 감상자는 눈앞의 작품이 어떤 장르에 속하는지에 대해 묻는다. 스스로 답을 구한 후 감상자는 작품이 해당 장르의 기준을 실현하고 있는지에 대해 묻는다. 이런 식으로 감상자는 작품의 가치를 묻는 판단을 수행한다.

캐럴의 이러한 설명을 통해 취미판단은 예술작품과 다시 긴밀히 연계된다. 예술비평은 해당 장르의 기준을 얼마나 충족하는지 여부에 따라 예술작품의 가치를 따지는 판단이다. 그렇기 때문에 미적 쾌는 대상이 지닌 속성에 따라 해명된다고 할 수 있다. 예술의 기준이 얼마나 제대로 충족되었는지에 따라 작품이 우리의 마음에 드는지가 판가름되기 때문이다. 이런 식으로 캐럴은 흄과 칸트의 주관주의를 넘어섰다. 그렇지만 캐럴의 설명은 다시 다음과 같은 또 다른 문제를 양산한다. 이를 두 가지 측면에서 살펴보면 다음과 같다.

첫 번째는 예술 장르론 자체에 깃든 문제이다. 캐럴은 예술 장르가 해당 장르의 역사 전체에 관철되는 기준과 결부되어 있다는 전제에서 출발하였다. 이에 따른다면 소설 장르는 플로베르이든 제임스 조이스James Joyce이든 이들을 공히 아우르는 기준을 갖고 있어야 한다.

그런데 조이스의 작품은 플로베르의 작품과 같은 장르에 속함에도 분명 차이가 있기 때문에, 과연 두 소설 사이에 동일한 기준이 적용된다고 할 수 있는지 의문이 들 수 있다. 이러한 의문이 정당한 것이라면, 장르라는 것은 차라리 작품들이 이루는 모종의 연관 같은 것이며 이것은 언제라도 변경 가능하다고 보아야 한다(II.3.2). 그런데 이럴 경우 하나의 작품을 바라볼 때 이것이 속하는 장르의 기준을 분명하게 설정하기가 어려워진다. 작품이 나올 때마다 이 기준에 대한 새로운 규정이 필요하기 때문이다. 결국 개별 예술작품을 평가하는 기준이 해당 작품으로부터 독립된 것이 될 수 없게 된다.

두 번째는 (제작자이든 감상자이든) 작품을 접하는 우리에게 있어 예술의 성공이라는 것이 갖는 의미와 관련된 문제이다. 한 편의 소설이 해당 장르의 기준을 충족한다는 것이 왜 중요한가? 그것이 우리와 무슨 상관이 있을까? 해당 장르의 기준을 충족하는 의의에 주목하는 캐럴에게 동조하는 이들은 이 생각이 비단 소설만이 아니라 아름다운 대상 모두가 그러하다고 말할 것이다. 가령 한 송이 장미가 아름다운 까닭은 아마도 눈앞의 '이' 장미가 장미 '일반'에 해당하는 모든 것을 특별한 방식으로 잘 나타내 보여 주고 있기 때문이라고 생각할 수 있다. 말하자면 '이' 장미는 장미 '일반'의 기준을 특별한 방식으로 잘 실현했기 때문에 아름다우며, 이런 까닭에 우리의 마음에 들었다는 것이다. 이들의 실명에 따른다면, 아름다운 '이' 장미를 볼 때 우리는 장미 일반과 관련된 것을 특별한 방식으로 보고 있으며 아름다움에 대한 경험을 통해 우리는 세계에 대해 더 나은 이해에 도달한다.

하지만 장미에 대한 이런 설명이 소설에 똑같이 적용될 수는 없다. 소설에 대한 이해와 자연세계에 대한 이해가 같을 수 없기 때문이다. 예술은 적어도 유용성과 직접적 연관은 없으며 오직 우리 인간을 위해 제작된다. 예술이라는 대상을 이해한다고 해서 우리에게 특별한 정보가 제공되지는 않는다. 물론 한 편의 소설 작품이 소설 장르의 일반적 측면을 잘 나타내 보여 줄 때 쾌를 느낄 수는 있다. 그러나 그렇다고 해서 이러한 쾌가 곧바로 소설을 읽고 쓰는 이유의 전부일 수는 없다. 캐럴에 따른다면 예술의 성공 여부에 대한 판단이 장미(자연)나 우산(일상 사물)의 성공 여부에 대한 판단과 같은 방식으로 작동되는 것처럼 보인다. 이렇게 되면 예술작품의 고유성은 다시 사라진다.

2.2 멩케: 규범의 가변성에 대한 경험

그렇기 때문에 취미판단을 할 때 대상에 천착하면서 예술작품의 고유성을 온전히 고려하는 작업이 요구된다. 이러한 문제의식에서 본다면 캐럴의 입장에 대해서는 다음과 같이 말할 수 있다. 장르론에 기반을 둔 비평을 할 경우 결국 그 어떤 예술작품도 해당 장르의 기준을 충족할 수 없다. 예술작품은 오히려 그 기준을 허문다. 즉 예술작품은 결코 의미 있는 어떤 기준도 확립하지 않는다. 그렇기 때문에 취미판단은 눈앞의 작품으로 인해 이미 확립되어 있던 기준에 생채기가 난 상태를 표현한다. 그렇게 볼 때 미적인 것에서는 언제나 기존의 기준이 허물어진다는 특징이 나타난다. 그렇다고 하여 기존의 것이 분쇄된 이후 새로운 기준이 자연스레 확립되는 것은 아니다. 미적인 것을 직면할 때 기존의 기준이 쉽사리 허물어지는 경험을 하게 될 뿐이다.

멩케의 취미판단론에는 이런 생각이 집약되어 있다.[8] 멩케의 입장에 따르면 예술을 통해 우리는 모든 규범적 연관의 가변성을 경험한다. 규범적 연관들이 근본적으로 쉽사리 허물어지는 이유는 개념을 규정하는 우리의 능력의 토대가 무엇인지 제 스스로 입증할 수 없기 때문이다. 능력faculty은 실상 힘power에 토대를 두고 있으며, 모든 생명체에서는 입증될 수 없는 저 어두운 힘의 유희가 이루어진다.[9] 우리가 개념을 규정할 때 의거하는 토대 자체는 근본적으로 규정되지 않는다. 규정되지 않는 이 어두운 힘은 우리의 통상적 개념 규정 활동을 통해서는 경험되지 않는다. 그런 까닭에 개념을 규정하는 능력의 토대가 이미 그 자체로 입증되었다는 인상을 갖게 된다.

하지만 예술작품을 통해 우리는 개념 능력의 근저에 '비규정성'이 자리하고 있다는 것을, 즉 저러한 인상이 아직 입증된 것이 아니라는 것을 경험한다. 말하자면 우리는 예술작품을 통해 규정되지 않은 저 힘들의 유희를 대면한다. 취미판단은 이러한 유희에 대한 경험을 표명한다. 취미판단은 일상적 판단행위를 중단시키는 판단이다. 이에 따르면 취미판단은 판단의 형식을 통해 판단의 작동 방식에 문제를 제기한다는 독특성을 갖는다. 예술작품은 경험을 선사하며 취미판단은 이런 경험을 표명한다. 이를 통해 우리는 협소한 의미의 이해로는 포착할 수 없는 것에 대한 이해에 도달할 수 있다. 즉 취미판단은 판단 자체의 가변성에 대한 판단이다.

멩케의 이러한 입장은 캐럴의 입장에 담긴 문제에 대한 대응으로 볼 수 있다. 일찍이 칸트가 그러했던 것처럼 멩케 또한 미적인 것의 고유성을 설파했다. 다만 멩케는 미적 경험을 일상적 규범에 따른 실행의 중단에 대한 경험으로 보았다. 미적인 것의 고유성을 단지 주관적인 반응으로 치부해서는 안 되며, 이는 예술작품 자체에 기인한 고유성이다. 예술작품을 판단할 때 우리는 결코 이를 위한 확고한 준거점을 발견할 수가 없다. 예술작품의 지닌 이런 속성으로 인해 우리는 예술작품을 통해 이해의 가변성에 대한 경험을 한다. 그런 맥락에서 멩케는 캐럴과 달리 예술작품이 우리 주관에게 부여하는 의미를 이해할 수 있게 해 주는 속성을 지니고 있다고 생각했다.

그러나 멩케의 이러한 해법 또한 일종의 대가를 지불한 결과물이다. 말하자면 멩케에 따를 때 예술장르들 및 개별 작품들의 차별성이 불명확해진다. 어떤 대상이든 상관없이 힘의 비규정성에 대한 경험이 이루어진다. 이러한 경험에서 저 차이는 필요치 않다. 물론 이 문제는 비단 멩케의 입장에서만 봉착하는 문제는 아니며 칸트의 취미판단론에서 직면했던 문제와 양상이 유사하다. 우리가 도대체 왜 판단을 통해 미적 경험을 표명해야 하는 것인지를 멩케의 입장이 설명해 주지는 못한다. 흄과 칸트를 통해 밝혀진 바에 따르면 취미판단은 하나의 공통적 지반을 갖는다. 대상을 아름답다고 판정하는 일은 상이한 주관들 사이에 일종의 공동체를 통해 이루어진다. 하지만 멩케가 말했듯이 취미판단이 판단의 기능을 제대로 수행하지 않는다면, 취미판단을 통해 공동체가 형성된다기보다는 오히려 붕괴되고 만다.

멩케는 미적 경험을 수행하려면 주관성의 형식에서 벗어나게 된다는 점을 시종일관 주장했다.[10] 이렇게 되면 미적 경험을 수행하는 자들은 이제 더 이상 하나의 공동체를 구성할 수 없다. 하지만 특정 공동체의 차원을 떠난다면, 판단에 대한 이해는 불가능한 것 아닐까? 이런 측면에서 우리는 '판단은 다른 이들이 인정했을 때 비로소 의미를 얻는다'라는 흄의 통찰을 진지하게 수용할 필요가 있다. 그렇게 본다면 판단은 주관 사이에 이루어지는 일종의 상호작용이다. 비규정적 힘이 도사리는 곳에서는 그 어떤 의미도 생겨날 수 없다.

3. 예술비평

지금까지 논의한 입장들을 통해 나타난 취미판단의 규정 가운데 중요한 점을 간추리면 다음과 같다. (1) 취미판단을 통해 객관에 대한 주관의 반응이 표명되며 이 객관과 관련한 '주관적' 사안이 다루어진다. (2) 취미판단을 통해 주관들이 이루는 하나의 '공동체'가 생겨난다. (3) 이러한 취미판단은 또한 동시에 이 판단을 촉발한 바로 그 '객관'의 속성과 관계 맺는다. 이러한 세 가지 지점이 타당하다면, 이제 이를 바탕으로 취미판단을 보다 면밀히 살펴보는 일이 남았다.

이런 일은 예술비평의 작동 방식을 이해하는 데에서 출발한다. 이미 언급한 바와 같이 예술비평이 이루어지는 형식은 너무나 다양하다. 영화에 대해 의견을 나누는 일이든, 소설을 읽다가 나누는 대화이든, "이 작품은 정말이지 나를 사로잡았어"라고 말하든, 아니면 "그 장면에서 꼭 그랬어야만 했는지 난 잘 모르겠어"라고 말하든, 이 모든 것들이 예술비평이다. 예술비평에 관한 담론은 신문문예란, 팸플릿, 혹은 블로그 등에서 발견된다.

이런 곳에는 소소한 것이든 매우 진지하고 대단한 수준의 것이든 거기에는 나름의 평가가 들어 있다. 이렇듯 예술비평은 실제로 매우 다양한 방식으로 실천된다. 텔레비전의 채널을 돌릴 때에도, 화풍을 수시로 변경하는 화가에 대한 평가에도, 협연자들이 서로 주거니 받거니 하면서 이루어지는 즉흥 연주에 대한 관객의 반응에도 예술비평은 들어 있다. 예술비평은 예술을 접하는 우리의 주변에 다양한 방식으로 언제나 함께한다.

바로 예술비평에서 취미판단은 자신의 위상을 제대로 확보한다. 이 위상에 따라 취미판단에 대한 올바른 이해가 가능하다. 이 위상에서 앞서 언급한 세 가지 관점이 비로소 긴밀하게 하나로 결합되기 때문이다. 예술비평 자체는 주관들이 서로에게 반응하는 실천이다. 이러한 상호주관적인 실천에서는 서로 논의하는 주관도, 또한 논의되는 객관도 모두 중요하다. 이를 좀 더 구체적으로 살펴보자.

3.1 주어진 자극이 지닌 가치에 대한 상호주관적 탐사

캐럴과 멩케가 표명한 상반된 두 입장은 모두 일종의 편향성을 띠고 있다. 따라서 양자를 포괄할 필요가 있다. 이런 맥락에서 보면 양자는 공히 다음과 같은 점을 분명하게 보여 준다. 예술비평을 수행하는 자는 객관의 기준에 따를 수밖에 없으며 자신의 판단능력에 대한 문제제기에 직면한다. 이는 무슨 의미인가? 「문학 사중주」에서 예술비평에 관한 대화가 어떻게 시작되는지 살펴보라. 가령 '이 작품에서 이 장면은 너무 진부하고 따분하다'는 주장이 제기된다. 이에 맞서 '그 말은 맞지만 이 부분은 작품에 방해가 되기보다는 오히려 도움을 준다', '이 작품의 장점은 바로 이 평범함에 있다. 이러한 진부함은 예술적으로 볼 때 매우 성공적인 형상화 방식이다.

저 따분함을 보여 주는 방식 또한 매우 매력적이다'라는 주장이 뒤따른다.

이런 식으로 진행되는 대화에 담긴 주장들은 암시적이든, 아니면 명시적이든 문학의 기준을 표명한다. 어떤 작품이 독자의 관심을 자아내야 한다는 (가령 노벨레Novelle[4]는 "진기한 일"을 다루어야 한다는) 기준에 따르면서도 동시에 현대 사회의 불확실성을 다루는 장편 서사문학(가령 로베르트 무질Robert Musil의 『특성 없는 남자*Mann ohne Eigenschaften*』)에 어울릴 법한 목표에 부응할 수도 있다. 이 작품을 비평하는 자는 일단 그 기준을 이해한 후 이를 적절히 해석할 것이다. 이런 맥락에서 볼 때 이 비평가는 객관의 기준에 따른다. 하지만 이러한 기준이 이 판단에 곧이곧대로 반영된다기보다는 판단 내용에 따라 적절히 연동된다. 따라서 같은 기준을 갖고서도 앞서 말한 '진부함'에 대해 긍정할 수도 있고 반면에 이에 대해 다소 허위적이고 가식적이며 과장적이라는 비판을 가할 수도 있다. 특히 이러한 비판은 '진부함이라는 이 주제가 작품을 통해 성공적으로 달성되었는가?'라는 문제제기와 관련되어 있다.

마치 우리가 '가치를 평가하는 일이 주관적 시각을 표명하는 것이다'라는 흄의 입장으로 되돌아간 것 같은 인상을 받을 수도 있을 것이다. 하지만 가치를 평가하는 일이 결코 주관적 시각에 머무르는 일이 아니라는 것을 이미 확인한 이상 흄의 입장이 우리의 결론일 수는 없다. 가치 평가는 판단하는 주관에게 전달된 자극의 표현이다. 이 점을 칸트식으로 말한다면 다음과 같다. 무언가를 아름답다고 판정하는 주관은 대상의 자극이 바로 자

4 '노벨레'는 진기하지만 일어날 법한 사건을 간결하게 묘사한 짧은 이야기로서 이탈리아에서 시작되었고 독일에서는 19세기에 유행하였다. "진기한 일"은 원래 조반니 보카치오Giovanni Boccaccio가, 그리고 괴테가 언급했던 노벨레의 기준을 뜻한다.

기 자신에게 주어진 것임을 알게 된다. 작품에 대한 비평적 태도에서 인간 일반과 관련된 사안이라든가 아름다움 자체와 같은 사인이 대두되지는 않는다. 오히려 특정 작품이 선사하는 자극이 특정 주관과 연관을 맺으며 다양한 척도에 따라 평가받는다. 이러한 자극은 자기 자신을 이해하고자 하는 주관만이 얻을 수 있다.

칸트나 멩케의 생각과는 달리 이 주관은 우리의 일반적 이해와 관련된 것이 아니라, (가령 현대 사회의 불확실함과 같은) 우리의 구체적 이해를 추구한다. 바로 이러한 구체적 이해를 통해 비평가들의 의견이 표명된다. 서사문학의 한 장면이 진부하다거나 따분하다는 비판이 내려졌다면, 이것은 무엇보다도 이 장면이 비평가의 구체적 이해를 제대로 이끌어 내지 못했기 때문이다. 비평가는 작품이 이해를 이끌어 내는 자극을 선사했는지, 그렇지 않은지에 대해 자신의 입장을 드러낸다. 물론 비평가가 어떤 작품이 자신의 기준을 성공적으로 충족하지 못했다고 단정할 수도 있다. 그럴 경우 이 비평가는 작품을 통해 그러한 이해가 나올 수 있었다고 생각하기보다는 이 작품이 충족할 수 있었던 효과를 충족하지 못했다고 생각한다.

비평가의 이러한 입장이 주관적인 것은 아닌지, 그러니까 무엇이 적절한 자극이 되었는지 여부는 결국 주관적 시각의 문제인 것은 아닌지 하는 의구심이 들 수도 있다. 이럴 경우 하나의 예술비평이 나오게 된 상황을 정확하게 살피는 일이 매우 중요하다. 「문학 사중주」에서 한 비평가의 언급은 다른 비평가들과의 대화를 통해 나온다. 이 대화 자체가 예술에 대한 우리의 비평적 접근을 위해 매우 중요하다. 이런 대화를 통해 주관적 시각 너머의 것이 표명되기 때문이다. 객관에 대해 다양한 주관이 갖게 되는 자극을 염두에 두고 이 객관을 평가해야 한다. 비평가들이 서로 토론하는 것은 단지 자신의 의견을 교환하기 위함이 아니다. 오히려 그들은 논의되는 작품에 대해 무언가를 발견하고자 한다. 이 토론에서 비평가들은 자신들이 서로 공유하고 있는 것을 주안점으로 삼는다. 이것은 바로 문학 작품이 그들에게 선사한, 그들에게 가치가 있는 자극을 뜻한다.

이런 근거에서 예술비평은 객관에 대한 평가로 볼 수 있다. 객관이 선사함으로써 주관이 경험하게 되는 자극에 대한 가치 평가는 객관을 주관들이 함께 접함으로써 이루어진다. 그렇기 때문에 '취미판단을 통해 공동체가 형성된다'는 칸트와 흄의 생각은 타당하다. 공동체 형성이라는 측면이 없는 취미판단은 생각할 수조차 없다. 그렇지만 이렇게 형성되는 공동체는 같은 생각을 지닌 자들의 동호회가 아니라 서로 갈등을 겪으면서 상호 영향을 미치는 개인들의 공동체이다. 서로 이질적인 시각을 지닌 주관들은 예술작품의 잠재력에 대해, 즉 자신들의 이해를 재고할 동기에 대해 탐사 작업을 함께 수행한다.

예술작품을 접하는 자들이 이루는 공통 이해와 관련한 탐사는 다음과 같은 의의가 있다.

(1) 예술비평에서 관건은 주관의 전문적 식견에 따른 평가를 인정하는 일이 아니라 객관이 주관의 이해와 실행에 미치는 생산적 영향을 표명하는 일이다. 공동체에서 높은 평가를 받는 비평가의 판단이라도 당연히 논쟁의 여지가 있는 법이다. 그러니까 무엇이 인정받을 만하고 무엇이 그렇지 않은지를 단순히 공동체가 정한다고 할 수는 없다. 오히려 객관, 그리고 객관이 주관에 미치는 영향에 의해 정해진다.

(2) 공동체가 있다 해도 비평 대상에 대한 평가가 완전히 합치할 수는 없다. 예술비평적으로 접근할 때에는 언제나 갑론을박이 있기 마련이다. 그

리고 이러한 충돌이 있다 보면 으레 합의에 도달하지 못하게 된다. 그렇지만 이것은 유감스러운 일이 아니며 오히려 예술비평의 공동체를 위해 아주 긴요한 일이라고 할 수 있다. 공동체는 이러한 논박을 통해 구성된다. 다양한 시각들이 표명되어야만 평가의 토대인 척도의 윤곽이 잡힌다.

(3) 예술비평의 공동체는 흄이 파악한 것과는 다르게 이해해야 한다. 흄에 따르면 예술비평은 다른 이들로부터 인정받은 비평가들에 의해 이루어진다. 흄이 생각한 공동체는 아주 균질적homogeneous인 집단이다. 그러나 실상 예술비평의 공동체는 전문가들이 주도하는 장이 아니다. 오히려 다양한 입장들이 좌충우돌하는 장이다. 이런 맥락에서 '이질적heterogeneous' 공동체라고 말할 수 있는 이곳에서는 그 어느 누구도 특권을 누리지 못한다. 예술비평과 관련한 갑론을박에서는 모든 이의 목소리가 동일한 비중을 갖는다.

3.2 예술작품은 우리에게 자기이해를 촉구한다

예술비평에서 관건은 예술작품을 통해 자극을 얻는 일이다. 그런데 이럴 경우 취미판단이 그저 객관에만 달린 것으로 오해될 수 있다. 이러한 편향을 바로잡을 필요가 있다. 예술작품을 접할 때 자극을 단지 받아들이기만 하는 것이 아니다. 우리가 이 자극을 허용해야, 그리고 이를 생산적으로 더욱 전개시켜야만 한다. 즉 취미판단의 성패는 판단을 내리는 우리 주관에 달렸다.

이미 살펴본 바와 같이 칸트에 따르면 취미판단은 판단 주관에 관해 언표한다. 물론 칸트가 주관을 형식적으로 파악하였고 객관을 시야에서 놓쳤다는 비판을 받을 여지가 있다. 이런 지점을 간과하지 않으면서 칸트의 분석을 수용할 방법은 없을까? 우선 취미판단을 판단 주관에 관한 언표로 보는 그의 분석을 구체적으로 살펴보자. 내가 예술작품을 판정할 때 작품은 바라보는 나에게 '도대체 내가 누구인가'라는 질문을 던진다. 예술작품은 나의 자기이해를 촉구하는, 그런 이해를 직면케 한다. 그렇기 때문에 문제제기가 미적 경험의 본질적 계기 가운데 하나인 것이다.

예술작품은 우리의 자기이해를 촉구한다. 우리가 누구인지, 다시 말해 우리가 무엇으로 파악될 수 있는지에 대한 대답을 가리킨다. 우리가 바라보는 바로 그 작품은 예술이 이러한 점을 촉구한다는 사실을 이 작품 특유의 방식으로 분명하게 나타내 준다. 리오넬 파이닝거Lyonel Feininger의 그림을 거듭 바라보노라면 나는 이 그림의 복제품을 마음 속에 무수히 만들 수 있는데, 이런 일은 이 그림을 통해 조명된 세계를 보았다는 아주 단순한 이유로 인해 가능하다. 또한 말러의 음악을 듣노라면 이 세상에 그의 음악 말고는 어떤 음악도 존재하지 않는다고 그의 음악이 말하는 듯한데, 나 자신을 발견하기 위해 내가 그의 음악을 거듭 듣게 되는 이유가 바로 그것이다. 이런 식으로 예술작품은 그때그때 도달되는 우리의 자기이해에 깊게 각인되어 있다.

취미판단에 대한 논의로 되돌아오자. 취미판단은 판단 주관인 우리가 내리는 판단이다. 취미판단은 예술작품이 우리의 자기이해에 깊게 각인될 잠재력을 얼마나 갖고 있는지를 표명해 준다.

취미판단은 단순히 주관의 선호에 대한 표명으로 이해해서는 안 된다. 자기이해에 각인된다는 것을 단지 주관적인 사건으로 생각해서는 안 된다. 이 점이 중요하다. 물론 미술 애호가나 음악 애호가 가운데 파이닝거의 그림이나 말러의 음악이 그다지 의미 있게 다가오지 않는다고 말하는 이도 있다. 이는 자연스러운 일이다. 그렇기 때문에 몇몇 개별 주관의 자기이해에 각인된 것을 취미판단의 토대로 보아서 오직 이렇게 각인된 내용만을 취미판단이 표명한다고 생각하면 안 된다. 취미판단은 그렇게 각인될 만한 잠재력이 무엇인지를 일반적으로 표명해 준다.

판단을 통해 어떤 예술작품의 성공 여부가 결정되며 작품에 담긴 특정한 잠재력을 언급한다. 이런 판단에 따르면 작품이 지닌 잠재력은 우리의 자기이해를 촉구한다. 저렇게 촉구된 바가 명백하게 드러나는 방식을 통해 우리는 자기이해에 도달한다. 우리의 자기이해에 걸림돌이 되는 방식으로 예술작품의 잠재력이 발현되는 경우도 있다. 하지만 우리는 이런 걸림돌에 봉착하면서 그저 속수무책으로 있지는 않는다. 오히려 이 걸림돌은 '도대체 우리는 무엇이고자 하는가?'라는 질문을 던지는 계기가 된다. 즉 예술작품은 이런 질문을 던지곤 한다. '도대체 우리는 무엇이고자 하는가?'

결국 예술비평도 바로 이러한 질문과 관련된다. 예술작품을 비판적으로 바라본다는 것은 작품이 우리의 자기이해의 증진을 얼마나 생산적으로 촉구하고 있는지를 평가하는 일이라고 볼 수 있다. 말러의 음악을 예로 든다면, 그의 음악은 미적 형태를 띠고 있다는 점에서 평가받을 만하지만 동시에 지나치게 감정적emotional이고 암시적이라는 비판이 가해질 수도 있다. 이른바 감상적sentimental인 음악(가령 루치노 비스콘티Luchino Visconti가 토마스 만Thomas Mann의 『베니스에서의 죽음*Der Tod in Venedig*』을 영화화할 때 말러의 「교향곡 제3번3. Sinfonie」, 그리고 「교향곡 제5번5. Sinfonie 4악장 아다지에토Adagietto」 부분을 삽입하였다)에 대한 이런 비판은 흔히 이루어진다. 이러한 감상적 분위기는 세계를 냉철하게 대면하는 일에 그다지 도움이 되지 않는다는 비판 또한 타당하다. 말러의 음악이 이런 식의 비판을 받는 국면에서는, '우리가 무엇이고

자 하는가?'라는 질문과 관련지어 볼 때 이 음악으로부터 받은 자극이 우리가 원치 않는 모습과 관련되어 있다는 평가를 받은 것이라 할 수 있다.

예술비평은 언제나 '우리는 누구인가, 우리는 누구이고자 하는가?'라는 질문을 겨냥한다. 예술비평은 작품이 촉구하는 바를 계기로 하여 결국 이 작품이 그때그때 도달되는 우리의 자기이해와 관련하여 생산적인 잠재력을 갖고 있는지를 탐지한다. 예술비평이 외견상 자신에게 말을 걸어오는 예술작품만을 다루는 듯 보이지만, 사실은 우리 주관과의 연관이 언제나 작동되고 있다. 예술의 가치는 바로 감상자에게 자기소통의 기회를 준다는 데 있다. 이런 까닭에 예술의 가치에 대한 평가는 이 가치의 실현 여부를 탐문하는 일과 불가분의 연관을 갖는다.

4. 예술비평을 경시하는 예술철학

예술을 대면하는 일 가운데 정수는 바로 예술비평이다. 그렇다면 전통 예술이론 및 예술철학 가운데 많은 입장들이 예술을 해명할 때 예술비평에 큰 비중을 두지 않았던 이유는 무엇일까? 사실 전통적으로 예술비평은 아예 논외의 대상으로 여겨졌다고 해도 과언이 아니다. 사실 예술과 관련한 논점들을 집중적으로 다룬 이 책이 10년 전에 처음 출간되었을 때만 해도 예술비평을 다룬 이 VII장은 들어 있지 않았다. 저자 또한 10년 전만 해도 예술에 대한 논쟁과 관련해서 예술비평을 다룰 생각에는 이르지 못했던 것이다.

이런 맥락에서 볼 때 예술담론에서 예술비평이 과소평가되거나, 심지어는 아예 논의하기에 부적절한 것이라 평가받는 경향이 존재했던 이유를 따져 보는 일은 매우 중요하다. 두 가지 측면에서 그 이유를 추적해 보고자 한다.

(1) 철학이 예술에 기대했던 바를 고려한다면 예술비평이 기대를 충족하지 못한다는 입장이 있다. 가다머와 아도르노가 이런 주장을 펼친 예술철학자들이다.

(2) 예술비평이 예술의 통념에 반한다는 양상에 대해 관심을 갖는 입장이 있다. 이와 관련해서 갑론을박하는 예술비평의 성격을 좀 더 살펴볼 것이다.

4.1 가다머와 아도르노: 합리성 비판으로서의 예술

20세기 들어 예술에 특별한 기대를 갖는 철학이 이따금 나타났다. 이에 따르면 예술은 철학보다 더 나은 철학이다. 예술이 합리성을 새로운 방식으로 이해할 수 있게 해 준다는 것이 이런 놀라운 생각의 근거였다. 가다머와 아도르노는 각기 다른 방식으로 이러한 주장을 했다. 가다머는 이해된 것에 대해 문제제기를 할 수 있는 여지를 위해 합리성 개념이 열려 있어야 한다는 점을 설명하고자 했다. 가다머가 보기에 예술에서 이러한 문제제기가 아주 전형적으로 나타난다. (예술의 이런 양상에 대해서는 이 책 전체를 통해 다루어졌다.) 아도르노는 개념을 통해 정초되지 않는 합리성의 형식을 입증하고자 했다. 이때 합리성은 대상의 고유성을 허용하는 방식을 취한다. 예술이 바로 이런 방식을 가장 잘 보여 주는 사례다.

예술이 합리성에 대한 새로운 이해를 약속해 준다는 생각은 곧 예술을 통해 극복되어야 할 기존의 합리성 형식에 대한 회의적인 시각과 결부되어 있다. 예술에 대해 논의할 때 기존의 합리성이 매우 문제 있는 것이라는 추측이 동반된다. 가다머와 아도르노의 시각에서 보면 예술비평은 예술이 새로운 합리성에 대한 자극을 선사할 기회를 차단하는 형식일 수 있다. 예술비평이 이루어질 때 주관은 자신에게 친숙한 합리성 형식에 따라 예술을 다룰 것이기 때문이다. 이때 주관은 이미 준비된 이해를 표명한다. 그리고 너무나 자명한 개념들만을 찾고 이런 것들에 의존한다. 이렇게 보면 예술비평은 언제나 낡은 개념에 의거하는 듯 보인다. 이 말이 맞다면 예술비평을 통해 예술의 잠재력이 드러날 리 없다.

그러나 이 말은 틀렸다. 예술을 통해 합리성에 대한 새로운 이해를 추구하는 데에 익숙한 사람들이라 해서 예술비평을 꺼릴 필요는 전혀 없다. 예술비평을 한다고 해서 합리성의 새로운 전개를 추동하는 예술의 자극을 받아들이는 일이 저지되지는 않기 때문이다. 예술비평 서적을 접할 때에도 우리는 이러한 자극을 기대할 수 있다. 예술비평을 다룬 단행본 저서이든 논문이든 여기에는 언제나 일련의 해석이 담겨 있다. 이때 해석이란 예술작품의 구조를 추적함(V.4)으로써 생겨난 것을 뜻한다. 즉 어떤 예술작품에서 합리성의 새로운 방향에 대한 단서가 포착된다면 이에 대한 해석을 통해서도 그러한 방향이 구체적으로 상술될 수 있다. 그런 까닭에 이 새로운 방향은 예술비평에 관한 대화나 글에 모두 들어 있기 마련이다.

예술비평을 단지 작품에 대한 외적인 가치 평가로 생각해서는 안 된다. 예술비평은 예술작품을 외적으로 대하는 차원에 머물지 않는다. 오히려 예술비평은 예술이 예술일 수 있게 해 주는 본질적 요소이다. 예술비평이 작품의 구조와도 긴밀히 결부되어 있기 때문이다. 물론 예술비평 텍스트 가운데 예술작품이 촉구하는 바에 적절히 응대하지 못하는 것들도 있다.

그렇다고 해서 예술비평이 예술작품의 자극에 접근할 통로 자체를 차단한다고 볼 수는 없다. 예술비평은 합리성에 대한 우리의 이해에 새로운 방향을 표명할 수도 있기 때문이다. 예술비평을 유보하고 배제해서는 안 된다.

4.2 객관성에 대한 잘못된 이해: 논쟁 자체를 거부하는 입장들

예술비평에 대해 비판적이고 유보적인 입장으로서 예술비평 자체가 예술작품에 해악을 끼친다는 견해도 있다. 예술작품에 적극적으로 관여하는 일은 의미가 있겠지만, 작품에 대한 논쟁을 멈추지 않고 심지어는 너무나 가혹한 비판을 가한다면 예술을 정당하게 대우하는 태도가 아니라는 것이다.

「문학 사중주」에서 항상 목격되는 논쟁은 예술비평 자체가 지닌 문제점을 드러내는 증거로 이해되곤 한다. 이 논쟁을 잠재울 가능성 없이 논쟁이 계속된다면 예술비평은 예술을 부당하게 대하는 일이 되는 것일까? 이 책을 통해 이미 설명되었듯이 논쟁을 완전히 잠재울 방도는 사실상 없다. 그렇다 보니 예술비평에 회의적인 시각이 생기는 것은 당연한 일인지 모른다. 즉 예술비평에서 논쟁이 절대로 사라질 수 없는 일이라면 비평으로부터 예술을 보호하는 게 낫다는 생각을 갖게 되기도 한다.

그러나 예술비평에 대한 이렇듯 회의적인 시각은 다음과 같은 두 가지 이유에서 적절치 않다. 우선 이러한 시각은 객관성이라는 잘못된 개념에 입각해 있다. 또한 이러한 시각에 따를 경우 이미 흄이 취미판단의 본질적 계기로 보았던, 작품으로부터 독립적인 감상자의 지위가 제대로 고려되지 않게 된다. 두 가지 이유는 결국 한 가지로 귀착한다. 모든 논쟁을 뛰어넘는 어떤 객관적인 것이 있으며, 그렇기 때문에 예술비평을 유보해야 한다는 것이다. 이러한 객관성을 확보하게 되면 논쟁에서 벗어날 수 있기 때문이다. 아도르노의 예술론에서 이와 비슷한 생각이 발견된다. 아도르노는 예술에 있어서 "객관의 우위"[11]를 논한 바 있다. 예술에 있어서 감상자는 객관이 선사한 것에 대해서만 경험할 수 있다는 생각이 여기에 반영되어 있다. 예술에 대한 경험이 실제로 이루어졌을 때 감상자는 완전히 이 예술에 사로잡힌다. 그렇기 때문에 이런 경험은 모든 논쟁을 무위로 돌린다.

아도르노의 이런 생각도 일리는 있다. 예술작품을 대면할 때에는 의당 객관에 몰두해야 한다. 오직 객관의 정황만을 좇아야 한다. 이렇게 보면 철두철미 객관이 우위에 놓인다. 하지만 그렇다고 해서 그저 객관이 일방적으로 감상자에게 무언가를 선사하기만 한다고 생각해서는 안 된다. 예술작품이라는 객관에 몰두한다고 해서 감상자가 객관에 의해 조종당한다는 것은 아니다.

예술작품을 대면할 때 작품이 감상자에게 완전히 암시적인 힘만을 행사하는 경우가 있다. 하지만 이렇듯 암시적인 힘으로 인해 예술작품을 대면하는 일 자체가 지닌 의의가 사라지지는 않는다. 오히려 그 반대이다. 예술작품을 대면하는 일은 감상자에게 기꺼운 일이다. 작품이 감상자의 이해에 무언가 의미를 부여했을 때를 작품이 감상자에게 말을 건넨 때라고 한다. 이를 감상자가 작품에 의해 조종당했다고 말할 수는 없다. 예술작품에 대한 감상이 (앞서 말러의 음악에 대해 제기되는 비판에 대해 이미 언급한 바 있듯이) 바로 감상자가 조종당한 것이 아니라는 증거가 된다. 이러한 증거도 다름 아닌 예술비평을 통해 제공될 수 있다. 따라서 예술비평은 예술작품을 자유롭게 접촉할 수 있도록 해 주는 지반으로 이해되어야 한다.

이러한 자유를 위해서라도 감상자들이 벌이는 논쟁은 반드시 필요하다.

감상자가 기꺼이 작품과 어떤 관계를 맺는다는 것만으로는 객관을 제대로 대할 수 없다. 감상자가 도달한 객관에 대한 이해가 적절한지를 확인하기 위해서는 다른 감상자들의 시각들이 필요하다. 이를 통해 감상자는 자신의 아집에서 벗어날 수 있다. 다른 감상자들을 통해 예술작품으로부터 경험하게 되는 자극을 보다 더 분명하게 받아들일 수 있다. 이때 감상자는 자신의 경험 내용과는 전혀 다른, 심지어는 완전히 정반대의 경험을 감당해야 할 수도 있다. 이런 맥락에서 논쟁은 객관과의 자유로운 연관을 개진하기 위해서, 또한 주관주의의 문제에 봉착하지 않기 위해서 반드시 필요하다.

예술비평에서의 갑론을박을 통해 다양한 의견의 분화가 탐지된다. 이로써 감상자는 다른 시각들을 대면하며 이를 통해 자신의 경험을 좀 더 제대로 이해할 수 있게 된다. 요컨대 감상자는 작품을 통해 자신이 얻은 자극은 물론 자기 자신과도 거리두기를 한다. 이로써 논쟁은 객관성에 토대를 둘 수 있다. 논쟁에서 객관성에 도달할 수 없다는 낙인은 사라진다. 서로 격렬하게 논쟁함에 따라 객관으로부터 멀어지게 된다는 생각은 오해이다. 이렇게 해서 회의적 시각도 불식된다.

5. 예술의 성공 여부에 대한 논쟁에서 예술비평이 갖는 의의

I장에 따르면 예술은 근본적으로 논쟁적이다. 예술은 결코 자명한 방식으로 실천되지 않는다. 예술비평 또한 예술이 논쟁적인 것일 수밖에 없는 이유를 잘 보여 준다. 말로든 글로든 예술비평을 할 때에는 언제나 예술에 대한 논쟁이 촉발된다. 이러한 논쟁은 예술 개념을 개진하는 데에 반드시

필요하다. 왜냐하면 예술 가운데 그 어떤 것도 자명하지 않기 때문이다. 바로 '자명성 결핍' 때문에 예술은 예술일 수 있다.

예술을 창작할 때 이 '자명성 결핍'은 아주 분명하게 부각된다. 예술을 추구하는 자들의 입에서 '자명성 결핍'이라는 말은 떠나지 않는다. 예술작품과 관련한 노고는 언제나 예술의 성공을 목표로 삼는다. 예술가가 질료를 다룰 때에도, 즉 구체적 물질성을 갖는 기호를 개진할 때에도 예술의 성공이 그 목표이다.

하지만 이때 예술가는 단지 질료를 다루는 데 머물지 않는다. 예술가는 해당 장르의 전통에 따라 작업하며 자신이 창작한 작품은 바로 이 전통에 기여하게 된다. 예술가는 이 전통에 속하는 다른 작품들의 의의 또한 잘 인지한다. 그런데 이때 예술가는 다른 작품들을 단지 숙지하기만 하는 것이 아니라 이것들에 대한 해석과 비평을 수행한다. 자신의 작품을 창작하면서 직접적이든 간접적이든 다른 이들의 작품에 대해 토론하는 예술가는 인간의 자기이해와 관련하여 예술이 무엇을 촉구해야 하는지에 대해 (이것이 보통 분명하게 표명되지는 않는다 할지라도) 나름의 이해에 도달한다. 해석이나 비평을 위해서는 예술의 성공 여부와 관련된 나름의 척도가 동원된다. 즉 예술가는 이러한 척도에 걸맞은 작품을 창작하고자 노력한다.

그렇기 때문에 예술비평은 자명성이 결핍된 예술을 실현할 때 반드시 필요한 계기이다. 이미 살펴본 바와 같이, 예술비평은 예술을 접하는 이들의 공동체를 형성하기 위해서든, 예술을 접하는 자에게 자유를 허용하기 위해서든 매우 중요하다. 예술비평에서는 예술작품이 자기이해와 관련하여 어떤 생산적인 자극을 선사한다는 말의 의미에 대한 논쟁이 이루어진다. 작품이 달성했다고 여기는 것은 물론 반대로 달성하지 못했다고 여기는 것에 대해서도 그 생각의 타당성에 대한 논쟁이 이루어진다. 이 논쟁들은 모두 예술을 직접 대변할 때에만 유의미한 것들이다. 즉 작품과 무관하게 그러한 논쟁을 할 수 있다고 생각하면 이는 잘못이다. 그러니까 예술작품이 촉구하는 바는 논쟁 없이는 결코 생각할 수조차 없다.

IV-VI장에서 예술작품의 속성에 대해, 그리고 예술작품을 접한다는 것에 대해 다루었는데, 예술비평에 대한 논의를 통해 이제 그때 다루어진 내용이 보다 더 분명하게 파악될 수 있게 되었다. '예술작품이 자기이해에 기여한다'는 말의 의미가 이제 온전하게 드러났다. 예술작품을 다룬다는 것은 이를 꼼꼼히 보고 듣는다는 말과 같다. 즉 작품의 구조, 그리고 이 구조 안의 균열을 찬찬히 더듬어 보며, 작품이 어떻게 구조화되어 있는지에 대한 해석을 표명한다. 예술작품을 다룬다는 것은 또한 무엇보다도 예술작품을 다루는 일 자체가 그만한 가치가 있는 일인지에 대해 자신의 의견을 개진하는 일이기도 하다. 이에 대해 긍정적이든 부정적이든 이와는 상관없다. 어찌 되었든 이에 대해 의견을 개진함으로써 이미 예술비평의 장에 참여하고 있기 때문이다. 즉 예술의 가치를 실현한다는 것이 무슨 의미인지에 대해 이미 논의하고 있는 것이다.

우리에게 있어 예술이 지니는 가치에 대한 질문이 예술철학을 통해 던져진다는 점에 대해서 이미 I장에서 언급한 바 있다. 그런데 이 질문은 이 세계에 대한 예술철학적인 숙고에서만이 아니라 평범한 일상적 대화에서도 던져진다. 소설을 읽는 이는 자신에게 이 독서가 어떤 의미가 있는지를 묻고 있으며, 영화를 보고 나오는 이는 이 영화에 대한 자신의 생각을 묻는다. 예술이 있다면 그 어느 곳에서든 가치에 대한 질문이 던져진다. 예술비평이 없다면 예술도 없다.

미주

❶ Hume, "Über die Regel des Geschmacks", 46쪽.

❷ Hume, "Über die Regel des Geschmacks", 57쪽.

❸ Kant, *Kritik der Urteilskraft*, §§ 1-5.

❹ Kant, *Kritik der Urteilskraft*, §§ 1-5 [또한 §§ 6-8].

❺ Kant, *Kritik der Urteilskraft*, §§ 20-22.

❻ 이러한 설명으로 인해 생겨날 수 있는 불필요한 오해에 대해 언급하고자 한다. 칸트에 따르면 예술들은 다양하며 작품들은 각각 상이한 내용을 다룬다. 다만 이 책에서는 이것들 가운데 아름다움의 여부를 판정할 대상으로 여겨지는 예술에 대해 저러한 진단을 내린 것이다. Kant, *Kritik der Urteilskraft*, § 45 이하.

❼ Carroll, *On Criticism*, 170-190쪽.

❽ Menke, *Die Kraft der Kunst*, 56-81쪽.

❾ Menke, *Kraft. Ein Grundbegriff ästhetischer Anthropologie*, 57쪽 이하.

❿ Menke, *Die Kraft der Kunst*, 13쪽.

⓫ Adorno, *Ästhetische Theorie*, 111쪽.

에필로그 예술의 가치

이 책은 다음과 같은 테제에서 출발하였다. 예술은 특유의 가치를 지닌다. 이러한 가치는 '자기소통'이라는 개념으로 집약된다. 이 책의 서두에서 예술철학에 대해 근본적인 궤도수정을 시도하였는데, 그 요체는 다음과 같다. 예술작품이 그리는 세계에 인간의 손길이 닿지 않은 것은 전혀 없다. 예술작품이 그리는 세계는 바로 우리의 세계이다. 우리가 살고 있는 이 세계에서 우리는 다양한 방식으로 세계에 대해, 그리고 우리 자신에 대해 이해하게 된다. 이 세계 속에서 예술은 감각적 · 질료적 대상이되 자기소통이 이루어지도록 하는 아주 특수한 형식을 띤다.

미적 자기소통은 특유의 장력이 감도는 이해다. 미적 자기소통에는 장력이 발생한다. 미적 이해에는 '문제제기', '확증', 그리고 '변경'이라는 세 가지 계기에 따른 장력이 감돈다. 예술작품에 대한 규정은 확고부동하지 않으며 언제나 임계 상태에 있다. 이 점에서 예술작품은 매우 특수한 이해를 가능케 하는 기호로 볼 수 있다. 이러한 임계 상태에서 하나의 예술작품이 지닌 본연의 언어성이 해명된다. 예술이라는 기호가 지닌 언어가 반드시 이해되라는 법은 없다. 우리가 예술 기호에 대한 이해에 도달하는 일은 녹록지 않다.

미적 자기소통의 장력장을 우리는 '예술 본연의 언어', '질료적 이해', '이해의 한계', '이해의 중단' 등의 개념으로 바꾸어 설명하였다. 예술작품은 우리의 이해를 증진하는, 감각적·질료적 형태를 띤 기호이다. 고대 조형물이든, 현대 무용극이든, 아니면 한 편의 서사이든, 예술작품들은 그 무엇이든 하나의 특정한 감각적·질료적 형태를 띠고 있으며 감상자가 이 형태에 직면했을 때에만 작품에 대한 이해가 가능하다. 이해를 위해서는 하나의 작품이 지닌 감각적·질료적 계기들을 상호 연관성을 지닌 하나의 구조로 파악해야 한다. 예술작품을 접함으로써 일어나는 이해는 이러한 구조를 갖춘 작품 본연의 언어를 포착하는 작업이다. 그러나 저 계기들을 구조화하는 작업을 수행하는 순간 언제나 이러한 구조화에 역행하는 상황에 직면한다. 하나의 질료가 지닌 자명한 순간이 나타났다가도 이내 이것이 지닌 다른 측면으로 인해 이런 식의 이해가 불가능해지는 순간이 온다. 하나의 예술작품을 조망할 하나의 초점이 흐려지면서 기존 구조가 산산이 부서지고 결국에는 이해가 완전히 중단되는 순간이 온다.

미적 이해라는 장력장의 구조는 개별 요소들이 통합되었다가 분열되는 일련의 유희들로 이루어져 있다. 분열의 순간에는 구조화 자체가 문제시된다. 미적 이해는 언제나 임계 상태에 놓인다. 미적 이해가 지닌 '자기이해'라는 형식은 바로 이렇듯 위태로운 성격으로 특징지어진다. 예술은 자명성 결핍이라는 성격을 지닌다. 예술작품에는 언제나 문제제기의 측면이 결부되어 있다.

미적 이해는 우리가 사는 세계에서 스스로에 대해 이해할 필요성을 우리에게 촉구한다. 이해를 가능케 하는 독자적 세계인 예술작품을 통해 미적 이해가 이루어진다. 예술이라는 이해의 세계로 인해 우리의 이해가 확증될 수 있다. 하지만 이 세계는 우리의 이해를 변경할 수도 있다. 미적 자기소통은 이런 식으로 이해에 대한 '문제제기', 이해의 '확증', 그리고 이해의 '변경'이라는 세 가지 측면을 보여 준다. 예술에서는 이러한 이해사건이 복합적으로 진행되는데, 내적인 다면성과 가변성을 지닌 예술이 이해를 추구하는 우리에게 말을 건넴으로써 특정 형태의 자기이해가 이루어진다.

우리가 살펴본 예술 규정들은 서로 긴밀히 연관되어 있다. 그 규정들 하나하나는 광범위하고 다층적인 예술적 장력장 가운데 한 계기에 불과하다. 이 장력장은 다양한 미적 매체를 통해 생겨나며 이해를 추구하는 우리에게 말을 건넨다. 언제나 거듭 등장하는 이러한 다종다양함을 장력장이라는 개념으로 설명한 바 있다. 예술을 일종의 장력장으로 본 이유는 다음과 같다. 예술을 이해하려면 자신이 파악한 그 규정과 정반대의 경향이 이내 등장할 것이라는 점을 언제나 염두에 두고 있어야 하기 때문이다. 예술에 대한 이해가 넘칠 정도로 많다가도 똑같은 예술에 대해 그 어떤 이해도 얻지 못하는 순간이 온다.

물론 예술에 감도는 장력은 단지 이해의 측면에서만 목격되는 것은 아니다. 감각적 매체 및 절차의 측면에서도 예술 특유의 장력이 포착된다. '예술'은 이로부터 분화된 '예술들'과 불가분의 연관을 갖는다. 예술이라는 이해사건에는 각종의 감각형태 및 표현방식이, 각종의 질료 및 현시형태가 서로 결부되어 있다. 각각의 예술마다 문제제기, 확증 및 변경이라는 세 계기들이 특유의 방식으로 만들어 낸 특유의 장력을 갖고 있다. 이로써 예술들은 모두 특유의 가치를 지닌다. 말하자면 예술은 우리 자신에 대한 이해, 그리고 세계 속에서 우리가 처한 상황에 대한 이해를 갖게 해 준다.

세계 속에서 이 세계에 대한 이해를 도모하는 우리의 시각에서 볼 때 예술이 존재하려면 우선 작품이 있어야 한다. 오페라 공연과 다다이즘 시 낭송이 우리에게 다가오는 방식은 근본적으로 다르지 않다. 음악, 무용 및 여타 다양한 미적 형태들이 우리를 엄습하며 우리는 이를 이해한다. 우리에게 엄습하지 않는 예술이란 그저 벙어리에 불과하다. 거리를 둔 관조자에게 예술이 결코 존재할 수 없는 것과 같은 이치이다. 예술작품이 우리에게 이런 식으로 말을 건네는 일에 착수하지 않는다면 이것은 그저 역사적 유물로서의 가치를 지닐 뿐 엄밀히 말한다면 예술이 아니다.

예술이 이해를 일깨울 때 이에 대해 예술철학이 기여할 것은 없다. 미적 이해라는 장력장이 일단 존재한 후, 비로소 예술철학은 자신의 작업을 착수한다. 이해를 일깨우는 미적 경험이란 예술에 대해 질문이 던져진다는 뜻이다. 17-18세기에는 미적 경험과 관련해서 취미의 문제가 논의되었다. 사실 취미라는 담론보다는 이해라는 담론이 더 나은 것 같지만 말이다. 예술작품들이 얼마만큼이나 인간의 자기소통을 가능케 하는지, 이런 맥락에서 인간에게 얼마만큼이나 말을 건네는지, 이런 질문들을 예술작품은 직접 우리에게 던진다. 예술에 대한 숙고를 촉발하는 것은 예술 자신이다. 이러한 숙고가 특수한 방식으로 관례화되어 실행될 때 이것을 예술비평이라고 부른다. 물론 예술에 대한 이러한 숙고에 철학이 기여하는 바가 없지 않다. 철학은 예술과 관련된 문제들을 해명한다. 즉 철학은 예술을 다룰 때 관건이 되는 개념들을 소개하고 그것들 간의 연관을 조명한다. 예술철학은 이로써 예술에 대한 숙고에 도움이 될 만한 도구가 된다.

예술 애호가들은 철학이, 혹은 (이를 일반화해서 말한다면) 이론적 해석이 예술의 경험을 오히려 방해할 것이라는 의구심을 언제나 갖고 있다. 이러한 의구심이야말로 예술에 대한 그 어떤 이론도 예술에 도움이 될 만할 것이 없다는 점을 확신케 한다. 유수의 예술철학자들이 개진한 이론들이 그다지 도움이 되지 않는 경우를 자주 목격한다. 사실 예술에서 희망을 찾으려는 철학적 시도는 언제나 나타났었다. 난해한 철학적 질문에 예술이 대답해 줄 수 있으리라는 희망이 바로 그것이다. 이런 의도에서 구체적으로 예술을 바라볼 때 이것이 우리의 이해에 생채기가 나는 경우가 많다. 그럼에도 불구하고 예술은 분명 철학에 대한 의구심을 잠재워 주는 측면을 갖고 있다. 예술철학은 오직 예술작품과 관련한 우리의 실천에 대해서만 질문을 던진다. 예술에 대한 숙고를 통해 비로소 우리는 예술이 언제나 우리에게 요구하는 것, 그러니까 예술의 사명이라고 부르는 것에 대해 논의를 할 수 있다. 예술 규정에 대한 이러한 논쟁이 없는 예술은 존재하지 않는다. 이 점에서 볼 때 예술에 대한 철학적 숙고는 예술과 관련하여 의미 있는 성과를 낳는다.

예술에 깃든 의문점들에 대해 철학은 자신의 도구인 개념으로 접근한다. 하나의 예술작품이 우리에게 어떻게 말을 건네는지, 이 작품을 어떻게 이해해야 할지, 이 작품만의 특성은 무엇인지 등에 대해서 논의가 이루어질 것이다. 이런 논의에서 철학적인 성과를 얻으려면 사실은 철학이 아니라 일상에서 예술을 접하는 일이 필요하다. 이제 이 책을 덮자. 원래 이 책을 의미 있게 만들었던 예술 경험 자체에 몰두할 필요를 느끼는가? 그렇다면 이 책의 성과는 달성된 셈이다.

역자 후기

이 책의 저자 베르트람(Georg W. Bertram)은 예술을 대면하는 여러 방식들을 철학적으로 검토하면서 궁극적으로 예술의 가치에 대해 묻고 있다. 저자가 보기에 예술의 정체는 결코 자명하지 않다. 무엇이 예술이고 무엇이 예술이 아닌지, 이를 결정해 줄 기준 자체가 자명하지 않다. 베르트람은 이를 단순히 예술이 지닌 결함으로 보지 않는다. 인간의 실천 영역인 예술의 "자명성 결핍"으로 인해 오히려 예술에 대한 문제제기 및 숙고의 과정 자체가 예술을 구성하는 필수 요소에 속한다고 그는 생각한다. 말하자면 예술에 대한 숙고 자체가 예술의 일부라는 것이다. 예술은 언제나 논쟁적이었고 지금도 역시 논쟁적이다. 그렇다고 해서 예술을 둘러싼 논쟁들을 그저 의미도 성과도 없는 일로 치부할 수는 없다. 예술은 인간 자신은 물론 인간을 둘러싼 세계 전반에 대한 이해를 (그 자체로 확정적이지는 않지만 예술 실천을 통해 언제나 새롭게) 우리에게 제공하는, 매우 특수한 실천 형식이다. 여기에서 말하는 특수함이란 예술이 다른 실천 형식들과 구분되는 차별성을 뜻할 뿐만 아니라 각각의 작품 하나하나가 지닌 유일무이하고 일회적인 형식을 뜻하기도 한다. "반본질주의 예술 개념"이라든가 "예술이라는 자기소통사건" 등은 바로 저자의 이러한 예술관을 잘 보여 준다. 예술을 본질주의적으로 규정하지 않고 예술이 우리에게 가져다주는 가치의 문제로 다루기 위한 저자의 전략은 현대 예술의 성격 규명에 적지 않은 시사점을 제공한다.

작품 중심의 본질주의적 해석을 지양하고 예술 경험이 인간에게 제공하는 가치의 측면에 주목할 필요성을 환기하기 위해 베르트람은 예술을 직접 대면할 때 관건이 되는 개념들을 소개한다. 예술은 다른 것들과 차별화되는, 특수하고 고유한 가치를 부여하는 인간의 실천 형식이다. 예술 경험은 정치·종교·학문 및 여타 일상적 경험을 통해 얻게 되는 의미를 통상적인 시각과는 다르게 숙고하게 하는 기능을 갖는다. 하지만 이러한 미적 경험은 일상 현실을 그저 부정하고 회피하는 방식을 취하지 않는다. 예술은 결코 현실에 대한 단순한 반정립이 아니며 오히려 예술을 경험하는 매 국면마다 우리 인간은 이를 통해서만 얻을 수 있는 특유의 의미를 만난다. 예술은 통상적 경험을 통해 얻어지는, 우리에게 익숙한 규범 체계에 대해 문제를 제기하고 이를 근본적으로 변경할 동력을 제공하는 실천이다. 예술이 우리에게 제공하는 이러한 가치들은 인간이 예술(작품)을 접하는 매 순간마다 거듭 새로이 생성되는 예술 특유의 의미에서 나온다. "예술들의 장력장", "예술 본연의 언어", "이해의 중단", "질료적 이해", "질료성과 과정성" 등은 바로 예술을 직접 대면할 때 생성되는 의미와 관련된 중요한 범주들이다.

저자에 따르면 이 책의 목표는 "예술에 대한 철학적 입문"이다. 하지만 이 책은 예술에 대해 '백지상태'에 있는 독자에게 예술과 관련한 기본적 사항들을 일목요연하게 정리해 주지 않는다. 말하자면 예술에 대한 백과사전적 지식을 기대하고 이 책을 펼친 독자라면 그 기대를 충족하지 못할 수도 있다. 오히려 이 책은 예술을 철학적으로 숙고하는 방법과 절차에 대한 입문이다. 이러한 저자의 전략은 예술과 철학에 대한 그의 관점에 따른 것이다. 예술은 그 자체로 이미 고유한 형식을 띤 "자기소통"이다. 이를 통해 인간은 자기 자신은 물론 자신을 둘러싼 세계에 대한 (설사 명시적이지는 않더라도 언제나 구체적이고 특수한) 이해에 도달한다. 요컨대 예술 그 자체만으로 이미 '세계'와 '자기'에 대한 인간의 이해가 구현되어 있다. 따라서 저자의 말대로 "예술철학을 낳은 것은 철학이 아니라 예술이다." 예술의 의미를 철학이 그저 선사하는 것이 아니라 우리가 철학적 사유를 통해 그 의미를 조금씩 가늠해 나가는 것이라고 생각해야 한다. 이 책을 번역하면서 『철학이 본 예술』이라는 제목을 선택하게 된 것은 바로 이런 맥락을 염두에 두었기 때문이었다.

예술의 가치에 대한 철학적 숙고를 위해 저자는 칸트, 헤겔, 하이데거, 아도르노의 예술철학을 중심으로 삼되 니체, 벤야민, 굿맨, 듀이는 물론 캐럴, 멩케 등 현대 미학자들의 견해 또한 다루고 있다. 하지만 이 책은 단순히 예술철학의 역사를 다루는 저서가 아니다. 예술의 철학적 숙고에 필요한 논점들이 저자 나름의 지평에 따라 서술되어 있다. 예술 철학의 여러 주제들을 망라하다 보니 이 책에는 다양한 관점들이 매우 개략적으로 언급된다. 저자는 주요 예술철학자들의 사상 가운데 특정 국면만을 선택해서 이에 집중한다. 따라서 이 책을 통해 예술철학의 역사에 대한 거시적 조망을 획득할 수는 없다. 이 책에서 저자는 다양한 예술철학의 지평들에 대해 밀도 있게 접근하기보다는 기존의 논의를 화두로 하여 (그의 말에 따르면 "자유로운 독해"를 통해) 총괄적이면서 독창적인 견해를 제시한다. 기존의 예술철학 사상은 이 책의 목표에 부응하는 방편들인 셈이다. 저자의 집필 의도가 이렇다 보니 이 책을 통해 주요 예술철학 사상을 숙지하고자 하는 독자

가운데 이 책의 서술이 때로는 '견수불견림(見樹不見林)'하고 때로는 '견림불견수(見林不見樹)'하다고 생각하는 이도 있을지 모르겠다. 칸트, 헤겔, 하이데거, 아도르노에 이르는 독일 근(현)대 미학의 대맥을 단지 "자기소통"의 관점에서 바라보는 것이 과연 정당한지, 혹은 칸트와 듀이를 '예술 경험론'으로, 그리고 헤겔과 굿맨을 '예술 기호론'으로 분류하여 양자를 대비시키는 일이 얼마나 설득력이 있는지 등에 대해 의문이 들 수도 있다. 다만 저자의 주된 관심은 이들의 사상을 정리하거나 평가하는 데 놓여 있지 않다는 점을 유념하자. 무엇보다도 이 책의 목표는 예술 경험이라는 (언제나) 유일무이하고 고유한 '사건'을 독자가 접할 때 스스로 예술의 의의와 가치에 대해 숙고하는 일에 어떤 식으로든 길잡이가 되어 주는 데에 있다. 이런 관점에서 저자는 글을 맺으면서 "이제 이 책을 덮자"고 말한다. "원래 이 책을 의미 있게 만들었던 예술 경험 자체에 몰두할 필요"를 독자가 느끼게 되는 것이야말로 저자가 생각하는 이 책의 가장 큰 성과다. "장력장", "자기소통", "잔존", 등 익숙지 않은 번역어들이 독자들에게 예술을 의미 있게 접근하기 위한 화두가 되기를 기대해 본다.

역자가 이 책을 접하게 된 계기는 한 대학의 석·박사 과정생들과 진행해 온 '독일미학 세미나'였다. 독일 예술철학을 전공하려는 학생들에게 독일어 문헌 해독능력과 독일 미학의 기본 소양을 함양할 기회를 마련할 목적으로 이 책을 선택했다. 정확하게 열두 달 동안 격주로 강독이 진행되었는데, 참석자 가운데 독일어 번역이 가능한 이들(권정현, 김남이, 김솔지, 손민주, 심온, 오윤정, 이아름, 이정민, 홍혜선)이 한두 쪽씩 번역을 맡았고 역자는 이를 수정하여 피드백을 해 주었다. 결과적으로 전체 텍스트 가운데 절반 정도의 초벌 번역이 이들에 의해 이루어졌다. 또한 대학원 강의를 통해 번역

파일을 수강생에게 읽히고 재차 검토하는 과정을 거쳤는데, 수강생이었던 송윤경 학생이 V장의 초벌 번역을 맡았다. 돌이켜 보면 단독 작업에 비해 번역의 수고가 결코 덜하지는 않았지만, 이 과정을 통해 번역을 맡았던 학생이든 번역 원고를 함께 읽었던 학생이든 소기의 성과가 있었기를 바라며, 이 자리를 빌려 이들에게 감사의 마음을 전한다. 아울러 여러 사람이 함께 노력한 이 결과물을 책으로 출간할 수 있도록 격려와 배려를 아끼지 않으신 세창출판사 이방원 사장님, 김명희 이사님, 그리고 편집자 홍순용 님에게 큰 빚을 진 마음이다. 재판을 출간하면서 일부 표현을 가다듬었음을 밝힌다.

2020년 가을
박정훈

참고문헌

Adorno, Theodor W.: *Ästhetische Theorie*, Frankfurt a. M. 1973. (『미학 이론』, 홍승용 옮김, 문학과지성사, 1997.)

———: "Engagement「앙가주망」", in: Th. W. A., *Noten zur Literatur*『문학 노트들』, Frankfurt a. M. 1974. (『아도르노의 문학이론』, 김주연 옮김, 민음사, 1985, 47-70쪽.)

———: *Negative Dialektik*, Frankfurt a. M. 1973. (『부정변증법』, 홍승용 옮김, 한길사, 1999.)

———: *Philosophie der neuen Musik*, Frankfurt a. M. 1976. (『신음악의 철학』, 문병호 · 김방현 옮김, 세창출판사, 2012.)

Adorno, Theodor W. / Horkheimer, Max: *Dialektik der Aufklärung*, Frankfurt a. M. 1988. (『계몽의 변증법』, 김유동 옮김, 문학과지성사, 2001.)

Batteux, Charles: *Les beaux arts réduits à un seul principe*『단일한 원리로 환원되는 예술』, Paris 1746.

Belting, Hans: *Das unsichtbare Meisterwerk. Die modernen Mythen der Kunst*『미지의 대작 - 예술에 대한 현대의 신화들』, München 1998.

Benjamin, Walter: *Das Kunstwerk im Zeitalter seiner technischen Reproduzierbarkeit*, Frankfurt a. M. 1963. (『기술적 복제시대의 예술작품』, 심철민 옮김, 도서출판b, 2017.)

———: *Ursprung des deutschen Trauerspiels*, Frankfurt a. M. 1972. (『독일 비애극의 원천』, 조만영 옮김, 새물결, 2008.)

Bergson, Henri: *Zeit und Freiheit*(*Essai sur les données immédiates de la conscience*), aus dem Franz. übers., Frankfurt a. M. 1989. (『의식에 직접 주어진 것들에 관한 시론』, 최화 옮김, 아카넷, 2001.)

Bertram, Georg W.: *Kunst als menschliche Praxis. Eine Ästhetik* 『미학: 인간의 실천으로서의 예술』, Berlin 2014.

Cassirer, Ernst: *Philosophie der symbolischen Formen*, 5. Aufl. Darmstadt 1964. (『상징형식의 철학 1: 언어』, 박찬국 옮김, 아카넷, 2011. / 『상징형식의 철학 2: 신화적 사유』, 박찬국 옮

김, 아카넷, 2014.)

Carroll, Noël: *On Criticism*, New York, 2009. (『비평철학』, 이해완 옮김, 북코리아, 2015.)

Croce, Benedetto: *Aesthetik als Wissenschaft vom Ausdruck und allgemeine Sprachwissenschaft. Theorie und Geschichte*『표현학 및 일반언어학으로서의 미학. 이론과 역사(*Estetica come scienza dell'espressione e linguistica generale Teoria e storia)*』, trans. by Hans Feist und Richard Peters, Tübingen 1930. (『미학』, 권혁성·박정훈·이해완 옮김, 북코리아, 2017.)

Danto, Arthur: *Die Philosophische Entmündigung der Kunst*『예술의 권리를 박탈하는 철학(*The Philosophical Disenfrachisement of Art)*』, trans. by Karen Lauer, München 1993.

Deleuze, Gilles: *Das Bewegungs-Bild. Kino 1*『이미지-운동. 영화 1(*L'image-mouvement. Cinéma 1)*』, trans. by Ulrich Christian / Ulrike Bokelmann, Frankfurt a. M. 1989. (『영화』, 주은우·정원 옮김, 새길, 2011.)

Derrida, Jacques: *Die Wahrheit in der Malerei*『회화 속의 진리(*La Vérité en peinture)*』, trans. by Michael Wetzel, Wien 1992.

Dewey, John: *Kunst als Erfahrung*(*Art as Experience*), trans. by Christa Velten *et al.*, Frankfurt a. M. 1988. (『경험으로서 예술』 1-2, 박철홍 옮김, 나남, 2016.)

Dickie, George: *Art and Aesthetics*『예술과 미학』, Ithaca(N.Y.) 1974.

Eco, Umberto: *Einführung in die Semiotik*(*La struttura assente*), trans. by Jürgen Trabant, München 1972. (『구조의 부재』, 김광현 옮김, 열린책들, 2009.)

———: *Das offene Kunstwerk*(*Opera aperta*), trans. by Günter Memmert, Frankfurt a. M. 1973. (『열린 예술작품』, 조형준 옮김, 새물결, 2006.)

———: *Die Grenzen der Interpretation*(*I limiti dell'interpretazione*), trans. by Günter Memmert, München 1999. (『해석의 한계』, 김광현 옮김, 열린책들, 1995.)

Fiedler, Konrad: "Über den Ursprung der künstlerischen Tätigkeit", in: Fiedler, *Schriften zur Kunst I*『예술론 1권』, München 1991².

Fischer-Lichte, Erika: *Ästhetik des Performativen*, Frankfurt a. M. 2004. (『수행성의 미학』, 김정숙 옮김, 문학과지성사, 2017.

Gadamer, Hans-Georg: *Die Aktualität des Schönen*, Stuttgart 1977.

———: *Wahrheit und Methode. Grundzüge einer philosophischen Hermeneutik*, Tübingen⁶ 1990. (『진리와 방법. 철학적 해석학의 기본 특징들』 1 · 2, 이길우, 이선관, 임호일, 임홍배 옮김, 문학동네, 2012.)

Goodman, Nelson: *Weisen der Welterzeugung*『세계제작의 방식들(*Ways of Worldmaking*)』, trans. by Max Looser, Frankfurt a. M. 1990.

———: *Sprachen der Kunst. Entwurf einer Symboltheorie*(*Language of Art. An Approach to a Theory of Symbols*), trans. by Bernd Philippi, Frankfurt a. M. 1995. (『예술의 언어들: 기호 이론을 향하여』, 김혜숙·김혜련 옮김, 이화여자대학교출판부, 2002.)

Hegel, Georg Wilhelm Friedrich: *Vorlesungen über die Ästhetik*(I–III), in: Hegel, *Werke in 20 Bänden*, Bd. 13–15. Frankfurt a. M. 1970ff. (『헤겔의 미학강의』 1-3, 두행숙 옮김, 은행나무, 2010.)

Heidegger, Martin: "Der Ursprung des Kunstwerkes「예술작품의 근원」", in: Heidegger, *Holzwege*, 7. Aufl. Frankfurt a. M. 1994. (『숲길』, 신상희 옮김, 나남, 2008, 15-127쪽.)

Hume, David: "Über die Regel des Geschmacks「취미의 기준에 관하여(Of the Standars of Taste)」", in: Jens Kulenkampff(ed.), Materialien zu Kants 〉*Kritik der Urteilskraft*〈, Frankfurt a. M. 1974.

Imdahl, Max: "Cézanne – Braque – Picasso. Zum Verhältnis zwischen Bildautonomie und Gegenstandssehen「세잔-브라크-피카소: 심상의 자율성과 대상 보기 사이의 연관」", in: M. I., *Gesammelte Schriften*, Bd. 3, Frankfurt a. M. 1996, pp.303–380.

Jakobson, Roman: "Linguistik und Poetik「언어학과 시학」", in: R. J., *Poetik*, trans. by Regine Kuhn *et al.*, Frankfurt a. M. 1979, pp.83–121.

Kandinsky, Wassily: *Über das Geistige in der Kunst, Bern*, 2004. (『예술에서의 정신적인 것에 대하여: 칸딘스키의 예술론』, 권영필 옮김, 열화당, 2000.)

Kant, Immanuel: *Kritik der Urteilskraft*, Frankfurt a. M. 1977. (『판단력 비판』, 백종현 옮김, 아카넷, 2009.)

Kern, Andrea: *Schöne Lust. Eine Theorie der ästhetischen Erfahrung nach Kant*『아름다운 쾌. 칸트의 미적 경험론』, Frankfurt a. M. 2000.

Lessing, Gotthold Ephraim: *Laokoon oder über die Grenzen der Malerei und Poesie*, Stuttgart 1964. (『라오콘 : 미술과 문학의 경계에 관하여』, 윤도중 옮김, 나남, 2008.)

Lyotard, Jean-François: "Das Erhabene und die Avantgarde「숭고함과 아방가르드」", trans. by Heike Rutke und Clemens-Carl Härle, in: Merkur「메르쿠르」 424, Stuttgart 1984, 152쪽.

———: *Die Analytik des Erhabenene*(Leçons sur l'analytique du sublime), trans. by Christine

Pries, München 1994. (『칸트의 숭고미에 대하여』, 김광명 옮김, 현대미학사, 2000.)

Lopes, Dominic McIver: *Beyond Art*『예술을 넘어서』, Oxford 2014.

Menke, Christoph: *Die Souveränität der Kunst. Ästhetiche Erfahrung nach Adorno und Derrida*『예술의 주권. 아도르노와 데리다의 미적 경험』, Frankfurt a. M. 1991.

———: *Kraft. Ein Grundbegriff ästhetischer Anthropologie*, Berlin 2008. (『미학적 힘: 미학적 인간학의 근본개념』, 김동규 옮김, 그린비, 2013.)

———: *Die Kraft der Kunst*, Berlin 2013. (『예술의 힘』, 신사빈 옮김, W미디어, 2015.)

Merleau-Ponty, Maurice: *Die Prosa der Welt*『세계의 산문(*La Prose du monde*)』, trans. by Regula Giuliani, München 1993.

Mersch, Dieter: *Ereignis und Aura*『일어남과 아우라』, Frankfurt a. M. 2002.

Nietzsche, Friedrich: "Ueber Wahrheit und Lüge im aussermoralischen Sinne「도덕과 무관한 의미에서의 진리와 거짓」", in: Nietzsche, *Kritische Studienausgabe*, Bd. 1, München 1988.

Plinius Secundus d. Ä. C.: *Naturkunde*(Naturalis historia). *Buch XXXV*『박물지 제XXXV권』, lat./dt., trans. by Roderich König *et al.*, Zürich 1978.

Rorty, Richard: "Nineteenth-Century Idealism and Twentieth-Century Textualism「19세기의 이상주의와 20세기의 텍스트중심주의」", in: R. R., *Consequences of Pragmatism*『프래그머티즘의 결과』, Mineapolis: University of Minnesota Press, 1982, 151쪽 이하.

Schiller, Friedrich: *Über die ästhetische Erziehung des Menschen in einer Reihe von Briefen*, Stuttgart 1986. (『프리드리히 실러의 미적 교육론』, 윤선구 외 옮김, 대화문화아카데미, 2015.)

Seel, Martin: *Ästhetik des Erscheinens*『현상의 미학』, München 2000.

Sonderegger, Ruth: *Für eine Ästhetik des Spiels*『유희의 미학을 위해』, Frankfurt a. M. 2000.

Tolstoi, Leo N.: *Was ist Kunst?*(*Что такое искусство?*), trans. by Michail Feofanov, München 1993. (『예술이란 무엇인가』, 이철 옮김. 범우사, 2005.)

Valéry, Paul: "Rede über die Dichtkunst「문학론」", in: P. V., *Zur Theorie der Dichtkunst*, trans. by Kurt Leonhard, Frankfurt a. M. 1962, pp.11–32.

———: *Eupalinos oder der Architekt*『외팔리노스 혹은 건축가(*Eupalinos ou l'Architecte*)』, trans. by Rainer Maria Rilke, Frankfurt. a. M. 1995.

Wagner, Richard: "Das Kunstwerk der Zukunft「미래의 예술작품」", in: R. W., *Gesammelte Schriften und Dichtungen*, Bd. 3, Leipzig 1887.

사항색인

주요 번역어 대조

가변성 → Brüchigkeit
가상 → Schein
가치 → Wert
격앙, 생채기 → Irritation
경험 → Erfahrung
과정 → Prozess
구성 → Konstruktion
구조 → Struktur
기호 → Zeichen
동일성, 정체성 → Identität
모방 → Nachahmung
목적 → Zweck
문제제기 → Infragestellung
미(아름다움) → das Schöne, Schönheit
미적 → ästhetisch
미학 → Ästhetik
변경 → Veränderung
상호매체 → Intermedia
소통 → Verständigung
실천 → Praxis
실행 → Praktik
얼개 → Verfasstheit
예술 → Kunst
예술작품 → Kunstwerk
유희 → Spiel
의사소통 → Kommunikation
이해가능성 → Verständlichkeit
이해, 이해된 것 → Verständnis
이해함, 이해 → Verstehen
인식 → Erkenntnis
일어나다 → geschehen
임계 상태 → Krisenhaftigkeit
임계 상태에 놓인 → kriesenhaft
임계점 → Krise
장력 → Spannung
제시 → Präsentation
전달 → Mitteilung
절차 → Verfahrensweise
질료 → Material
짜임새 → Konstellation
참여해 있음 → Beteiligtsein
체험 → Erlebnis
취미 → Geschmack
판단 → Urteil
판정 → Beurteilung
표현 → Ausdruck, Expression
합주 → Zusammenspiel
해석 → Interpretation, Deutung
현시 → Darstellung
형상화 → Gestaltung
형식 → Form
형태 → Gestalt
확증 → Bestätigung

철학이 본 예술